"Las venas de los lirios"
De místicas, visionarias y santas vivas en la literatura de Granada (ss. XVI-XX)

Amelina Correa Ramón

London
Spanish, Portuguese and Latin American Studies in the Humanities

"Las venas de los lirios". De místicas, visionarias y santas vivas en la literatura de Granada (ss. XVI-XX)
de Amelina Correa Ramón

Los derechos de autor de Amelina Correa Ramón como autora de este trabajo han sido aceptados por ella de acuerdo a Copyright, Designs and Patents Act, 1988.

© Amelina Correa Ramón, 2022

Toda reproducción no autorizada está desde ahora prohibida. Este libro está protegido por la ley. No puede ser copiado ni distribuido, en todo o en parte, en copia dura o blanda, ni de cualquier otra manera, sin permiso previo y condicionado del Editor, SPLASH Ediciones.

Todos los derechos reservados.

El capítulo "Lirios de santidad granadinos: Breve diccionario antología (ss. XVI-XX)" del presente libro, está basado parcialmente en: CORREA RAMÓN, Amelina (2002). *Plumas femeninas en la literatura de Granada (ss. VIII-XX). Diccionario-Antología*. Granada: Editorial Universidad de Granada.

Este libro se enmarca en el Proyecto PID2019-104237GB-I00 "Catálogo de santas vivas (1400-1550): Hacia un corpus completo de un modelo hagiográfico femenino", financiado por el Ministerio de Ciencia e Innovación, Gobierno de España.

Cubierta diseñada por Hannibal. Imagen de la cubierta: Spinello Aretino, "Santa María Magdalena sosteniendo un crucifijo" (ca. 1395–1400), The Metropolitan Museum of Art

ISBN 9781912399338

Índice

Nota a la presente edición ... 7

"Escondidas con Cristo en Dios". Cinco siglos de literatura espiritual en Granada con voz de mujer ... 11

Agradecimientos ... 113

Bibliografía general ... 115

Lirios de santidad granadinos: Breve diccionario-antología (ss. XVI-XX): ... 129
 ARTEAGA Y FALGUERA, María Cristina de, *sor Cristina de la Cruz* ... 129
 ÁVILA LIMIÑANA, Inés de, *sor Inés de Jesús María* ... 137
 BARRECHEGUREN GARCÍA, Concepción ... 138
 CABRERA CARRASCO, Ángeles, *sor Ángeles de Jesús Sacramentado* ... 143
 CARRERAS HITOS, Mercedes, *Madre Trinidad del Purísimo Corazón de María* ... 147
 CASTILLO RIBERA, María del, *sor María de San Pedro* ... 152
 CÓRDOBA Y FUENTES, María de, *sor María de la Santísima Trinidad* ... 153
 ENCISO Y TORRES, Beatriz María, *sor Beatriz María de Jesús* ... 159
 GIMÉNEZ VERA, María Angustias, *sor Corazón de Jesús* ... 164
 GRANADA ALTAMIRANO, Luisa de, *sor Luisa de San José* ... 167
 JESÚS, sor Ana de ... 171
 JESÚS, sor Luciana de ... 177
 MACHUCA DE HARO, María, *sor María de la Cruz* ... 178
 MALDONADO, Juana ... 186
 MARTÍNEZ DEL HOYO TELLADO, María Gertrudis, *sor María Gertrudis del Corazón de Jesús* ... 188
 MENDOZA, Catalina de ... 193

MORALES DE TOLEDO ZAPATA, Catalina Antonia, *sor Catalina de Jesús María* 195

POZA Y MURIEL, Martina, *sor Martina de la Misericordia* 196

PUEBLA MÉNDEZ, Isabel, *sor Isabel de la Encarnación* 200

RIQUELME Y ZAYAS-FERNÁNDEZ DE CÓRDOBA, María Emilia, *sor María de Jesús* 206

ROBLES, Ana de 212

SÁENZ DE TEJADA TORRES, Victorina, *sor María de los Ángeles* 214

SALAZAR Y LAGUNA, Violante de, *sor Violante de la Concepción* 224

SAN DIEGO, sor Úrsula de 226

SÁNCHEZ LÓPEZ, Emilia Julia, *sor Emilia de San Juan Bautista* 228

TAPIA Y ACOSTA, Gabriela Gertrudis de, *sor Gabriela Gertrudis de San José* 233

TITOS GARZÓN, Teresa, *sor Teresa de Jesús* 240

VELÁZQUEZ, Juana Úrsula, *sor Juana Úrsula de San José* 244

VERDUGO DE CASTILLA, ANA, *sor Ana de San Jerónimo* 248

"Guarda a tu amigo bajo la llave de tu propia vida"
William Shakespeare

Para Rebeca Sanmartín, custodia de la llave

Nota a la presente edición

El presente volumen constituye una reedición parcial, aunque actualizada y muy ampliada, de mi anterior libro *Plumas femeninas en la literatura de Granada (ss. VIII-XX). Diccionario-antología*, que fue publicado en 2002 por la Universidad de Granada, dentro de su prestigiosa y consolidada Colección Feminae, y que contaba inicialmente con 460 páginas, incluyendo ciento treinta y cinco bio-bibliografías de escritoras granadinas o vinculadas con Granada desde el siglo VIII (período hispano-musulmán) hasta finales del XX, abarcando todos los posibles géneros literarios. El origen de esta obra, que lleva ya agotada bastantes años, hay que encontrarlo en la reflexión que hacia 1998 me suscitó la lectura y análisis pormenorizado de lo que pretendía ser el primer repertorio sistemático de autores de Granada, el *Diccionario de escritores granadinos (siglos VIII-XX)* (Ortega y Moral, 1991), que José Ortega y Celia del Moral habían publicado en 1991. Conteniendo en torno a dos centenares de semblanzas, me llamó poderosamente la atención la escasísima presencia femenina detectada, con apenas unos pocos nombres (y buena parte de ellos, además, de poetisas arábigo-andalusíes, encontrándose infrarrepresentados el resto de períodos históricos). Con la certeza de que tal retrato no podía corresponder con la realidad, esa idea me llevó a emprender una investigación en libros de referencia, catálogos, bibliotecas, archivos y hemerotecas, que me hizo constatar la absoluta verdad de la cita de Rosa Montero con la que encabezaría entonces mi libro:

> en cuanto que una se asoma a la trastienda de la historia se encuentra con mujeres sorprendentes: aparecen bajo la monótona imagen tradicional de la domesticidad femenina de la misma manera que el buceador vislumbra las riquezas submarinas (un paisaje inesperado de peces y corales) bajo las aguas quietas de un mar cálido (Montero, 1995: 21).

Atisbando, en efecto, ese "paisaje inesperado de peces y corales", y presentando una incipiente memoria inicial que ya anticipaba lo fructífero que prometía ser el proyecto, solicité, y obtuve durante todo el año 1999, una Beca de Investigación del Área de Mujer de la Diputación de Granada -que posteriormente incluso coeditaría el libro-. Sin embargo, el caudal de la literatura femenina de Granada a lo largo de tantos siglos se iba a acabar revelando como todavía más fecundo incluso de lo que había imaginado en un principio, por lo que mi trabajo se prolongó durante dos años más, hasta que finalmente en 2002 vio la luz el mencionado volumen.

La recepción positiva de este -un estudio monográfico sobre la fértil literatura granadina con voz de mujer, que, pese a su riqueza y diversidad, había permanecido en buena medida casi oculta a lo largo de los siglos- se plasmó en toda una serie de reseñas, y de informaciones en la prensa periódica, que se hizo eco de la publicación, además de muy numerosas citas, que continúan aumentando con el paso del tiempo. Al recoger las semblanzas, junto con una muestra de su obra literaria (siempre que resultó posible), de decenas y decenas de "plumas femeninas", pude constatar que, en especial durante los siglos XVI y XVII, una notable mayoría de autoras eran monjas[1] en los conventos de las distintas Órdenes que florecieron en la ciudad (incluso en otras localidades de la provincia) tras el final del dominio musulmán a partir de 1492, destacando en este sentido las carmelitas descalzas, en la clara estela de su fundadora/reformadora, santa Teresa de Jesús. Si bien el momento de mayor auge de esta escritura espiritual, con notables casos de autoras vinculadas con la mística y la literatura visionaria, data de ese mencionado periodo áureo, se comprueba que la tendencia de la religiosidad femenina y su relación con las letras continúa vigente durante los siglos XVIII y XIX, e incluso, con notables ejemplos en el XX.

Con el paso del tiempo, al encontrarme durante los últimos años adscrita a diversos proyectos de I+D centrados específicamente en el estudio de la mística y espiritualidad femeninas, así como sobre la actividad intelectual de las mujeres en los conventos a lo largo de la Historia, sopesando las posibilidades de reeditar el agotado *Plumas femeninas en la literatura de Granada (ss. VIII-XX). Diccionario-antología*, me decanté por una opción selectiva. Así, en efecto, y puesto que las autoras religiosas en el libro original alcanzaban en torno a una sexta parte del total, opté por recuperar sus semblanzas biográficas y contribuciones literarias, añadiendo toda una serie de ellas más que he ido encontrando en mi proceso de investigación en el curso de estos años, hasta conformar una nómina total de treinta mujeres [2] que tomaron la

---

[1] Panorama parangonable, en realidad, al que encontramos en toda España en esos siglos, como bien ponen de relieve Nieves Baranda y Mª Carmen Marín: "La escritora típica de la Edad Moderna española fue una monja" (Baranda Leturio y Marín Pina, 2014: 11).

[2] De las treinta autoras incluidas en el presente volumen tan sólo una fue religiosa no enclaustrada, porque, tras una vida de salud frágil y consagración a la mortificación y espiritualidad en su domicilio familiar, falleció de tuberculosis a los veintiún años, sin poder llegar a ingresar en una Orden, como era su deseo. Se

pluma a lo largo de los últimos cinco siglos de historia de Granada, actualizando las entradas ya existentes con nuevos datos, aportaciones bibliográficas y, en algunos casos, incorporando textos que resultó imposible localizar en la primera edición, aprovechándose de igual modo para corregir algunas inexactitudes o erratas. Además, se ha incorporado un muy extenso estudio introductorio, que viene a ser de por sí prácticamente un trabajo de investigación autónomo y que se ha escrito por completo *ex novo*. Así se ofrece ahora a la curiosidad lectora y al interés erudito este *"Las venas de los lirios". De místicas, visionarias y santas vivas en la literatura de Granada (ss. XVI-XX)*, que toma su título de un hermoso poema barroco del poeta Pedro Espinosa, uno de los principales miembros de la Escuela antequerano-granadina del Siglo de Oro, titulado "Salmo a la perfección de la Naturaleza, obra de Dios":

> ¿Quién te enseñó el perfil de la azucena,
> o quién la rosa, coronada de oro,
> reina de los olores?
> ¿Y el hermoso decoro
> que guardan los claveles,
> reyes de los colores,
> sobre el botón tendiendo su belleza?
> ¿De qué son tus pinceles,
> que pintan con tan diestra sutileza
> las venas de los lirios? (Blecua, 1984: 168)

trata de Concepción Barrecheguren García (1905-1927), a quien acompañó ya en su corta existencia la fama de santidad.

"Escondidas con Cristo en Dios" [1]. Cinco siglos de literatura espiritual en Granada con voz de mujer

"*Sicut lilium*": así puede leerse en la parte superior del precioso marco dorado que presenta al espectador el muy conocido cuadro de Charles Allston Collins, "Convent Thoughts"[2] (1851). Pintado en la órbita de la Hermandad Prerrafaelita (aunque a su autor, hermano del novelista Wilkie Collins, no le fuera permitido formar parte oficial de la misma), el lienzo muestra la imagen de una candorosa novicia que, en el verde y repleto de flores jardín del convento, se encuentra ensimismada en sus pensamientos, junto a un macizo de azucenas. A su vez, dicha flor estilizada se muestra tallada a ambos lados del marco, lo que evidencia una concepción global de esta obra de arte, que resultó posible porque el autor del diseño y talla de la madera fue un íntimo amigo de Collins, el también pintor John Everett Millais [3] (él sí plenamente prerrafaelita, y sobradamente conocido) (Rose, 1992: 44). Como se puede suponer, el lema latino que preside la obra alude al segundo versículo del capítulo segundo del bíblico *Cantar de los cantares*: *Sicut lilium inter spinas*: "Como el lirio entre los espinos/ así es mi amiga entre las doncellas"[4]. Aunque en la terminología botánica la palabra "lirio" resulta ambigua, puesto que se usa tanto para hacer referencia a las plantas del género Iris y otras de la misma familia de las iridáceas, como por ejemplo la heráldica flor de lis, también se utiliza ese nombre para referirse al Lilium, cuya variante más conocida es la azucena [5]. Asociada ya desde antiguo a diversas divinidades femeninas, siendo sagrada para Hera, por ejemplo, en la Antigua Grecia, "Desde el siglo XII la azucena se ha identificado con la pureza, la inocencia y la castidad de la Virgen María" (Martin, 2010: 156), hasta el punto de que uno de los nombres por el que esta flor es conocida es "lirio de Madonna" [6]

---

[1] Esta expresión, que he elegido por entender que se ajusta de manera acertada a las mujeres recogidas en la presente obra, procede de unas palabras de San Pablo, en su Epístola a los Colosenses, 3: 3.
[2] Actualmente, en el Ashmolean Museum, de la Universidad de Ofxord, en cuya página web se pueden consultar todos los datos referentes a esta obra: https://www.ashmolean.org/convent-thoughts#/.
[3] Y quien, por cierto, lo retrataría en 1850 (Wood, 1994: 22).
[4] *Cantar de los cantares*, 2: 2, Versión Reina-Valera 1960.
[5] De hecho, el *Diccionario de los símbolos* dirigido por Jean Chevalier en la entrada correspondiente a "Azucena" remite directamente a "Lirio" (Chevalier, 1986: 161).
[6] Por otro lado, en adición a las numerosísimas obras artísticas -tanto en pintura como en escultura- que se podrían recordar como muestra de esa más que

(Salvador González, 2014). De ahí que no resulte de extrañar que la azucena -ya vemos que con mucha frecuencia denominada lirio- aparezca vinculada con la iconografía de numerosas mujeres asociadas con la esfera de la religiosidad, que consagraron su virginidad a Dios y se caracterizaron por una vida de candorosa virtud. A ello se puede añadir también otro significativo matiz, que encontramos confirmado en las palabras del *Diccionario de los símbolos*, dirigido por Jean Chevalier, quien constata que "La azucena simboliza también el abandono a la voluntad de Dios, [...] el abandono místico a la gracia de Dios" (Chevalier, 1986: 652).

Siguiendo los habituales intrincados lazos sentimentales y personales que caracterizan a los componentes del movimiento prerrafaelita, Charles Alston Collins se enamoró de Maria Rossetti -una mujer muy espiritual, que, de hecho, acabaría profesando en una Orden religiosa anglicana-, hermana de los muy conocidos Dante Gabriel y de Christina, pero el rechazo de esta lo llevará a volverse cada vez más introspectivo y ascético, faceta que se refleja en su obra de temática religiosa, como "The Devout Chilhood of St. Elizabeth of Hungary", o el propio "Convent Thoughts".

La novicia de este último, por completo vestida de blanco, tal y como corresponde a su estado, sostiene en su mano izquierda, lánguidamente caída junto al cuerpo, un 'Libro de Horas', cuyas páginas abiertas permiten al espectador observar que se encuentra bellamente iluminado con profusos colores. Mientras, con la mano derecha sujeta cerca del rostro pensativo una pasionaria, flor que, evidentemente, evoca la Pasión y muerte de Cristo. De hecho, fue lo que llamó la atención de los misioneros jesuitas que la descubrieron en América en 1610, debido a la semejanza que guardan varias de sus partes con elementos relacionados con la Pasión: de este modo, los estilos rememorarían los tres clavos de la crucifixión, los estambres, la cinco llagas, la corola radial recuerda la corona de espinas, e incluso los zarcillos de sus tallos podrían asociarse con el látigo de la flagelación [7] (Sánchez Fernández, 2000: 105).

consolidada asociación simbólica de la azucena con la Virgen María, resulta significativo constatar que en las manifestaciones devocionales de la Semana Santa en Andalucía, una tradición que alcanza muchos siglos de antigüedad y muestra un más que notable arraigo en la cultura popular, dicha asociación suele presentarse con frecuencia en los elementos procesionales relacionados con la figura de María, como pueden ser los bordados del palio, la orfebrería del mismo, sayas y demás elementos, y de manera muy especial el denominado "Simpecado", estandarte que representa la pureza inmaculada de la Virgen, y que lleva el lema "Concebida sin pecado", o "*Sine labe concepta*".

[7] Debido al poder de evocación de dicha flor, sumado a la popularización durante

No obstante, no se trata del único simbolismo vegetal presente en un cuadro, que destaca precisamente por el alto poder evocador de unas flores que aparecen elegidas con sumo cuidado para poder asociarse con los valores de la vida religiosa. Así encontramos el nomeolvides, que simboliza la fidelidad y el amor sincero (Pickles, 1994: 36 y Sánchez Fernández, 2000: 52-53), la madreselva, que evoca el amor fraternal y la constancia (Pickles, 1994: 47), y dos flores acuáticas directamente relacionadas con la espiritualidad: el nenúfar, considerada tradicionalmente una flor blanca y pura, que crece en el agua fría, por lo que hasta tal punto se asociaba con la castidad y la pureza que se la consideró durante mucho tiempo un antiafrodisiaco, siendo incluso consumida su esencia -en infusión o en jarabe- en cenobios y conventos (Pickles, 1994: 107 y Schnitzer, 1985: [s.p.] 36); y el loto, una flor que -al igual que el nenúfar [8]- a pesar de hundir sus raíces en el barro y la impureza, es capaz de levantar su esplendor por encima del agua, por lo que se la considerada sagrada en diversas tradiciones orientales (Martin, 2010: 158).

En cuanto al estanque en el que crecen ambas, más allá del sentido primigenio del agua como extendido símbolo femenino y de fecundidad, el *Diccionario de los símbolos* de Jean Chevalier especifica que sus significaciones se sintetizan en torno a "tres temas dominantes: fuente de vida, medio de purificación y centro de regeneración" (Chevalier, 1986: 52), hallándose en las más antiguas tradiciones. Pero especifica, además, que, en las tradiciones judías y cristianas en concreto, "el agua simboliza ante todo el origen de la creación. El *mem* (M) hebreo simboliza el agua sensible: es madre y matriz. Fuente de todas las cosas, manifiesta lo transcendente y por ello debe considerarse como una hierofanía"

---

el siglo XIX, tanto en literatura como en artes plásticas, del simbolismo de los elementos vegetales, podemos encontrar entre la producción literaria de una las protagonistas del presente volumen, la clarisa sor Martina de la Misericordia, un poema titulado precisamente "La pasionaria", que se publicaría el 30 de marzo de 1897 en la revista boliviana *Boletín Antoniano*, y en el que la monja ficciona el origen de tan peculiar flor en una lágrima derramada por Jesucristo al morir en la cruz: "Pero al humedecer después la tierra,/ De esta brotó una planta y dio una flor:/ La pasionaria que en su centro encierra,/ Místico emblema de aquel gran dolor" (Poza y Muriel, 1897: 3).

[8] Se pueden recordar unos versos de Amado Nervo elocuentes en este sentido: "El légamo no merma/ la transparencia casta de la fuente,/ a condición de que en el fondo duerma/ perennemente,/ o de que síntoma de su existencia/ sea sólo nítida presencia/ de nenúfares blancos, desmayados/ de amor sobre los límpidos espejos/ del agua, y cuyos tallos alargados/ nos dan la flor... ¡dejando el cieno lejos!" (*apud* Sánchez Fernández, 2000: 101).

(Chevalier, 1986: 54). Como añadidura, cabe señalar que en hebreo pictográfico la letra *mem* se dibuja de manera similar a las pinturas rupestres evocadoras de las ondas del agua que se vinculaban con la feminidad sagrada y estaban relacionadas con los antiguos cultos de la Diosa Madre. Por otro lado, y volviendo a remitir al *Cantar de los cantares,* en su capítulo 4, versículo 15, leemos, dentro del panegírico del Esposo a la Esposa: "Eres fuente de jardín, pozo de aguas vivas que fluyen del Líbano" [9].

Debemos considerar, de igual modo, que el estanque o la fuente es uno de los típicos elementos que configura el *hortus conclusus* [10], según la característica tipología medieval. Como bien explica Francisco Javier Campos y Fernández de Sevilla, en un estudio sobre la clausura femenina en España, perfectamente aplicable al caso que nos ocupa, "Ese *Hortus conclusus* es un jardín excelso e íntimo donde habitan el silencio y la paz. Excelso, por su singular belleza; íntimo, porque conduce a pensamientos y afectos personales hondos. Es lugar donde se escucha al pensamiento [y no olvidemos que el título del cuadro en que nos estamos centrando, traducido al español, sería precisamente "Pensamientos conventuales"] y todo es armonía; reino del *ordo naturalis* por el que también se llega al *ordo poeticus*" (Campos y Fernández Sevilla, 2020: 138). El autor reflexiona de igual modo acerca de la importancia del silencio, así como de la "ausencia de estímulos externos que perturben la paz espiritual y el equilibrio emocional" (Campos y Fernández Sevilla, 2020: 138).

El jardín, en todas las culturas, representa una imagen idealizada del Paraíso original [11], "un espacio sagrado, una unidad entre lo personal y lo transpersonal" (Martin, 2010: 146). En ese sentido, tanto los jardines de las casas y palacios musulmanes (con el ejemplo máximo de la Alhambra o el Generalife), como los claustros de los monasterios, representan imágenes de ese edén mítico donde el agua y la vegetación desempeñan un

---

[9] Para una mayor aproximación al simbolismo del agua asociado, de manera directa, con la Virgen María, cf. García Estradé, 2020: 55-76.
[10] Quizás no esté de más recordar que la primera enciclopedia de la historia destinada a monjas (de la Abadía de Mont St. Odile, en este caso), recibió el título de *Hortus Deliciarum*, y data de en torno a 1170, siendo su autora la abadesa alsaciana Herrad de Lansdberg. La obra estaba bellamente ilustrada con miniaturas, destacando entre ellas la primera representación de títeres conocida en Europa (Green, 1979).
[11] Cf. "El jardín es un símbolo del paraíso terrenal, del cosmos que lo tiene como centro, del paraíso celestial y de los estados espirituales que corresponden a las estancias paradisíacas" (Chevalier, 1986: 603).

papel fundamental. José Miguel Morales Folguera y Antonio Cruces Rodríguez llaman la atención acerca de la importancia que el jardín tiene en la Biblia, y constatan los elementos claves que configuran este *hortus conclusus* [12] reiterado en la historia y el arte: "*La fuente*: tiene por origen los ríos del Paraíso y se sitúa a menudo en el centro del jardín ideal. Es redondo o cuadrado, porque son formas perfectas. Agua pura que brota, que se opone a las aguas dormidas del pecado y que fertiliza el suelo. [...] *El prado*: es un césped de forma regular, sembrado con flores y embellecido con plantas [...]. Regocijo tanto para la vista como para el olfato, se convierte en una selección del legado de la botánica antigua, y son símbolos de virtudes" (Morales Folguera y Cruces Rodríguez, 2021).

Pero, además, llaman la atención acerca de otro elemento imprescindible en esta configuración: "*La valla*: arpillera, empalizada o recinto amurallado, que separa el jardín del campo, la naturaleza salvaje de la naturaleza cultivada, el orden del caos" (Morales Folguera y Cruces Rodríguez, 2021). Porque, en efecto, se trata de jardines perimetrados, cercados, no accesibles para el común de los mortales, sino tan sólo para los *elegidos*. En este sentido, resulta pertinente recordar la figura de uno de los más ilustres poetas barrocos de Granada, el gongorino Pedro Soto de Rojas, autor de una obra célebre, consagrada a los bellísimos pero recoletos cármenes de la ciudad nazarí, y de título especialmente aplicable al caso que nos ocupa: *Paraíso cerrado para muchos, jardines abiertos para pocos*, publicada de manera póstuma en 1652.

Oculto paraíso al que no cualquiera puede acceder. Pero, en una doble lectura, ese jardín abierto para pocos, tampoco lo está para sus propios moradores. Es decir, no se puede entrar desde el exterior, pero tampoco se puede salir desde el interior, aunque se trate, claro está, mayoritariamente de un encierro voluntario. De hecho, si volvemos a observar el cuadro de Charles Allston Collins enseguida llama la atención el alto muro, cubierto

---

[12] En este sentido, y aunque centrado exclusivamente en la Orden Carmelita Descalza, conviene tener en cuenta el artículo de María José de la Pascua Sánchez, titulado "El Carmelo como jardín: del *hortus conclusus* al *hortus theologicus* en el paisaje espiritual de Teresa de Jesús y María de San José (1526-1603)", donde expone: "El Carmelo femenino descalzo fue pensado como jardín, más específicamente como jardín interior. El jardín constituye una figura simbólica en cuya caracterización histórica confluyen tradiciones literarias, filosóficas y religiosas. En la cultura occidental el legado clásico y el aportado por las religiones judía, cristiana y musulmana se superponen para connotar la idea de jardín como paraíso, lugar de retiro espiritual o camino de peregrinación vital" (Pascua Sánchez, 2019: 36).

de enredadera, que domina todo el fondo de la composición. Nuestra protagonista, la nívea novicia cuyos rasgos reflejan una extrema juventud, cercana a la adolescencia incluso, pálida, delgada, sin rasgos sexuales marcados, forma parte de un imaginario que en el siglo XIX consagró a la mujer ideal (o frágil, o espiritual). Así, en efecto, se presenta ante los ojos del espectador como mujer pura, cándida, absolutamente virginal e inocente, que vive por completo alejada del mundo, lo que queda reflejado gráficamente por esos altos muros que se ven en la pintura. Y que podrían encontrar su más clara transposición en una obra dramática que alcanzó en España las cimas del mayor éxito desde su estreno en 1844: *Don Juan Tenorio*, de José Zorrilla (contemporánea, por tanto, del citado lienzo). Como es bien sabido, la protagonista femenina del drama es Doña Inés, una novicia de origen noble, que se ha criado en el convento por disposición de su padre, y a la que la Abadesa, en la primera escena del Acto III, considera afortunada porque ha crecido totalmente alejada del mundo y sus frívolos placeres, sin conocer las tentaciones terrenales, "ignorando lo que hay/ tras esa santa pared" (Zorrilla, 1991: 90). Hasta gráficamente podemos recordar las semejanzas de la novicia de Allston Collins con la figura vestida de blanco, pálida, de ojos bajos y mirada tímida, con un libro de rezos en las manos y un rosario, que se muestra de manera paradigmática en el conocido cuadro "Retrato de la actriz María Guerrero como 'Doña Inés'" (1891), de Raimundo de Madrazo, perteneciente al Museo del Prado [13].

De manera significativa la Abadesa la considera "mansa paloma" que se ha criado "en doméstico vergel,/ no habiendo salido nunca/ de la protectora red" (Zorrilla, 1991: 90), y cuya visión del cielo limitado por sus rejas y muros, se le antoja "un velo azul suspendido/ a las puertas del Edén" (Zorrilla, 1991: 91). "Mansa paloma", "cándida y buena" y "lirio gentil": así se refiere la Abadesa a la inocente joven recluida en el claustro. "*Sicut lilium*", por tanto, protegido el edénico jardín por alto muro que separa el mundo, con sus tentaciones, del recinto cerrado donde las monjas cultivan sus lirios de pureza.

De hecho, se comprueba que azucenas y lirios constituirán motivo frecuente en la producción escrita de las religiosas recogidas en el presente

---

[13] El cuadro se puede consultar a través del siguiente enlace: https://www.museodelprado.es/coleccion/obra-de-arte/la-actriz-maria-guerrero-como-doa-ines/6e2b3c4e-9e4c-4bb8-be25-e42fec09c1be. Dicho cuadro se eligió precisamente como ilustración de cubierta del catálogo de la exposición *El mundo literario en la pintura del siglo XIX del Museo del Prado*, donde se le dedican con detalle dos páginas completas (VV. AA., 1994: 216-217).

diccionario-antología, que se muestran en toda clase de géneros literarios. Así, por mencionar tan sólo algunos ejemplos representativos, la clarisa sor Emilia de San Juan Bautista, que vivió en la segunda mitad del siglo XIX, publica en 1899 su poema titulado "Súplica de una niña a la Santísima Virgen para el ofrecimiento de las flores", donde reúne la alusión al jardín del Edén con la imagen de la azucena como asociaciones directas de la figura de María.

>   Virgen mía, clara estrella
>   de los mares de la gracia,
>   del jardín del paraíso
>   azucena inmaculada [...] (San Juan Bautista, 1899: 1)

Prácticamente por las mismas fechas, la prolífica Victorina Sáenz de Tejada, que había ingresado en 1875 en el sevillano convento de las Comendadoras del Espíritu Santo, publica un poemario de título directamente inspirado en el ya mencionado versículo del *Cantar de los cantares*, *Azucena entre espinas* (1893), una obra de temática religiosa consagrada a la figura central de la Virgen, y donde encontramos versos como los que siguen:

>   Que al Lirio de mi amor debo esta historia,
>   A mi "*Rey del Dolor*", sumo en la pena;
>   Pues al narrar la suya, hice memoria
>   De que brotado fue de una Azucena;
>   Y porque brille más su excelsa gloria
>   En la de aquesta flor de gracia plena,
>   Voy a cantar grandezas y martirio
>   De la Azucena que nos dio tal Lirio.

Cuatro años más tarde, la misma autora vuelve a recurrir a idéntico motivo floral, cambiando en este caso al género dramático, y así da a conocer su obra *La azucena del Tíber* (1897), que relata la vida de santa Inés, joven patricia romana de los primeros tiempos del Cristianismo, quien, recién convertida, prefiere sacrificar su vida antes que mancillar su fe. Al parecer, la pieza fue representada por las alumnas del Colegio de Niñas Nobles que la Comunidad tenía instituido y regentaba.

Pasando al terreno de la hagiografía (uno de los géneros más frecuentados entre las escritoras de literatura espiritual), se puede destacar que la poeta Cristina de Arteaga -nacida en Zarauz, Guipúzcoa, pero con unos estrechos y muy especiales lazos con Granada- será autora de una obra que retoma igualmente el versículo bíblico: *Como azucena entre espinas. Vida de Consuelito Moreno* (1950), que recupera la figura de la niña Consuelo Moreno y Herrera, hija del Conde de los Andes, quien falleció en 1917 a la temprana edad de diez años con fama de santidad. Varias décadas más tarde, Arteaga, dotada de una importante formación cultural y gran erudición, publicará *El Carmelo de San José de Guadalajara y sus tres azucenas* (1985), centrado en sor Mª Ángeles de San José, sor Mª del Pilar de S. Francisco de Borja y sor Teresa del Niño Jesús y de S. Juan de la Cruz, tres monjas carmelitas descalzas asesinadas en la capital castellana durante los primeros días de la Guerra Civil. Para referirse a ellas Arteaga vuelve a recurrir a la asentada metáfora floral.

Especialmente significativo en este sentido es el párrafo que, basado en la autobiografía redactada (y por desgracia, perdida) por la franciscana clarisa del siglo XVII Beatriz María de Enciso y Torres, cuya vida religiosa estuvo permanentemente aureolada por su fama de visiones sobrenaturales, estigmas y revelaciones, escribió en 1719 el franciscano, Lector en Teología, fray Tomás de Montalvo, titulada *Vida prodigiosa de la extática Virgen, y Venerable Madre Sor Beatriz María de Jesús, Abadesa, que fue del convento del Ángel Custodio de la Ciudad de Granada, de Religiosas Franciscas Descalças de la más estrecha Observancia de la Primera Regla de Santa Clara: Chrónica del mismo convento, y memoria de otras Religiosas insignes en virtud* [14]:

> Pero si se ostenta armada fortaleza, también se descubre Angélico Jardín, donde exalan sus fragancias Virgíneas Azuzenas, en que se alimenta el celestial Cordero. Azuzenas no sólo por los candores del Virginal estado, y Aromas del contemplativo instituto; sino también, porque simbolizándose en estas Flores los Ángeles, son hermosas Azuzenas aquellos elevados espíritus, que professan Vida Angélica, y viven en Religioso Congreso, decorado con Angélico Título, circunstancias, que no omitió el Panegirista de las Vírgenes San Ambrosio, de donde se deduce, que proponiendo el Author de esta Obra tan cándidas Azuzenas por exemplar, para la

---

[14] Precisamente, una de las aportaciones del presente volumen es que es la primera vez que se reproducen fragmentos íntegros de esta casi desconocida obra, que se puede consultar digitalizada en la Biblioteca Virtual de Andalucía, con la siguiente Signatura: *-2*6, A-Z6, 2A-2V6, X5. Se puede acceder a ella, en formato PDF, a través de este enlace: http://www.bibliotecavirtualdeandalucia.es/catalogo/es/catalogo_imagenes/grupo.do?path=88754.

común edificación y enseñanza, sigue el método, que observa el Ecclesiástico quando remite las flores, para que aprendan perfecciones de la azuzena, y miren sus virtuosas fragancias, sus gratos candores, y el primor, conque en su misma belleza elogia al Soberano Artífice. [...]

A este fin describe las Virtudes de tantas Angélicas Heroynas, que despreciando el mundo, se acogieron al Religioso Jardín, donde como cándidas azuzenas, sólo atendieron a multiplicar candores, y fragancias, acaudalando virtudes, y haciendo thesoro grande de méritos, con que se adornaron para las Celestiales bodas (Montalvo, 1719: s.p. [12]) [15].

Sin embargo, esa imagen de "Angélicas Heroynas", acogidas al "Religioso Jardín" tras haber despreciado el mundo y sus tentaciones tiene no poco de visión estereotipada, y en buena medida simplificada, de una mucho más rica y compleja realidad [16]. Es bien cierto que podemos remontarnos a numerosas mujeres espirituales, santas, visionarias, inspiradas, que, por casi toda Europa, consagran su vida a Dios desde la Edad Media. Todas ellas se encuadrarían en el lema *"Sicut lilium"* del *Cantar de los cantares*, que evoca el marco del comentado cuadro, y tienen, de hecho, buena parte de ellas el lirio/azucena como símbolo y atributo. Con harta frecuencia fueron mujeres decididas, de fuerte carácter, valientes. Y, muy lejos de estar aisladas del mundo y de desconocer sus mecanismos de poder, intereses materiales, etc., lo cierto es que -como ahora repasaremos brevemente- muchas estuvieron implicadas en él e incluso ejercieron un influyente papel como autoridad y modelo [17]. Serían muchos los ejemplos que se podrían aducir al respecto,

---

[15] En este, como en otros textos antiguos reproducidos en el presente estudio, se ha procedido a normalizar, en la medida de lo posible, la acentuación y la puntuación, pero se ha decidido respetar la forma original en que se presentan escritas las palabras, a fin de no perder los valores fonéticos, léxicos y sintácticos de la época. Así mismo, se ha respetado el uso de mayúsculas que hace cada autor.

[16] Como bien explica Ángela Atienza, "Los conventos femeninos constituían un espacio de diversidad. Tras una apariencia y una imagen de uniformidad dibujada por las respectivas reglas y constituciones, que durante tanto tiempo conformaron las coordenadas en las que se desenvolvió la historiografía sobre el mundo claustral femenino, hoy sabemos bien que aquellos conventos acogieron múltiples y diferentes realidades, sensibilidades particulares y diversas" (Atienza López, 2021: 223).

[17] En una época en que las mujeres se encontraban excluidas usualmente de los ámbitos de poder, ya desde la Edad Media un buen número de ellas sabrán apreciar

según se puede comprobar mediante la lectura de las treinta semblanzas contenidas en el presente volumen. Tal y como explica Ángela Atienza en un artículo reciente, "La historiografía sobre el mundo religioso femenino ha dejado definitivamente pulverizada la imagen -muy presente hasta no hace mucho- de unos espacios conventuales cerrados al mundo y al siglo, la idea de un universo femenino sobre el que habría triunfado la clausura estricta pensada y dispuesta para ellas por los padres conciliares en Trento, mientras se ha ido consolidando y acreditando la realidad de los conventos como recintos considerablemente permeables y abiertos a la relación con el exterior, pudiendo demostrarse la fragilidad y las visibles 'grietas' de esa clausura rigurosa que se había intentado imponer" (Atienza López, 2019: 6).

En este sentido, conviene partir de una singularidad, que es la que ofrece el caso de Granada, al haber permanecido bajo dominio musulmán hasta la tardía fecha de 1492, por lo que, a diferencia de la mayor parte de los territorios de Europa, no se pueden localizar, lógicamente, autoras medievales cristianas. No obstante, la fundación de conventos y monasterios fue muy rápida en los siguientes años, en lo que se consideraba una tarea urgente y esencial de "cristianización" y evangelización del nuevo territorio [18]. Como expone José Manuel Barrios Rozúa, "La diferencia más contundente entre la Granada islámica y la cristiana en cuanto a su fisonomía es la que impuso la arquitectura religiosa" (Barrios Rozúa, 2004: 628). En lo que atañe a los conventos femeninos, buena parte de estas fundaciones religiosas se llevaron a cabo, incluso, por iniciativa y apoyo real, como es el caso de los conventos de las Comendadoras de Santiago o Santa Isabel la Real, ambos de 1501. Poco después se fundaron también el convento de la Encarnación, de Carmelitas de la Antigua Observancia (1508), monasterio de la Concepción, de

---

cómo la espiritualidad suma y el aura de santidad les permitía una preeminencia considerable. Como pone de manifiesto María Morrás, "pronto las mujeres encontraron en el misticismo una vía para ganar relevancia en una sociedad que les negaba (salvo excepciones) otras formas de autoridad y de expresión" (Morrás, 2015: 11). La misma autora señala que, a partir de la Contrarreforma, resultó más difícil la expresión de una religiosidad exclusiva e individual, privilegiándose (aunque nunca llegando a excluir por completo otras formas menos normativas) un modelo más canónico e institucional.

[18] O más bien, de "recristianización", puesto que ya las *Actas del Concilio de Ilíberis*, celebrado entre 296-302, ilustran al respecto de que en el siglo III la comunidad cristiana de Granada (entonces, Ilíberis) debía de tener la suficiente importancia como para haber sido elegida sede conciliar.

Franciscanas Terciarias (1518), y los conventos de Santa Catalina de Siena -conocido como convento de Zafra- (1514), Sancti Spiritus, de Dominicas (1520), de los Ángeles, de Franciscanas de la Orden Tercera (1538), de la Encarnación, de Clarisas (1542), de Santa Paula, de Jerónimas (1540), de Santa Inés, de Franciscanas Clarisas (1572), de San José, de Carmelitas Descalzas (1582), de Capuchinas (1587), de la Piedad, de Dominicas (1590), etc. Y en el siglo siguiente, convento de las Tomasas, monasterio cisterciense de San Bernardo, convento del Corpus Christi, de Agustinas Recoletas, convento del Santo Ángel Custodio, de Clarisas, de Santo Tomás de Villanueva, de Agustinas Recoletas, etc. (Barrios Rozúa, 2004: 651-652). Usualmente, en la mayoría de localidades españolas el número de conventos masculinos solía superar al de congregaciones femeninas, pero conviene tener en cuenta que, en ciudades como Granada, con elevado número de miembros de la nobleza abundaban las "hijas solteras de familias principales a las que, al no poder casar, se querían preservar de los peligros del mundo a la vez que impedir su descenso social" (Bonet Correa, 1978: 63).

La procedencia de una buena parte de nuestras autoras religiosas, al menos durante los siglos XVI al XVIII, es, en efecto, noble e hidalga, aunque ni mucho menos en todos los casos responden al paradigma de hijas de buena familia que no habían podido conseguir un matrimonio de su nivel, ni mucho menos, como se podrá comprobar a continuación. También coincide que las escritoras consideradas en *Las venas de los lirios* poseen en la inmensa mayoría de los casos una formación cultural muy superior a la media (destacando ejemplos sobresalientes como Catalina de Mendoza o Ana Verdugo de Castilla); incluso en casos como el de María Machuca de Haro, quien pierde a su padre a muy temprana edad, pero recibe una esmeradísima educación en casa de sus tíos, aunque a nivel económico se encuentra en una situación delicada, no pudiendo reunir la cantidad necesaria como dote para ingresar en el convento de las Carmelitas Descalzas, como es su deseo. Sin embargo, tendrá la enorme suerte de que el propio san Juan de la Cruz, por entonces prior en el convento de Carmelitas Descalzos situado en lo que hoy es el Carmen de los Mártires, intercederá por ella, pudiendo recibir finalmente su hábito en 1585 de manos del propio Doctor Místico.

Las autoras educadas durante aproximadamente la primera mitad del siglo XVI [19] -como la mencionada Catalina de Mendoza- fueron, en gran

---

[19] María del Mar Graña Cid, una de las principales especialistas en lo que Gabriella Zarri consagró con la acertada expresión de *santas vivas,* recuerda atinadamente

medida, privilegiadas, pues, en consonancia con el ideal propugnado por el Humanismo, se potenciará el desarrollo de la educación y la instrucción pública, incluso para las mujeres, se prestigiarán las letras y las artes y se difundirá el amor hacia los libros en las grandes familias, que comenzarán a valorar el hecho de poseer una biblioteca (se puede recordar, por ejemplo, la biblioteca de la propia reina Isabel la Católica). De ahí que María Machuca, y otras en su caso, pudieran recibir tan exquisita y completa formación. Por otro lado, con respecto al posible paradigma de la espiritualidad femenina por el que pudieron sentirse influenciadas, o de cuya genealogía pudieron sentirse parte [20], conviene tener en cuenta que el Cardenal Cisneros manifestó muy pronto un gran interés hacia la mística femenina europea, cuyo conocimiento potenciará y animará, hasta el punto de que "las bibliotecas de los monasterios y conventos españoles se van llenando de copias de obras que narran y versifican las experiencias y las palabras de beguinas y monjas continentales de diferentes épocas como Catalina de Siena [21], Santa Gertrudis la Magna, Mechthild, Angela de Fulginio o Santa Brígida" [22] (Conde Solares, 2017: 55). Pero también en

que "La eclosión del Renacimiento hispano coincidió con un fenómeno de profetismo femenino cuyas protagonistas, al igual que en otros ámbitos europeos, encarnaron un modelo de santidad que fundamentó su autoridad. Consideradas 'santas vivas' (Zarri, 1990) y 'madres espirituales' (Graña, 2012), se situaron próximas a las instancias de poder como consejeras y animadoras e hicieron oír su voz magisterial" (Graña Cid, 2019: 68). En el presente trabajo partiremos de una concepción extendida cronológicamente a lo largo de los siglos posteriores de ese concepto de *santas vivas* (o madres espirituales), para comprender a toda una serie de mujeres que gozaron de fama de santidad en vida, debido a su carisma, vivencias sobrenaturales y capacidad de influencia sobre la sociedad de su tiempo, aunque, evidentemente, no se puede perder de vista que todas ellas serán hijas de su tiempo, con sus condicionantes y características propias.

[20] Esta influencia resulta muy evidente en el caso de santa Teresa de Jesús, cuyo ejemplo ocasionó el que el mayor porcentaje de autoras religiosas representadas en la presente obra sean precisamente carmelitas descalzas.

[21] En concreto, el caso de santa Catalina de Siena, modelo de *santa viva* según los estudios de Gabriella Zarri (Zarri, 1990 y 1996), resultará determinante en varias de las escritoras religiosas recogidas en el presente volumen, como Gabriela Gertrudis de Tapia y Acosta (siglo XVII), incluso hasta el periodo contemporáneo, como es el caso de María Emilia Riquelme, lectora de la biografía de la italiana, o Ángeles Cabrera Carrasco, que en diversos fragmentos de sus escritos manifiesta su devoción hacia la dominica.

[22] En este sentido, profundizando en las obras de místicas de la Baja Edad Media cuya edición en España promueve Cisneros, resulta pertinente la consulta de Acosta-García, 2020.

las bibliotecas familiares quizás pudieron haber tenido acceso a las trayectorias hagiográficas de sus antecesoras.

Volviendo a la personalidad de muchas de estas féminas granadinas, y al papel de autoridad y modelo que, tal y como antes adelantábamos, pudieron desempeñar, bien es verdad que la inmensa mayoría de ellas (al igual que sucede con sus *hermanas* de otros territorios geográficos) han pasado prácticamente desapercibidas en relación con el canon oficial reproducido por los manuales de literatura. Sin embargo, a estas alturas es hora ya de reivindicar que esas mujeres existieron, y desarrollaron una creación literaria (y, en muchos casos, obras fundacionales, filantrópicas, asistenciales, etc.) que hoy forma parte del patrimonio cultural y que, por tanto, no se puede ignorar. De hecho, Sonja Herpoel, en su estudio monográfico *A la zaga de Santa Teresa: Autobiografías por mandato*, señala cómo, aunque en muchísimos de los casos que se han conservado, las autoras religiosas que dejaron el testimonio escrito de sus vidas (al igual que las que cultivaron otros géneros) puedan ser hoy en día unas completas desconocidas, olvidadas en los márgenes de la historia, la realidad es que en su momento se trató de "mujeres emprendedoras que poseen una autoridad indudable al desempeñar medianos o altos cargos en sus respectivos conventos. Llaman la atención de las autoridades sobre todo las reformadoras, fundadoras y abadesas" (Herpoel, 1999: 80). Tal aserto queda plenamente confirmado en el caso de las escritoras religiosas de Granada. De este modo, comenzando por las abadesas o prioras que se encuentran recogidas en el presente volumen, y sin ánimo de realizar un listado exhaustivo, se pueden recordar, entre otros, los ejemplos de Luisa de Granada Altamirano (sor Luisa de San José), priora desde 1617 del convento de San José de Carmelitas Descalzas de Granada, edificándose bajo su mandato la actual iglesia del convento; Isabel de Puebla Méndez (sor Isabel de la Encarnación), priora a comienzos del siglo XVII en el convento de San José del Carmen de Carmelitas Descalzas de Sevilla, a donde llegó custodiando el preciado códice de la segunda redacción del *Cántico espiritual*, de San Juan de la Cruz, que había sido en Granada su director espiritual y confesor, y que recibió de manos de Ana de Jesús, trasladándolo más tarde al convento de Santa Teresa de Jesús de Jaén, donde también sería priora; María Machuca de Haro (sor María de la Cruz), granadina que sería priora hasta por cuatro veces en el convento de la Purísima Concepción de Carmelitas Descalzas de Úbeda, en la primera mitad del siglo XVII; Juana Úrsula Velázquez (sor Juana Úrsula de San José) sería priora en el Monasterio de la Encarnación de Granada, de las Carmelitas de la Antigua Observancia, hacia mediados del siglo XVII;

María de Córdoba y Fuentes (sor María de la Santísima Trinidad), quien, procedente de Granada, acabaría siendo priora desde 1681 en el convento de San José de Carmelitas Descalzas de Málaga; Beatriz María de Enciso y Torres (sor Beatriz María de Jesús), elegida abadesa del convento del Santo Ángel Custodio de Franciscanas Clarisas de Granada en 1699; convento en el que, por cierto, unas décadas después, en 1729, ingresaría la ilustre Ana Verdugo de Castilla (sor Ana de San Jerónimo), de muy noble familia, y en el que desempeñó diversos cargos, como maestra, tornera, secretaria, quedando frustrado su deseo de ser vicaria por la notable pérdida de audición que sufrió. Para finalizar con lo que tan sólo es una muestra suficientemente representativa, a comienzos ya del siglo XX, podemos recordar el nombre de Martina de Poza y Muriel (sor Martina de la Misericordia), que fue abadesa del convento de la Purísima Concepción de Clarisas de Alhama de Granada entre 1902 y 1908.

En cuanto a las fundadoras a las que alude Herpoel, se encuentra también una serie de nombres entre la nómina granadina aquí recogida, encuadrados, sobre todo, en el periodo cronológico de intensísima actividad fundacional que va a representar la segunda mitad del siglo XIX y primeros años del XX, con el nacimiento de nuevas congregaciones, destinadas de manera fundamental a la vida activa, y donde el protagonismo femenino resultará absolutamente decisivo. Se trata de un fenómeno todavía no suficientemente estudiado [23], aunque por fortuna comienza a tratarse a nivel académico en los últimos tiempos, como prueba la tesis doctoral monográfica presentada en 2019 por Jesús Torres López, bajo el título de *Movimiento fundacional de instituciones religiosas femeninas españolas en el siglo XIX. Pervivencias y cambios,* donde afirma: "La fundación de nuevas congregaciones femeninas, muchas impulsadas por las propias mujeres, es un fenómeno generalizado en la Europa Católica del siglo XIX" (Torres López, 2019: 13). El autor del estudio pasa revista de manera pormenorizada a la situación social, económica, política, cultural, etc. de la España en el momento, concluyendo que se presentaba como una genuina necesidad para la Iglesia en esos tiempos convulsos plantearse una reforma en su interior, que le permitiera una mayor apertura al cambiante mundo contemporáneo y enfrentar sus muchos y complejos retos. Y en ese necesario proceso de reforma, las mujeres, guiadas por inquietudes espirituales que van a florecer de manera

---

[23] Debemos tener en cuenta que, como bien explica Federico M. Requena, "la historia de la vida religiosa y espiritual en la España contemporánea continúa siendo, en buena medida, una asignatura pendiente en la historiografía española" (Requena, 2002: 140).

especialmente intensa en este periodo, y por el deseo de atender necesidades perentorias de los, en un sentido u otro, desfavorecidos de la sociedad, desempeñaron un papel central. De hecho, Torres López recoge, en el lapso de tres décadas que abarca desde la Constitución de 1869 hasta finales del siglo XIX, nada menos que cincuenta y tres fundaciones religiosas femeninas en España, en cuyo número 29 se sitúan las Hermanas Hospitalarias del Sagrado Corazón de Jesús (Torres López, 2019: 43), Orden de la que fue co-fundadora la granadina María Angustias Giménez Vera en 1881, dedicada al cuidado de enfermos mentales, y en el número 52 se localiza otra de las autoras recogidas en *Las venas de los lirios*: "Emilia Riquelme Zayas funda a las misioneras del Santísimo Sacramento y María Inmaculada en 1896" (Torres López, 2019: 44). Pero además, en su número 10 recoge cómo, dos décadas antes, en 1875 la sevillana María de los Ángeles Guerrero González -hoy canonizada con el nombre de Santa Ángela de la Cruz- funda en Sevilla la Compañía de las Hermanas de la Cruz, dedicada a ayudar a necesitados y a enfermos, y con la que precisamente Emilia Riquelme -quien vivió en la capital hispalense durante largo tiempo- mantuvo una relación estrecha, ayudándola económicamente en su fundación, de lo que da fe el epistolario mantenido entre ambas así como diversa documentación conservada en la Casa Madre de la Orden. Ángela de la Cruz, que llevó una vida de penitencia y austeridad, puede ser considerada una *santa viva* contemporánea, a la que se atribuyen estados de elevación mística, fenómenos de levitación ante testigos y diversas curaciones milagrosas.

Pasando a la siguiente etapa histórica, que abarca desde 1900 a 1930, Jesús Torres López constata que se atenúa un tanto el fervor fundador femenino, pero aun así surgen trece nuevas congregaciones, de entre las que se pueden destacar para el caso geográfico que nos ocupa la de Teresa Titos Garzón, fundadora en 1907 en Granada de la Congregación de Santo Domingo, así como la de Mercedes Carreras Hitos, Madre Trinidad del Purísimo Corazón de María, iniciadora en 1925 de la Congregación de las Esclavas de la Eucaristía y de la Madre de Dios (Torres López, 2019: 45), ambas, con institución docente para niñas y jóvenes.

Pero de entre esas mujeres emprendedoras y con una activa implicación, de una manera u otra, en el mundo que las rodea, vamos a encontrar de igual modo notables casos entre la espiritualidad femenina de Granada a lo largo de los cinco siglos contemplados en el presente volumen. Así, se puede destacar el caso de Luisa de Granada Altamirano, sor Luisa de San José, carmelita descalza cuyos nobles ancestros por la vía paterna pertenecieron a la dinastía nazarí, y que en el primer tercio del siglo XVII fue el recurso de notables caballeros que buscaban de su sabiduría consejo y orientación, alcanzando su fama incluso hasta la corte. Pero también el de María Gertrudis Martínez del Hoyo Tellado, sor María Gertrudis del Corazón de Jesús [24], franciscana del monasterio de la Concepción, en el barrio morisco del Bajo Albaicín, quien, nueve años después de tomar el hábito, en 1779, tendría ocasión de conocer al entonces famosísimo orador fray Diego José de Cádiz (que sería beatificado por León XIII en 1854), quien recorría los caminos del país predicando, en su misión de combatir lo que él denominaba "las doctrinas del siglo", es decir, el racionalismo dieciochesco. Así llegará a Granada, precedido por su prestigio, que le permitirá elevar su voz desde cátedras y púlpitos. Y en esa visita fray Diego José de Cádiz obtiene permiso especial para entrar en la clausura del monasterio de la Concepción, entablando entonces relación con sor María Gertrudis, con la que acabaría manteniendo una abundante correspondencia epistolar, en la que ella ejerce de alguna manera de consejera del vehemente fraile capuchino.

Dos siglos después, la jerónima Cristina de Arteaga, hija del marqués de Santillana y duque del Infantado, entre otros muchos títulos nobiliarios, desempeñará un importante papel en muy diversos ámbitos, comenzando por su propia Orden, ya que impulsará y organizará la Federación Jerónima. Pero, además, su decidida actuación dejará tan importante huella en Granada, que incluso el Ayuntamiento la nombrará Hija Adoptiva de la ciudad, otorgándole en 1968 la Medalla de Oro, y dedicándole, además, una plaza pública. Arteaga fue, sin duda, una persona excepcional, cuya completa formación intelectual la llevó incluso a ser autora de la primera tesis doctoral en Historia defendida por una mujer en España, a la que seguirán diversos estudios y publicaciones. Méritos que la llevarán a ser nombrada miembro correspondiente de la Real Academia Sevillana de Buenas Letras y de número de la Academia de Bellas Artes de Santa Isabel de Hungría. Pero su fuerte y decidida

---

[24] No confundir con la monja concepcionista de Nueva España, con idéntico nombre, y casi contemporánea, que profesó en 1803 en el Real Convento de Jesús María, y de la que se ha conservado un hermosísimo retrato anónimo, de la tipología de "Monjas coronadas", que hoy se puede contemplar en el Museo Nacional del Virreinato, en Tepotzotlán, México. Realizado en el característico estilo del Barroco novohispano, en el óleo se la ve sosteniendo un Niño Jesús en una mano y una palma con tres azucenas en la otra. Una reproducción de la obra se encuentra en el catálogo de la exposición *Monjas coronadas. Vida conventual femenina* (2005: 52-53). También está accesible a través del siguiente enlace: https://mexicana.cultura.gob.mx/es/repositorio/detalle?id=_suri:MNV:TransObject: 5bce8af57a8a02074f834405.

personalidad la conducirá a protagonizar una negociación de gran calado con el Ayuntamiento de Granada, tras heredar de su padre un lugar histórico de la ciudad, el Carmen de los Mártires, vinculado desde el siglo XVI con la mística más excelsa, al haber sido prior entre 1582 y 1588 en el convento de carmelitas descalzos allí establecido san Juan de la Cruz, quien escribió en él parte de su *Cántico espiritual* y otras obras. Convertido tras la desamortización en palacete privado, finalmente acaba en posesión del duque del Infantado hacia 1928-1929, que lo lega en herencia a su hija Cristina, la cual en 1957 establece un pacto con las autoridades municipales, por el cual el Carmen pasa a las manos del Ayuntamiento a cambio de una cantidad casi simbólica, mientras que este cede el esplendoroso Monasterio de San Jerónimo (abandonado tras la desamortización y que había pasado por diversas peripecias históricas), a fin de que lo pueda ocupar la Comunidad de monjas jerónimas, que estaban por entonces en el muy deteriorado convento de Santa Paula.

Muchas de las mujeres que combinaron la pluma con el reclinatorio no se limitaron, en efecto, a la vida contemplativa, sino que un buen número de ellas, a la manera casi de las precursoras beguinas de la Europa medieval, no se caracterizaron por permanecer ajenas al mundo, sino todo lo contrario: vivieron implicadas en ayudar de manera activa a sus semejantes. De este modo, y por mencionar tan sólo algunos casos significativos, se pueden recordar los nombres de Catalina de Mendoza, de familia muy ilustre, quien en el siglo XVI hizo voto de castidad tras la anulación de su matrimonio, y que, en fecha indeterminada, fundó en Alcalá de Henares un Colegio adscrito a la Compañía de Jesús, al que cedió en vida todos sus bienes materiales. De fechas bastante más recientes, se pueden citar los nombres de las fundadoras contemporáneas, comenzando por la significativa figura de María Angustias Giménez Vera, quien tuvo claro desde un principio su vocación de entrega a los enfermos mentales y discapacitados psíquicos, e incluso físicos. O los de María Emilia Riquelme Zayas, Teresa Titos Garzón y Mercedes Carreras Hitos, que completaron la vertiente contemplativa de sus Congregaciones con escuelas para niños y jóvenes, en especial, para la infancia más desfavorecida. Pero también es de destacar el caso de la carmelita descalza Ángeles Cabrera Carrasco, quien decide dedicar la herencia de su padre a una donación a su pueblo natal de Galera, en el Norte de la provincia de Granada, para fundar una escuela para las niñas de la localidad. Con este motivo, la Corporación Municipal la nombrará en 1924 Hija Predilecta. En otro orden de cosas, su implicación en la entrega activa a sus semejantes se plasma en el hecho de que Ángeles Cabrera se hará donante de órganos, en una época en que no se trataba de una práctica tan habitual como se contempla en la actualidad.

Ya que se ha mencionado con anterioridad el término *santa viva*, fundamental en el título y la concepción del presente volumen, y que fue acuñado por la investigadora Gabriella Zarri para referirse a un modelo de mujer de espiritualidad carismática y visionaria, que ejerció una considerable influencia en los ámbitos del convento y de la corte, y que ella estudió en relación con la Italia de entre 1400 y 1550, (Zarri, 1990 y 1996), conviene introducir la reflexión de que dicho concepto puede aplicarse a un ámbito geográfico y cronológico mayor, aunque ambas variables presupondrán también diferencias significativas (a veces, claro está, de considerable calado). En cualquier caso Sonja Herpoel, en su libro citado, continúa exponiendo cómo con frecuencia estas religiosas son conducidas a poner sus *Vidas* por escrito porque manifiestan llamativas experiencias (fenómenos extáticos, revelaciones, visiones, incluso capacidad de sanar mediante las manos o cercanía con el milagro [25]), por lo cual suscitan la admiración por parte del pueblo, de entre el que surgen a menudo discípulos o seguidores, extendiéndose su fama en diversos casos hasta altas capas sociales [26]. De igual modo, añade que para esos seguidores (con mayor frecuencia, del sexo femenino), estas mujeres se convertirían de algún modo en intermediarias con la divinidad, lo que propiciaría inevitablemente un conflicto: "Al actuar de intercesoras ante el Ser Supremo, las religiosas en situaciones semejantes frecuentemente substituyen al confesor. La presión que ejercen sobre las autoridades debió

---

[25] De hecho, en la *Vida prodigiosa de la extática Virgen, y Venerable Madre Sor Beatriz María de Jesús* se contiene un capítulo, el LXXII, precisamente titulado "Gracia de curaciones, que concedió el Señor a la Venerable Madre Sor Beatriz María de Jesús" (Montalvo, 1719: 126-127), donde se relatan toda suerte de curaciones milagrosas por intervención de la franciscana clarisa. Así mismo Manuel de San Jerónimo, en su *Edades y virtudes, empleos y prodigios de la V. M. Gabriela de San Ioseph, religiosa carmelita descalza en su convento de la Concepción de la misma orden de la ciudad de Vbeda* (1703), escrito basándose en la autobiografía de la propia religiosa, y en testimonios de quienes la conocieron, narra numerosas curaciones portentosas.

[26] Con respecto a la fama de santidad alcanzada en su momento por muchas de estas mujeres, y aunque propiciara la escritura de las consabidas *autobiografías por mandato*, o incluso de obras hagiográficas por parte de compañeras de Orden, directores espirituales o sacerdotes afines, como bien indica Ana Morte, "sólo se inició la recogida de testimonios para incoar el proceso de beatificación de un pequeño número. Y de este pequeño grupo muy pocas obtuvieron de Roma la calificación de beata. Esto no obsta para que algunas de las mujeres con fama de santidad jugaran un importante papel en los lugares en los que residían y que se convirtieran en personas prestigiosas" (Morte Acín, 2018: 965).

de ser muy fuerte en virtud del lugar privilegiado que ocuparon en su día ante la opinión pública" (Herpoel, 1999: 147). A este lugar privilegiado las lleva su fama de santidad en vida, potenciada por las dichas experiencias sobrenaturales, pero también moldeada sobre un modelo "que proviene de siglos anteriores, basado en el ayuno extremo y la penitencia corporal, donde la enfermedad se configura como marca de santidad del cuerpo" (Sanmartín Bastida, 2016a: 185). La fragilidad física, y una salud debilitada, frente a, con frecuencia, una voluntad inquebrantable, será, de hecho, una constante que se aprecia de manera muy evidente en buena parte de las autoras religiosas recogidas en *Las venas de los lirios*: las carmelitas descalzas María Machuca de Haro (ss. XVI-XVII), Gabriela Gertrudis de Tapia y Acosta (s. XVII) o María de Córdoba y Fuentes (ss. XVII-XVIII); las franciscanas Beatriz María de Enciso y Torres (s. XVII) y María Gertrudis Martínez del Hoyo Tellado (s. XVIII); las fundadoras de sus propias Congregaciones María Angustias Giménez Vera (s. XIX) y María Emilia Riquelme (ss. XIX-XX); o la jerónima Cristina de Arteaga (s. XX), por recordar algunos nombres. Caroline W. Bynum llama la atención acerca de la importancia que presenta la enfermedad, como hecho biográfico y como tema literario/hagiográfico en la espiritualidad de las mujeres. De hecho, recuerda el estudio estadístico que llevan a cabo Donald Weinstein y Rudolph M. Bell en *Saints and Society: The Two Worlds of Western Christendom* (1982), en el que constatan que "aunque las mujeres eran sólo diecisiete -en porcentaje la mitad de los canonizados o venerados como santos entre el 1000 y el 1700- superaban, sin embargo, en un cincuenta por ciento a aquellas que consideraban que el hecho de padecer recientemente una enfermedad era la expresión máxima de santidad" (Bynum, 1990: 169).

En cualquier caso, despertar la mayoritaria admiración del pueblo y su reconocimiento y gratitud por los dones recibidos (que llegaba incluso a la muerte en loor de santidad), no resguardaba, sino más bien todo lo contrario, frente a las miradas más insidiosas, los exámenes más severos y las posibles condenas, exacerbados por el recelo ante el clamor popular, que con demasiada frecuencia se asociaba desde las altas jerarquías con la suplantación, el fingimiento, o peor aún: las actitudes heréticas. Pero incluso algunas de estas mujeres alcanzaron no tan sólo el favor del pueblo, sino también el de altas instancias de la sociedad, incluyendo hasta a algunos sectores de la iglesia. Así lo afirmarán sin ambages Rosa María Alabrús y Ricardo García Cárcel: "Hubo no pocas mujeres vinculadas con la Iglesia que fueron estigmatizadas como heterodoxas y que, en cambio, habían gozado de extraordinario prestigio tanto en la corte como en la propia Iglesia" (Alabrús y García Cárcel, 2015: 34).

Y es que, en efecto, en esos tiempos turbulentos -siglos XVI-XVIII, en especial-, como bien expone Herpoel, era "demasiado frágil la línea que separa a las mujeres ortodoxas de las sospechosas. Desafiar abiertamente el poder eclesiástico era un medio seguro para terminar ante la temida Inquisición" (Herpoel, 1998: 288). Por lo tanto, a todas aquellas tocadas por dones extraordinarios no les quedará más remedio que poner un "especial cuidado en la puesta en escena de sus trances" (Sanmartín Bastida, 2016a: 185).

Místicas, visionarias o inspiradas, las autoras religiosas que escribieron durante el periodo post-Concilio de Trento, que mantuvo largamente sus secuelas, vieron con frecuencia sometidas sus obras y sus trayectorias biográficas al rígido control de la autoridad eclesiástica, que desconfiaba de una pasión que parecía escapar a los límites señalados por la Iglesia [27].

En este sentido se puede recordar la figura prototípica de Santa Teresa de Jesús, cuyos primeros confesores achacaban a la influencia del demonio las visiones que tenía, y que llegó a ser examinada incluso por la Inquisición, la cual desconfiaba de sus arrebatos místicos, y conservó para escrutinio, tras una interesada denuncia (motivada, en realidad, como es bien sabido, por envidia), su *Libro de la Vida*, durante tanto tiempo que la abulense no llegó a verlo publicado. Pero a pesar de todas las dificultades padecidas, queda claro que su caso se convirtió en modelo a seguir y que la renovación que ella impulsó en la Orden del Carmelo fue seguida con entusiasmo creciente en toda la península, y buena muestra de ello resulta el amplio número de escritoras carmelitas descalzas que encontramos en Granada [28] (aunque algunas de ellas, como se puede comprobar por sus semblanzas, desarrollaron su vida religiosa fuera de esta provincia). Uno de los casos más ilustrativos en este sentido es el de María Machuca de

---

[27] En este sentido sí que conviene señalar la diferencia que se establece entre estas autoras, y aquellas mucho más contemporáneas, de los siglos XIX y XX, que se benefician de la paulatina atenuación de los opresivos rigores contrarreformistas y la desaparición del peligro certísimo para vida y obra que suponía una institución como la Inquisición. La consecuencia de ello será que la escritura espiritual femenina se volverá una práctica mucho menos arriesgada, aunque quizás también más encorsetada y ajustada al cauce de la ortodoxia.

[28] "Los estudios de Sonja Herpoel (1987 y 1999) y de Electa Arenal y Stacey Schlau (1989) perfilan con bastante precisión la estela que dejó el ejemplo de santa Teresa en muchas monjas de la época, algunas de ellas discípulas de la santa, que la emularon y pusieron por escrito sus vivencias religiosas bien sirviéndose del género autobiográfico o del lírico, o simplemente imitando la crónica del *Libro de las fundaciones*" (Navas Ruiz, 2009: 127).

Haro (sor María de la Cruz, ss. XVI-XVII), que -como ya se ha adelantado- tomó su hábito en 1585 de manos del propio san Juan de la Cruz, por devoción al cual elegirá su nombre religioso. Diez años más tarde partirá para contribuir a la fundación del convento de Úbeda (donde había muerto el excelso escritor cuatro años antes), y allí desarrollará una interesantísima trayectoria literaria. Pero el suyo resulta un ejemplo especialmente significativo del poder represor ejercido durante siglos sobre la voz femenina, ya que sus libros, de una deslumbrante altura mística y delicada expresión, fueron condenados a la hoguera, y a su autora se le prohibió volver a empuñar la pluma. Sin embargo, afortunadamente pudo retomar tiempo después su producción literaria, escribiendo varios textos que sí han llegado hasta nosotros, entre ellos, su *Vida de la Venerable Madre María de la Cruz, escrita toda de su mano* (1634), en la que, al hilo de su biografía, da cuenta de las revelaciones y experiencias visionarias que había tenido.

Ya en la temprana fecha de 1930, cuando la pionera escritora y activista política Margarita Nelken escribió su libro seminal *Las escritoras españolas*, manifestó con claridad al respecto de tantos desdichados casos como el de sor María de la Cruz: "La exaltación mística, siendo efusión individual, trance en que el individuo se halla sólo frente a la Divinidad, ofrece el peligro de hacer aparecer esta conforme a los deseos de la imaginación individual; es decir, de apartar, involuntaria, inconscientemente, al místico de *la letra*. Más grave aún: de hacerle creer que la revelación por él experimentada es más verdad que la letra. Peligro éste, si no de herejía -al menos en la mayoría de los casos- sí de heterodoxia. De aquí las persecuciones sufridas por casi todas nuestras místicas" (Nelken, 1930: 51).

Pero no se debe perder de vista que esa estigmatización como heterodoxas va a encontrarse irremediablemente ligada a lo que Fernando Durán denomina "perpetua epifanía sobrenatural: visiones, voces, prodigios, profecías, estigmas, tentaciones, sueños simbólicos..." (Durán, 2007: 22) en que viven a menudo estas mujeres inspiradas, las cuales, con bastante frecuencia, integran de tal modo lo sobrenatural en su cotidianeidad, que no sorprende encontrar casos como el de la ya mencionada María Gertrudis Martínez del Hoyo Tellado (sor María Gertrudis del Corazón de Jesús), quien, compartiendo convento con su propia hermana de sangre, manifiesta abiertamente en su autobiografía por mandato: "con más facilidad que con mi hermana hablaba con el Señor". Conviene recordar que, al menos en lo que a la Edad Moderna se refiere, la clave de la existencia, como bien explica Teófanes Egido, "se cifra en la realidad sacralizada de la sociedad. Todo el universo, no sólo el mental, está imbricado en la presencia de lo sagrado. Las percepciones, por tanto, están dominadas y condicionadas por estas presencias, por estas convivencias, por la ausencia de fronteras entre lo natural, apenas valorado, y lo sobrenatural. No hay resquicios ajenos a la acción de lo sobrenatural" (Egido, 1992: 57).

Por ese motivo, desde una lectura actual, sorprende de entrada en los textos de muchas de estas escritoras religiosas la naturalidad con que se expresaban acerca de esa cuasi cotidiana presencia de lo sobrenatural con la que, sencillamente, convivían. Varias de las aquí recogidas experimentaron visiones y prodigios, que relataron en sus escritos como si formaran parte de su existencia habitual. Como en el caso de la franciscana Beatriz María de Enciso, de la que se relatan en *Vida prodigiosa de la extática Virgen, y Venerable Madre Sor Beatriz María de Jesús* (basada, como se explicó, en su perdida autobiografía) los éxtasis místicos y estigmas de la Pasión que comenzó a sufrir desde muy temprana edad, las apariciones de diversos personajes celestiales, así como el ataque de seres diabólicos, que la atormentaban con frecuencia: "Vinieron luego innumerables Demonios, los quales por ordenación Divina la atormentaron con grande crueldad; unos la azotaban impíamente, otros la amenazaban de muerte, diziéndole, que si no dexaba la Fe, la avían de poner en tanto aprieto, que renegasse"... Y más adelante: "tuvo la Sierva de Dios una terrible refriega con los demonios, de cuya infernal canalla vido lleno el Convento, conspirándose los exércitos del Abysmo, para pelear contra una sola mujer" (Montalvo, 1719: 55 y 391).

También la carmelita Gabriela Gertrudis de Tapia, quien en su texto autobiográfico narraría que acostumbraba a recibir las visitas de las ánimas del Purgatorio, a tener visiones de Jesucristo o a ser asaltada por los demonios: "unas veces [el demonio] me echaba por las escaleras a rodar, y otras me lleva[ba] al pozo y me sentaba cerca para que me echase en él. Con que estando allí me cogieron de un brazo y me llevaron adentro del convento y quitaron del pozo, y en medio de todo esto el Señor me daba fuerzas y me consolaba interiormente" (*apud* Morales Borrero [29], 1995: I, 407).

---

[29] Aunque se explicará en el lugar oportuno convenientemente, se adelanta aquí que, si bien la *Vida que de su mano escriuió la Venerable Madre Gabriela de S. Ioseph* se perdió en fecha desconocida, se conservaba un Traslado de la misma, que pudo consultar en el Convento Manuel Morales Borrero cuando llevó a cabo su investigación conducente a la publicación de 1995 aquí citada, tal y como él mismo declara (Morales Borrero, 1995: I, 376), por lo que las citas que se reproduzcan en el presente volumen tendrán esa procedencia. Por desgracia dicho Traslado parece haberse perdido en el curso de estas últimas décadas, encontrándose hoy en paradero desconocido, según declaración oral de la Priora

Un más que llamativo testimonio, que conjuga una curación milagrosa con la presencia de seres demoníacos, recoge Manuel de San Jerónimo [30], en su *Edades y virtudes, empleos y prodigios de la V. M. Gabriela de San Ioseph, religiosa carmelita descalza en su convento de la Concepción de la misma orden de la ciudad de Vbeda* (1703), obra escrita basándose tanto en testimonios orales como en la propia *autobiografía por mandato de la religiosa*. En este episodio se narra la grave dolencia que aquejaba a la joven monja Manuela de la Encarnación, de la que nadie parecía poder encontrar su origen ni su cura, hasta el punto de que iban ya a administrarle los últimos sacramentos. En ese momento, intercede Gabriela Gertrudis de San José, que tenía en alta estima a la joven, logrando salvarla de lo que parece ser una intervención demoniaca:

> Continuó la Venerable Madre encomendando a Dios a la enferma, y se le mostró gran caterva de demonios, que con mucho afán, y aplicación estaban en el estómago de la Monja trabajando, como suelen los oficiales en una cantera, y que unos irritaban el humor, otros levantaban el flato, y otros lo dirigían ya a la imaginación, y ya a otras facultades más exteriores, conque la ocasionauan horrorosas sugestiones, y escrúpulos, y unos vómitos tan grandes, que se admirauan las Monjas que pudiesse vomitar tanta cantidad de vna vez, quanta no auía comido en muchos días. Con esta superior noticia cobró ánimo Gabriela para aplicar el conveniente remedio. Llamóla a su celda, y la empezó a hacer Cruzes en el estómago; mandóle ir a el Coro, sin faltar a nada, y que quando sintiesse el mal, no hiziesse casso, ni aplicasse naturales remedios, sino la señal de la Cruz, el agua bendita, y la assistencia a el Coro; actos de Comunidad y singularíssimo cuydado en obedecer. Con esta receta en muy pocos días estuvo buena (San Jerónimo, 1703: 125).

---

del Convento en octubre de 2021, durante mi visita presencial de varios días como investigadora, donde fui recibida y atendida con suma amabilidad y se me dieron todas las facilidades para acceder a los fondos allí conservados, como la hagiografía de Manuel de San Jerónimo, *Edades y virtudes, empleos y prodigios de la V. M. Gabriela de San Iosepn, religiosa carmelita descalza en su convento de la Concepción de la misma orden de la ciudad de Vbeda* (1703).

[30] Aunque en el libro en cuestión su nombre aparece como "San Gerónimo", dado que se trata de una ortografía vacilante según las diversas fuentes, se ha optado por regularizar en todos los casos al hoy más comúnmente aceptado "San Jerónimo".

Su compañera de Orden, Luisa de Granada Altamirano (sor Luisa de San José), hija de los marqueses de Campotéjar y de sangre real, al ser descendiente de los reyes nazaríes, que profesó en el granadino Convento de San José en abril de 1600, registra en la hagiografía que escribió sobre la también carmelita Madre Beatriz de San Miguel:

> Comenzó el dominio [demonio], de rabia que tenía con ella, apedrear la casa por todas quatro partes, que parece la quería hundir, no lloviendo ni haciendo nublado en toda la ciudad, ni en otra casa, i eran las piedras tan grandes que quiriendo una criada pasar por el patio se cubrió con una caldera y la abollaron las piedras, que eran como huebos, y duró esto hasta la oración (*apud* Serrano y Sanz, 1905: II, 333).

Por su parte, sor Juana Úrsula de San José, carmelita de la Antigua Observancia, dejará registrados en sus ciento cuarenta y dos cuadernos, que escribió por obediencia hacia su confesor, numerosísimos episodios en que se sentía acechada por el Maligno, llegando a escuchar extraños sonidos amenazantes provenientes de los retablos de la Iglesia, ante los que ella optaba por entonar cánticos de apelación a Jesucristo y a su Santa Madre, o incluso en que lo ve, con forma de bestia horrible. Así, por ejemplo, en una ocasión relata que lo ve regodeándose en torno a dos o tres religiosas que, en lugar de estar dedicándose a la oración, se entregan a las murmuraciones y habladurías. También cuenta cómo en otra ocasión el Demonio vuelca una vela en su celda, que ardió por completo, perdiéndose las pocas pertenencias que poseía, lo que ella interpretó como una llamada a profundizar en el voto de pobreza que había hecho.

Incluso en el género poético que cultivan estas autoras no faltan las alusiones al Maligno, tan presente en sus vidas, como se puede comprobar por la composición con que Juana Maldonado, de la que el único dato biográfico que se posee es que era religiosa dominica en el convento de Santa Catalina de Siena hacia finales del siglo XVII, contribuye al volumen con que la ciudad de Granada celebra la canonización de San Juan de Dios, y que se publicó en 1692. Su poema, escrito en tono jocoso, comienza con los siguientes versos: "Agua bendita quiero,/ porque imagino/ que es vejamen al diablo/ como exorcismo" (Gadea y Oviedo, 1692: 217).

Tan denodados ataques de seres maléficos del otro mundo se encuentran habitualmente en las narraciones autobiográficas y/o hagiográficas de mujeres carismáticas desde las señeras místicas medievales, de modo que, como resume Rebeca Sanmartín:

Estos combates con el demonio no sonaban extraños (hay que señalar aquí que en la tradición hagiográfica el Enemigo podía tener intenciones lujuriosas [...]): ya Angela de Foligno confiesa a su director fray Arnaldo "que no le queda parte alguna que no haya sido golpeada y castigada por los demonios" [...]. También Catalina de Siena asegurará ser atacada por diablos en ocasiones, y el biógrafo de Lucía de Narni, Fray Serafino Razzi, afirmará que el demonio se aparecía con frecuencia a esta beata golpeándola con fuerza (Sanmartín Bastida, 2012: 339).

Y por supuesto, ese tipo de ataques del Maligno tampoco podían faltar en nuestra Doctora Mística, quien, como es bien sabido, referirá en su *Libro de la Vida* haber sufrido en diversas ocasiones amenazas diabólicas ("Estaba una vez en el oratorio y aparecióme hacia el lado izquierdo, de abominable figura; en especial miré la boca, porque me habló, que la tenía espantable. Parecía le salía una gran llama del cuerpo", Teresa de Jesús, 2011: 366), así como golpes por todo el cuerpo de parte de "un negrillo muy abominable" (Teresa de Jesús, 2011: 367).

Aunque los casos se pueden datar con frecuencia desde la Edad Media, Margarita Nelken reflexiona acerca de lo común que se volvió este fenómeno durante los siglos XVI y XVII, abundando "las religiosas que se creían endemoniadas, o, por lo menos, acechadas por el Malo, y que nos han dejado dilatados relatos de sus luchas con este. [...] Escribir de éxtasis y revelaciones, apariciones y tentaciones, era moneda corriente en los conventos. Son infinitos los procesos incoados por la Inquisición contra las que suponía visionarias impostoras, entre las cuales, más de una, seguramente, no sería culpable sino de haberse dejado arrastrar por un ambiente en que lo extraordinario era lo único que parecía natural" (Nelken, 1930: 57-58).

Y es que, al permanecer desdibujada la frontera que separa lo natural de lo sobrenatural, "a las místicas de la Edad Moderna Dios les habla a todas horas -y la Virgen, los santos, los muertos virtuosos, y cómo no, Satanás y toda su horda infernal-" (Durán, 2007: 72). Esa presencia perturbadora y acechante del Maligno resultará, en efecto, continua, y a ojos de la Iglesia se hace imprescindible el discernimiento de espíritus y, desde luego, el control e intervención de las autoridades para enjuiciar las obras y hechos de la monja visionaria en cuestión. Pero incluso, a pesar de que a partir del racionalismo dieciochesco y la fe en la ciencia y el progreso que caracterizan al siglo XIX, esas fronteras entre lo natural y lo sobrenatural se vuelven mucho menos permeables, no resulta infrecuente encontrar testimonios referentes al asedio de entes diabólicos en religiosas del periodo contemporáneo, como es el caso de María Emilia Riquelme, quien en sus cuadernos diarios, durante un periodo de enfermedad y sufrimiento, anota el 2 de julio de 1922: "Vi ayer a Satán bajo la forma de fuerte y terrible hombre, viéndose un poco vencido con furor se esforzaba para venir contra mí", y al día siguiente: "veo al diablo con forma de espantoso animal, era entre lobo y tigre su figura, qué horror de expresión de furia contra mí" (*apud* Delgado, s.f.: 29 y 30).

Pero, como ya se ha podido atisbar por alguno de los testimonios aducidos, otra frecuente visita que asaltará a las visionarias en sus celdas durante las noches de oración será la de las ánimas del purgatorio que solicitan una intercesión para alcanzar el perdón divino. Según la doctrina cristiana, el purgatorio sería un estado transitorio de expiación que tendrían que atravesar aquellas almas que, no habiendo cometido pecado mortal, no han muerto, sin embargo, en gracia de Dios. Según explica Jacques Le Goff, "el purgatorio se convirtió en un anejo de la tierra y prolongó el tiempo de la vida y de la memoria. Los sufragios pasaron a ser una empresa cada vez más activa" (Le Goff, 1981: 268). Estos sufragios son, precisamente, las ayudas -rezos, misas, penitencias- que los católicos pueden ofrecer por estas ánimas en pena, cuya presencia impresionante resultaba muy viva en especial durante los siglos XVI y XVII [31] en función de un arte que las materializará de continuo, tanto en esculturas exentas, como en retablos, cuadros y frescos de las iglesias, que ofrecen "una figuración del purgatorio, de sus penalidades y diversas personificaciones del mal, de las propias ánimas sufrientes o las representaciones de la

---

[31] Lo que posibilitará el surgimiento y auge de las hermandades y cofradías de Ánimas, que van a encontrar su momento de apogeo fundacional precisamente entre esos siglos XVI y XVII (cf. López-Guadalupe Muñoz, 2006: 155-197). En cualquier caso, esta tradición se ha mantenido vigente hasta prácticamente la actualidad en numerosos pueblos españoles, en especial, los de pequeño tamaño. Por ejemplo, en la pequeña localidad de Cónchar, en el Valle de Lecrín granadino, se conserva activa la Hermandad de las Ánimas Benditas, que se ocupa de cuidar del cementerio local y de ofrecer misas por los difuntos. De igual modo, en localidades de la también granadina comarca de la Alpujarra como Cádiar se ha conservado hasta fechas recientes la tradición de solicitar por las calles donativos, con una "Canción de Ánimas" transmitida de generación en generación: "Por tu esposo,/ la limosna que nos des/ quizás sea por tu esposo./ Por esta calle venimos/ con un canto fervoroso.// Por tu hermano,/ la limosna que nos des/ quizás sea por tu hermano./ Por esta calle venimos/ con el corazón humano.// Frenesí,/ que las Ánimas socorran/ a *toa* la gente de aquí./ Por esta calle venimos/ cantando con frenesí" (Recogida en el disco de 'Lombarda', *Lombarda. Música tradicional de Andalucía*, 1987).

muerte (esqueleto, calavera, tibias) que encarnan la caducidad de la existencia, la vigilancia ante el pecado y el esquema premio-castigo del comportamiento ético cristiano" [32] (López-Guadalupe Muñoz, 1999: 395).

Esto podría justificar las abundantes visiones de almas del purgatorio que se encuentran en los testimonios de las místicas y escritoras espirituales, ya desde la Edad Media, como es el caso de la cisterciense alemana de la segunda mitad del siglo XIII Gertrudis la Magna: "La obsesión por salvar almas del Purgatorio (junto con la cualidad cuantitativa y metódica de la religión medieval) llevará a Gertrudis de Helfta a pensar que Dios libraría del castigo al mismo número de almas que de migas en las que se dividía el pan eucarístico en su boca" (Sanmartín Bastida, 2012: 211-212). También, desde luego, será el caso de Teresa de Jesús, quien relata en su *Libro de la Vida* algunos episodios similares: "Sólo diré esto que me acaeció una noche de las Ánimas: estando en un oratorio, habiendo rezado un nocturno y diciendo unas oraciones muy devotas [...]. Creo que fueron tres veces las que la comencé y, hasta que eché agua bendita, no pude acabar. Vi que salieron algunas almas del purgatorio en el instante, que debía faltarles poco" (Teresa de Jesús, 2011: 370). Por este motivo, será considerada desde ese momento como intercesora para las ánimas en pena [33], y su ejemplo va a ser seguido por

---

[32] La omnipresencia de esa impactante iconografía de las ánimas del purgatorio permanecería plenamente vigente al menos hasta la segunda mitad del siglo XIX, como se desprende del valioso testimonio que ofrece Francisco García Lorca, quien refleja en su biográfico *Federico y su mundo* que esta era habitual en esas fechas en la mayoría de las iglesias de los pueblos españoles, así como que su culto estaba muy extendido en Andalucía, hasta el punto de que implicaba incluso al abuelo del poeta de Fuente Vaqueros, y, de manera más primaria, a personas del servicio, como el ama Dolores: "El abuelo Enrique [...]// Era un hombre muy liberal en política, según el testimonio de sus hijos, y, ferviente católico practicante, iba a misa los domingos y confesaba no menos, probablemente, de una vez al año. Era presidente de la Cofradía de las Ánimas, culto muy extendido en Andalucía, y quizá el más arraigado en las entrañas del pueblo. ¿Quién no ha visto al entrar en una iglesia española de pueblo las imágenes rústicamente talladas, o los cuadros de pobrísima factura en los que unos cuerpos desnudos se debaten entre las llamas que les llegan a la cintura? Esta viva plastificación del sufrimiento de las ánimas ha sido muy del gusto español. Yo recuerdo, por ejemplo que para mi ama Dolores [...], entre sus ideas religiosas particulares el culto de las ánimas era el único en que creía" (García Lorca, 1990: 30-31).

[33] Este episodio será representado en el arte, en concreto, en un óleo datado en el siglo XVII de la autoría de Luis Juárez, titulado "Santa Teresa orando por las ánimas del purgatorio" que se conserva en el Museo Nacional del Virreinato, en

sus hijas espirituales, como sor Gabriela Gertrudis de San José, quien relata en su *Vida* numerosísimos episodios de apariciones sobrenaturales solicitando sus sufragios, o después, agradeciendo los favores recibidos. Entre ellos se puede recordar el de un clérigo que, al parecer, había ejercido como prior en la propia Úbeda: "y traía harto purgatorio en una piedra que traía en el pescuezo colgada, que decía misa, no hincaba las rudillas en la tierra. Díjome más: que eran grandes las obligaciones de un sacerdote" (*apud* Morales Borrero, 1995: I, 411).

Pero también una franciscana clarisa como Beatriz María de Enciso y Torres (sor Beatriz María de Jesús) declarará sus experiencias con estas almas en pena que solicitan sus sufragios, y así, se enorgullecería de haber sacado del purgatorio nada menos que el alma del rey Felipe IV, fallecido tan sólo pocos meses después de entrar ella en el convento, en septiembre de 1665.

De igual modo, en los mencionados cuadernos manuscritos autobiográficos (dirigidos, como solía ser habitual, a su director espiritual) que se han conservado de sor Juana Úrsula de San José, que entró en 1634 en el Monasterio de la Encarnación de Carmelitas de la Antigua Observancia de Granada, abundan las páginas que contienen relatos en torno a sus numerosas experiencias con las ánimas, por las que declara haber hecho siempre todo lo que ha estado en su mano, habiendo logrado salvar a numerosas de ellas, y refiriéndose incluso a la suerte sufrida por las de sus progenitores. Pero probablemente uno de los aspectos más notables y llamativos de esta prolija obra sea la pormenorizada, y terrorífica descripción que hace del purgatorio, puesto que le habría sido concedida por Dios la gracia de conocerlo a través de visiones, a fin de que pudiera transmitirlo a sus semejantes. De este modo, describe que allí "hay calabozos, hay potros de tormento, y esposas, y mordazas, y duplicadas cadenas, y grillos, cintos de yerro, hay azotes, y horcas, etc.". La denominada siempre en su convento, por antonomasia, *La Venerable*, considera su deber transmitir estas revelaciones con un fin didáctico, ya que si "las Almas supieran, y entendieran, qué tremendo es el Purgatorio, y qué es lo que pasan de penas en aquellos calabozos, y mazmorras obscuras, y las penas, y tormentos que allí se padecen, yo sé que se aplicaran a servir a el Señor con otro anhelo y cuidado para libertarse de ellas, y no perder, y no ser privadas de gozar de Dios" [34].

México, y que puede consultarse a través del siguiente enlace: https://mediateca.inah.gob.mx/islandora_74/islandora/object/pintura%3A2271.
[34] Debo estos textos inéditos, así como todo el material en torno a sor Juana Úrsula

En cualquier caso, se constata que, en una sociedad tan sacralizada, los intercambios entre este mundo y el otro no sólo eran frecuentes, sino que se consideraban naturalizados. De hecho, como expone elocuentemente Teófanes Egido, "A la tierra llegaban las necesidades de estos mendigos de ultratumba, a veces con acentos estremecedores, con voces que no era posible desoír (Egido, 1992: 70). Recuerda de manera sintomática el enorme éxito editorial que supuso un libro como el de "José Boneta y Laplana (1637-1714), *Gritos del purgatorio y medios para acallarllos*, aparecido en Zaragoza en 1639, con más de 45 ediciones rápidas en castellano, 14 en italiano, al menos una en francés, otra en portugués y otra en chino" (Egido, 1992: 70). Lectura útil y necesaria, ya que la percepción habitual era que los vivos y los difuntos seguían conviviendo [35].

Pero además de estos seres procedentes del infierno o del purgatorio, con frecuencia se registrará la aparición de ángeles o santos. En este sentido, también resultará especialmente fecunda la narración hagiográfica en torno a Beatriz María de Enciso, a la que en diversas ocasiones se le aparece el Santo Ángel Custodio, titular, precisamente, del monasterio de clarisas en que transcurre su vida religiosa. Así, por ejemplo, el día 16 de septiembre de 1687, "se le manifestó su Santo Ángel Custodio, vestido de singular belleza, y tenía en la mano un estandarte, en que estaba estampado el Escudo o divisa de las Llagas" (Montalvo, 1719: 346). La misión del ser angélico es comunicarle que se le manifestarán en su cuerpo las heridas de Cristo, por lo que "le començaron al instante tan exquisitos tormentos, que juzgaba le dividían el cuerpo en menudos trozos. Fue de grande compasión para las Religiosas" (Montalvo, 1719: 347). Llegado un momento, el Ángel Custodio, al que viene a sumársele el propio San Francisco, la coloca en posición de cruz, quedando tan rígida que a las otras monjas les resulta imposible moverla, semejando la dureza del mármol: "Sintió luego que con ageno impulso le estendían los braços, y pies, y que nuestro Padre San Francisco, y su santo Ángel Custodio la fixaban en una cruz, diziéndole, que por espacio de tres horas avía de estar en ella en memoria de lo que nuestro Redemptor avía padecido por el Linage humano" (Montalvo, 1719: 347).

de San José, a la inmensa amabilidad de Venancio Galán Cortés, director del Museo Monasterio Carmelitas Granada.

[35] No obstante, esa aparente interrelación entre el mundo de los vivos y el de los difuntos continuará activa durante los siglos siguientes en no pocos casos, estando, además, tan arraigada la creencia en las ánimas del purgatorio y su perentoria necesidad de sufragios. María Emilia Riquelme dejará, por ejemplo, numerosos testimonios en esta línea en sus *Cuadernos espirituales* conservados (cf. Delgado, s.f.).

La manera en que las místicas y visionarias sienten la conexión con lo sagrado tiene que ver de manera muy directa, ya desde aproximadamente el siglo XII, con el cuerpo. Caroline W. Bynum añade, además, que es más característico de las mujeres que de los hombres, pues, aunque tanto unos como otras "manipulaban sus cuerpos desde el exterior, por decirlo así, mediante la flagelación y otras formas de infligirse sufrimiento, los casos de manipulación psicosomática [...] son casi exclusivamente femeninos. [...] Los trances, las levitaciones, los ataques catatónicos u otras formas de rigidez corporal, [...] raramente son referidas a santos varones, mientras que son bastante habituales en las *vitae* de las mujeres de los siglos XIII y XIV [y siguientes, según se constata con meridiana claridad en los ejemplos recogidos en el presente volumen]." (Bynum, 1990: 167).

La mayor parte de lo expresado por Bynum resulta aplicable al notable y llamativo caso de Beatriz María de Enciso, a quien, de hecho, los estigmas de la Pasión se le presentarían en numerosas ocasiones, e incluso en una de ellas, "se le manifestó su Magestad en la Cruz, de cuya Llaga del Costado salía un maravilloso rayo de explendores, que la bañaba, y la introducía en la misma Llaga" (Montalvo, 719: 348).

Frecuentes resultarán también las premoniciones y presagios, cumplidos en un porcentaje a veces tan elevado que les ocasionará fama de *profetisas* y contribuirá a aureolar en vida a muchas de estas mujeres, y de ahí que les cuadre la anticipada denominación de *santas vivas*. Muy notable es el caso de sor Gabriela Gertrudis de San José, que, además de predecir la beatificación de Juan de la Cruz, tuvo premoniciones de la enfermedad y muerte de una compañera con cuatro meses de anticipación, o de que recibirían ayuda para la construcción de la iglesia conventual; y, de igual modo, Dios le vaticinó que sería elegida priora. Cuando tras la elección, resultó distinguida otra monja, Gabriela Gertrudis se volvió extrañada a Dios, quien le habría contestado, según su propio testimonio: "calla, hija, que esa que te ha dicho ha de ser; y es mi voluntad que lo sea. No te dé pena" (*apud* Morales Borrero, 1995: 411). Y, en efecto, la monja elegida renunció, por lo que el pronóstico divino acabaría cumpliéndose. Igualmente, la franciscana clarisa Beatriz María de Enciso y Torres tuvo la premonición, manifestada por malestar y diversas dolencias corporales, de la muerte del rey Carlos II. Otros muchos presagios le serían revelados, como cuando una religiosa compañera suya le pidió que rogara por su cuñada, en el trance de un parto muy difícil. Y sor Beatriz supo al instante que saldría con bien de este y que tendría luego más descendencia. Incluso se conocen casos de mujeres que tuvieron sueños premonitorios antes de entrar en religión, como María de Córdoba y Fuentes (siglos XVII-XVIII), descendiente de los reyes de Castilla por línea paterna, quien, siendo aún una niña, se vio una noche rodeada de monjas carmelitas descalzas en el convento de San José de Málaga, lo que entendió como sueño profético que revelaba la voluntad de Dios, que contrariaba la voluntad de sus padres, pero que finalmente acabó por cumplirse.

Especialmente significativas serán las experiencias sobrenaturales ligadas al sacramento de la Eucaristía, que en la mística femenina constituirá un elemento absolutamente crucial. Como bien explica Danielle Régnier-Bohler, "El degustar a Dios en la hostia permite a las mujeres la experiencia más íntima del anonadamiento de sí en la *fruitio*, la unión mística" (Régnier-Bohler, 1992: 528). En efecto, se registran de manera ininterrumpida vivencias extraordinarias relacionadas con el sacramento de la Comunión ya desde el siglo XII y prácticamente, si bien con diversos matices, hasta la contemporaneidad, continuando así la llamativa paradoja que parecería yuxtaponer el conocido como *ayuno mirabilis*, o ayuno sagrado (entendido como suprema forma de renuncia y de ascetismo, se trata de un fenómeno en verdad muy llamativo, y que ha sido ya bien estudiado: Bell, 1985 [36] y Bynum, 1987) al alimento espiritual. De hecho, Bynum llama la atención acerca de la "incapacidad para comer algo que no sea la hostia eucarística" como algo que prácticamente "sólo atañe a las mujeres" (Bynum, 1990: 167). Sólo que, incidiendo precisamente en lo ya apuntado antes por Bynum, la vivencia que nuestras religiosas hacen de la Eucaristía no revela únicamente una veta del espíritu, sino también del cuerpo, en la que participan los sentidos. Así, la hostia sagrada se degusta como el más sabroso de los manjares [37], y la relación establecida con ella será en muchos aspectos específicamente carnal, lo que no resulta tan extraño, puesto que comulgaban el *cuerpo* de Cristo. Como explica -y avisa- Rebeca Sanmartín, "Estas mujeres contemplan literalmente el cuerpo de Jesús en la hostia sagrada: de ahí que sea fácil describir la unión con una suerte de lenguaje erótico o de deseo, expresión de un intenso placer espiritual en el que también participa la carne.// Este regodeo en el instante de la comunión con el tiempo será sometido a mayor vigilancia, mientras se advierte contra un comulgar excesivamente frecuente que rebaje un momento

---

[36] "It is obvious that these holy women were more likely than their male counterparts to practice ascetic -even bizarre- food rituals in lieu or excess of other ascetic behaviour" (Bell, 1985: 2).

[37] Sin embargo, se encontrarán ahí, nuevamente, bordeando el peligro de la heterodoxia, ya que las alumbradas de Llerena, de cuyo proceso ha quedado suficiente testimonio escrito, serán acusadas precisamente y entre otros aspectos, de considerar el Cuerpo de Cristo como un elemento *sabroso* (cf. Santonja, 2000: 353-392).

excepcional con el que se adquiere demasiada familiaridad" (Sanmartín Bastida, 2012: 233). Del anhelo con que las religiosas deseaban una Comunión lo más frecuente posible da cuenta la Hna. Ángeles del Purísimo Corazón de María, archivera contemporánea del Convento de San José de Carmelitas Descalzas de Granada, fallecida hace tan sólo unos años, y autora del valiosísimo volumen de historia del *Convento de Carmelitas Descalzas de San José de Granada*, donde relata que, siendo director espiritual del cenobio granadino Juan de la Cruz, las mantenía en algunas ocasiones privadas temporalmente de dicho sacramento. Por ejemplo, en el caso de la Madre Ana de Jesús, se la sometió a privación durante un mes, lo que ella aceptó con resignadas obediencia y humildad, por lo que "le fue premiado con gracias celestiales, y por parte del confesor permitiéndole la comunión diaria, cosa no usada por entonces" (Purísimo Corazón de María, 2005: p. 146).

La importancia concitada por la Sagrada Forma puede explicar las numerosas y diversas manifestaciones sobrecogedoras surgidas en torno a ella, como la efusión de sangre, el desencadenamiento de éxtasis y arrobos -tal y como le sucedía a santa Catalina de Siena-, y las visiones de un Niño Jesús o de Jesucristo en la propia hostia o sobre el sacerdote que celebra la misa, etc.

En efecto, se puede recordar en ese sentido el impresionante testimonio una vez más de Gabriela Gertrudis de San José, quien parece evidenciar la relación de la Eucaristía con fluidos milagrosos:

> Dos años y más me duró que todas las veces que comulgamos se me llenaba la boca de sangre, y me duraba esto más de dos horas, y solía tomar una poca de agua para que aquello se me quitara de la boca, y aunque tomaba agua hasta mediodía que comía, no se me quitaba esto de la boca (*apud* Morales Borrero, 1995: I, 414).

Su fundadora Teresa de Jesús ya la había precedido también en estas experiencias eucarísticas. Y de este modo, leemos en su *Vida*: "Casi siempre se me representaba el Señor así resucitado, y en la Hostia lo mismo" (Teresa de Jesús, 2011: 347).

En cuanto a una de las más relevantes visionarias granadinas, la clarisa Beatriz María de Enciso, la biografía basada en su propia redacción previa establece:

> Casi siempre que Comulgaba se sentía como embriagada en las dulçuras del amor, quedando absorta en éxtasis profundos de los quales, y de sus ardientes ansias a esta Celestial mesa quedan

referidos varios sucesos en el discurso de esta historia (Montalvo, 1719: 393).

Uno de esos sorprendentes sucesos a los que alude el hagiógrafo constata la capacidad de la religiosa para presentir el cuerpo de Cristo en la hostia consagrada, cuyo poder parece irradiar y ser percibido por almas sensibles, como queda de manifiesto en un episodio que tuvo lugar encontrándose sor Beatriz en el locutorio, en compañía de su director espiritual, Gerónimo de Prado, cuando, de repente ella queda traspuesta y como fuera de sus sentidos, ante la sorpresa del sacerdote, que escucha atónito sus disculpas y explicaciones:

> Bolvió luego en sí, y le dixo: Perdone vuesamerced, que estaba adorando a Christo Sacramentado, que pasa por la calle. Admirose el hombre, porque no avía sentido indicios de tal novedad, y queriendo examinar el caso de propósito, salió inmediatamente a la calle, donde sólo vido un Sacerdote, pero sin exteriores señales de llevar el Santísimo Sacramento. Preguntóle que si llevaba a su Magestad, y el Sacerdote le respondió, que por una necesidad urgente llevaba de secreto al Señor Sacramentado en una caja en el pecho. Con esta averiguación quedó más admirado el Provisor viendo la perspicacia de la fee [sic] de la V. Madre, que avía penetrado secreto tan oculto, estupenda maravilla, conque premió el Señor los fervores de su fee [sic], y devoción a tan Soberano Mysterio (Montalvo, 1719: 393-394).

Otras muchas religiosas granadinas relatarán experiencias de diversa naturaleza vinculadas con la hostia consagrada. Así, por ejemplo, en el siglo XVIII encontraremos el testimonio de María Gertrudis Martínez del Hoyo Tellado (sor María Gertrudis del Corazón de Jesús), quien describe las revelaciones comunicadas:

> después de la Sagrada Comunión me enseñó el Señor un modo de poder explicarme y fue así: como cuando a un pájaro le atan un hilo y el que tiene este hilo sujeto le suelta y le da vuelo que va el pájaro a volar con toda velocidad sin saber si le tienen asido, así que va a querer ir a su esfera le atajan el vuelo y se halla el que no vive si no en el aire, en el suelo, cercado de todos los gatos de la casa y de la vecindad; todos cazadores y con muchos meneos, todos embisten, él revolotea, pero las uñas las hincan en él; estando así el que tiene el hilo tira de él, pero el avecilla está que

> no le falta más que morir; no conoce ella que la tienen ni siente más que está sujeta y los gatos no la tiren tantas garfadas, pero como no la dejen libre no sabe el corazón de la palpitación que todo lo dicho le causa. Estos gatos son tantas cosas que cercan esta pobre alma [38].

Casi un siglo después, en 1896, Victorina Sáenz de Tejada (sor María de los Ángeles) escribe una obra dramática en verso titulada precisamente *El mártir de la eucaristía*, que relata la historia del joven mártir romano del siglo III San Tarsicio, quien, como es sabido, murió lapidado por defender las hostias consagradas que llevaba ocultas en el pecho -a semejanza del sacerdote protagonista del episodio de Beatriz María de Enciso anteriormente relatado- para entregar a los cristianos presos en la cárcel Mamertina.

Justo ese mismo año de 1896, María Emilia Riquelme y Zayas verá culminado su deseo largamente acariciado de fundar una nueva Congregación, denominada precisamente Misioneras del Santísimo Sacramento y María Inmaculada, puesto que concebía como esencial centro de la vida conventual la adoración permanente de Cristo Sacramentado, que ella ya había probado como una dulce experiencia durante el tiempo en que intentó el noviciado en el Instituto de María Reparadora, que finalmente deberá abandonar por enfermedad:

> En la sagrada Comunión es donde mejor conoce el alma a Jesús; bebe allí, por decirlo así, la dicha inmensa de la transformación eucarística; ya no respira el alma más que en Jesús, por Jesús, para Jesús; allí siente su amor, y crece en su amor, y lo ama cada vez más y más; y en su amor se abrasa, consume y quema, con ese

---

[38] En el "Prólogo" del libro *La palabra oculta. Monjas escritoras en la Hispanoamérica colonial*, sus autoras explican las frecuentes dificultades para acceder a los textos de estas escritoras conventuales, "pues en los ámbitos mencionados no se permite la consulta directa de material que está bajo guarda". Esta imposibilidad de acceder se debe en ocasiones a "la reticencia de las propias religiosas que son celosas custodias de su patrimonio" (Rossi de Fiori, Caramella de Gamarra, Martínez de Lecuona y Fiori Rossi, 2008: 9). En una situación similar se encuentra la obra de María Gertrudis Martínez del Hoyo Tellado, cuyo Traslado (dado que el original se perdió hace tiempo) ha resultado imposible consultar de manera directa, y del que las responsables del monasterio en el que vivió hasta su muerte me han facilitado tan sólo unos cuantos fragmentos aislados, mecanografiados por ellas mismas, y sin detalle de paginación, ni dato identificativo alguno.

fuego divino que vino a traer a la tierra; y del cual Él mismo dice: ¡y qué quiero sino que arda! (Riquelme, 2019: 40).

Similar denominación e idéntica dedicación a la adoración perpetua tendrá otra Congregación de fundación contemporánea, fechada en 1925 en concreto, que tiene su origen en la granadina Mercedes Carreras Hitos (sor Trinidad del Purísimo Corazón de María): Esclavas de la Santísima Eucaristía y de la Madre de Dios. Dos años antes de la fundación, Trinidad experimentó una revelación decisiva, precisamente tras recibir la Comunión:

> El 23 de octubre de 1923 (había Jubileo) se me presentó el Señor en la Cruz desgarrado y lleno de sangre y heridas (en la misma forma que le vi el primero de septiembre al recibir los Santos Sacramentos el 1915) y me dijo (con acento de dolor y amorosa queja): "Y ni mi sangre te mueve a compasión... Tú que tanta me has hecho derramar con tus infidelidades y pecados... ven y bebe en mis llagas" (Carreras Hitos: s.f., s.n. [83]) [39].

Tanto el "maravilloso rayo de explendores", antes recordado, que describía Beatriz María de Enciso que salía de la llaga del costado de Cristo, como esta invitación a beber en las heridas del cuerpo del Redentor que experimenta Mercedes Carreras más de dos siglos después remiten, al igual que la obra conservada en el convento de las Capuchinas [40] bajo el

---

[39] No sería esta experiencia, además, algo aislado, pues el 31 de mayo de 1943, encontrándose muy enferma en el Hospital del Carmen, de Lisboa, y creyendo cercano el momento de su muerte, escribe a sus hijas espirituales una larga carta, en la que recuerda el momento culminante de revelación que vivió durante la noche del 19 al 20 de marzo (entre Jueves y Viernes Santo) de 1913, en que tuvo una experiencia que "parecía la gloria inefable del Cielo, que no se puede expresar ni por escrito ni de palabra. Allí creí recibir del Espíritu Santo, que me envolvía en una nube de luz y me escondía en las llagas gloriosísimas y resplandecientes de Jesucristo... donde dentro de su divino corazón me hizo ver las innumerables almas que salvaríamos" (Carreras, 1993b: 46).

[40] Aunque su verdadero nombre es convento de Jesús y María, resulta más conocido, en realidad, coloquialmente como de San Antón, dado que la Comunidad de Capuchinas se instaló en lo que había sido primigeniamente, desde su fundación en el siglo XVI, un convento de Franciscanos Terciarios que fueron exclaustrados en 1835. Las Capuchinas recibieron este edificio en compensación por el derribo del suyo original, cuya memoria, no obstante, perduró en el nombre de la calle que persiste en la ciudad de Granada (Girón, 2015: 271).

título de *Principio de la devoción de las llagas de Jesús,* que escribieron en el primer cuarto del siglo XVII dos monjas llamadas sor Luciana de Jesús y sor Úrsula de San Diego -mencionada esta última, por cierto, con cierta frecuencia siglos después por Mercedes Carreras en los diversos cuadernos que dejó escritos-, a una fructífera tradición en la que el *vulnus lateris* aparece en evocaciones visionarias de mujeres concebido como imagen consoladora o fuente de comunión redentora. De hecho, en la que probablemente fue la obra más difundida de sor Úrsula de San Diego, *Convento Espiritual*, se refiere a la celda donde se recluye la monja, afirmando que "era la llaga del costado de Christo nuestro bien" (San Diego, 1813: 27). Tal cual hace notar Ryan D. Giles, "El líquido sabroso y la luz que emanan del cuerpo de Cristo conectan el poder de las visiones místicas restaurativas con el sacramento de la comunión, un simbolismo que se ve también en el arte visual de la época" (Giles, 2016: 38). Uno de los casos más notables de esta genealogía mística femenina se encuentra en el siglo XIV, con santa Brígida de Suecia, quien evoca la llaga de Cristo de manera reiterada en sus *Revelaciones*, y que será seguida con devoción en España por Marina de Escobar, quien, de hecho, fundó la rama española de la *Ordo Sancti Salvatoris*, u Orden Brigidina, según ella misma declaraba, por comunicación directa de la santa de Suecia [41]. Declarada Venerable por la Iglesia, Marina de Escobar fue contemporánea de Teresa de Jesús, en cuyos textos también se encuentran abundantes testimonios sobre la herida del costado y su salvífica sangre. La llaga de la lanza de Longinos fue recreada de manera frecuente sobre todo en época medieval -e incluso moderna- en ilustraciones, pergaminos, grabados, etc., como una suerte de mandorla sagrada [42] ("Lugar teofánico en el arte románico", Cirlot y Garí, 2021: 195), que prefigura el camino de acceso al corazón de Jesucristo. Tal mandorla "no contiene nada en su interior. [...] invita a entrar adentro. [...] La herida es un camino de entrada en el cuerpo, invisible en su interioridad" (Cirlot y Garí, 2021: 195-196), lo que nos recuerda, sin duda alguna, a las *entusiasmadas* (en el sentido más etimológico posible de la expresión: rapto divino, o posesión, por 'llevar un dios dentro') palabras de Angela de Foligno, cuando manifiesta: "toda mi alegría se haya en este Dios-Hombre que sufre. Y mi alma siente que se

---

[41] Sus numerosas visiones y revelaciones fueron recogidas por el Padre Luis de la Puente en dos volúmenes publicados en Madrid, titulados *Vida maravillosa de la Venerable virgen doña Marina de Escobar* (1665 y 1673).

[42] Un caso muy notable es "La herida de Cristo/Arma Christi", del *Salterio de Bonne de Luxemburgo*, anónimo francés de 1345, que constituye la ilustración de cubierta del clásico estudio sobre mística femenina de Victoria Cirlot y Blanca Garí, incluido en la Bibliografía del presente volumen.

introduce en esa herida del costado de Cristo y anda por ella con placer" (*apud* Bynum, 1990: 174). Y ese mismo sendero será el que encontremos en esta quintilla que durante mucho tiempo se atribuyó a Teresa de Jesús:

> Pues el corazón os di
> denme esas llagas consuelo;
> entre el alma por ahí,
> pues son las puertas del cielo
> que se abrieron para mí [43].

Por otro lado, y siguiendo una fascinante línea argumental, en las últimas décadas varios estudiosos han incidido en las evidentes connotaciones maternales y nutricias que convoca dicha llaga (y que aquí sólo podemos dejar esbozadas). En efecto, ya Caroline W. Bynum (1982) dejó establecido "cómo este signo divino se entendió como un locus maternal de sustento y refugio femenino que sobre todo caracterizaba las experiencias místicas de Catalina de Siena" (Giles, 2016: 38). También, de manera mucho más reciente, Rebeca Sanmartín ha profundizado de manera exhaustiva en su libro *La comida visionaria: Formas de alimentación en el discurso carismático femenino del siglo XVI* (2015) acerca de las notables sugerencias que esta imagen suscitó en las autoras místicas. Pero yendo más allá de la propia llaga del costado, se puede destacar la "concepción de Jesús como madre" (Cirlot y Garí, 2021: 163) que ya mostró de manera explícita a finales del siglo XIII Margarita de Oingt, como bien explican Victoria Cirlot y Blanca Garí: "La madre auténtica es Jesucristo; el embarazo, toda su vida, y el parto, la muerte en la cruz" (Cirlot y Garí, 2021: 163).

Volviendo a las experiencias eucarísticas que se recogen de manera tan abundante en los textos de las escritoras religiosas que a lo largo de la Historia ha dado Granada, se constata que la presencia de determinadas constantes continúa reproduciéndose a pesar del transcurso de los siglos y de los más que evidentes cambios sociales, culturales, etc., registrados. El vínculo de una genealogía mística femenina parece permanecer, a veces latente; a veces condicionado o modificado por las circunstancias

---

[43] Aunque durante mucho tiempo se atribuyó a la Doctora Mística, apareciendo en ediciones antiguas de sus obras, e incluso se sigue cantando en la actualidad en la liturgia correspondiente al 15 de octubre, día de santa Teresa de Jesús, los criterios actuales, más solventes, han descartado su autoría, considerándose anónimo. Debo esta información a la Hna. María José Pérez, O.C.D., a la que manifiesto mi agradecimiento.

imperantes. La propia Victoria Cirlot, en el capítulo final incorporado a la reciente reedición de su clásico estudio *La mirada interior*, manifiesta que "Las comparaciones entre la Edad Media y el siglo XX, tomando como punto en común la visión, han diluido la concepción lineal del tiempo histórico para hacernos recorrer líneas curvas, otras que se pierden sin continuidad, otras, en fin, que como flechas apuntan a un futuro, aunque quedando aisladas en complejos amasijos. [...]. Por otra parte, además, la mística femenina medieval, con sus testimonios tan absolutamente extraordinarios, lanza de forma constante puentes a otros testimonios de otras épocas y de otras culturas" (Cirlot y Garí, 2021: 342). De este modo, en fechas tan tardías como las décadas de los sesenta y setenta del siglo XX se registran en los textos que dejó manuscritos la carmelita descalza Ángeles Cabrera Carrasco diversas alusiones, especialmente elocuentes, como cuando el 3 de abril de 1969, fecha significativa del Jueves Santo, deja escrito: "Al dar gracias de la Sgda. Comunión por las dos Especies este día, vi la Sgda. Forma en mi alma casi toda cubierta de sangre" (Cabrera Carrasco, 1998: 190). Las ocasiones en que la Eucaristía le suscita vivencias extraordinarias suelen prodigarse. De hecho, resulta especialmente significativo que el nombre que eligió en el momento de su profesión fue precisamente el de sor Ángeles **de Jesús Sacramentado**. De este modo, en ocasiones queda como en trance y ausente de sus dolencias y malestares físicos, como sucede el 8 de octubre de 1970, día en que se celebraba el setenta y cinco aniversario de su Bautismo:

> Llegó la hora de la comunión, y me invitaron como es costumbre a comulgar la primera. Ya estaba recogida durante la Misa, pero después de comulgar, el recogimiento lo fue mayor, más intenso, más difuso, más quieto: en aquel recogimiento más profundo, oía (sin oír) de vez en cuando *Dios está en mí;* a los pocos instantes otra vez: *Dios está en mí;* quizás llegaran a 20 veces y cada vez más de tarde en tarde, más pianito, más... quedo. Claro, todo suave, todo dulce, todo pacífico y callado, como gracia tan íntima y espiritual. ¡Qué feliz me sentía con mi Dios en mi alma! Así, en absoluta quietud con mi Dios continué durante la Sagrada Comunión, durante la acción de gracias, durante la terminación de la Sta. Misa y durante el Te-Deum gregoriano que cantó toda la Asamblea. Esta paralización no fue total, pues yo oía el Te-Deum. Pero fue sobrenatural pues yo esa quietud absoluta, de pie, hace años que no la puedo tener por mi columna que no me sostiene y porque las piernas tampoco me sostienen quieta, y mucho menos tanto tiempo (Cabrera Carrasco, 1998: 223).

Sor Ángeles de Jesús Sacramentado relatará también, en ocasiones con notoria angustia, los momentos de *noche oscura del alma* que había pasado a lo largo de su longeva vida religiosa. Después de uno de esos periodos, el 16 de julio de 1978, día, por tanto, de la Virgen del Carmen, advocación de tanta importancia para el Carmelo, pondrá por escrito cómo había sido repentinamente gratificada con una nueva vivencia especial, otra vez relacionada con la Eucaristía:

> Al comulgar creo hace ocho días, y sentir aquel dulzor tan grande con la Sagrada Especie de la Sangre de Cristo en mi boca, que no sólo no sabía a vino, sino que superaba en dulzura al caramelo más dulce, comprendí se trataba de una gracia del Señor, y recordé cuánto tiempo hacía que no gozaba de esos regalos inmerecidos con los que en otros tiempos el Señor sorprendía a mi alma... [...] Para cerciorarme más de que era gracia lo de la Sgda. Especie (aunque lo conocí como bien seguro), pero en recreo pregunté a Hna. Ana María [la sacristana] si aquel día el vino utilizado en la Sta. Misa había sido como el de todos los días, y me dijo que sí era el de siempre; le dije, "¿lo tienes seguro?", y me contestó que *segurísimo* (Cabrera Carrasco, 1998: 628-629).

En todas estas experiencias, las religiosas granadinas de los siglos XVI-XX no hacen sino entroncar con todo un linaje de mujeres tocadas de una especial sensibilidad, y que entienden (sobre todo las radicadas en la Edad Moderna) la espiritualidad de una manera en algún modo *distinta* a la establecida oficialmente. Así, Rebeca Sanmartín recuerda una serie de antecedentes significativos con los que entroncar los testimonios de las autoras de Granada:

> María de Ajofrín distingue el momento de la elevación porque recibe los estigmas de Cristo al oír el sonido de la campana, que la hace levantarse de la cama y arrodillarse ante un crucifijo; [...] Isabel de Schönau ve la sangre de Cristo crucificado cayendo sobre el cáliz elevado; Beatriz de Nazaret acuna al niño Jesús que recibe en la eucaristía; y María de Oignies distingue entre las manos del sacerdote que alza la Forma "the corporeal form of a beautiful boy", el mismo aspecto con el que perciben a Cristo sacramentado Lukardis de Oberweimar, Lutgarda de Aywières, Margarita de Ypres o Ida de Lovaina (Sanmartín Bastida, 2012: 234-235).

Como se puede apreciar en los casos enumerados, se encuentran innumerables ejemplos en los que se aprecia un innegable énfasis en facetas que inciden en la humanidad de Jesucristo, que demuestran diversos grados y manifestaciones varias de corporeidad y de relación con los sentidos (gusto, vista, tacto), y que se expresan siempre con matices cargados de una intensa afectividad [44].

En esa línea habría que entender las abundantes exaltaciones del sacramento de la Comunión y las poderosas vivencias que este le suscita a la carmelita descalza sor María de la Cruz, quien titula el capítulo décimo primero de su *Vida:* "En que se trata de las innumerables mercedes recibidas del Sanctísimo Sacramento [por] esta vilíssima y gran pecadora" (*apud* Morales Borrero, 1995: II, 101). Entre sus abundantes testimonios elocuentes al respecto, se pueden recordar, por ejemplo:

> Yo estava tan asida de la comunión que en no comulgando me pareçía quedava sin arrimo […], porque como a un niño que enseñan a andar si le sueltan de los braços queda a peligro de caer, así me pareçía a mí quedava sin el Sanctísimo Sacramento (*apud* Morales Borrero, 1995: I, 598).

De igual modo, la Eucaristía le provocará la evocación de vivas imágenes de Jesucristo, en lo que parecen ser visiones mentales, y así relatará:

> Estando una vez oyendo misa, me pareçió ver a nuestro Señor Jesu Christo, no en el altar sino en el ayre, algo apartado dél, al medio, y que ofreçía a su Eterno Padre mi indignísima y pobre alma en aquel sancto sacramento y divino Cuerpo y Sangre suya. Vide sin ver forma ni nada, sino la çerteça y luz de que era aquello (*apud* Morales Borrero, 1995: II, 103).

En este sentido, más significativas resultarán las visiones y experiencias de su compañera en el convento de Carmelitas Descalzas de Úbeda, Gabriela Gertrudis de San José, si bien cuando esta llega al cenobio ubetense, María de la Cruz había fallecido algo más de una década antes. Sor Gabriela Gertrudis de San José revivirá otra experiencia común a la mística femenina, como es la asociación de la hostia consagrada con la impronta de un Niño Jesús:

---

[44] "Así, a través de la consagración, y no sólo con la comunión, las místicas se relacionarán con el Esposo en imágenes teñidas de erotismo; con el Niño […]; y con el Crucificado" (Sanmartín Bastida, 2012: 235).

he visto un Niño hermosísimo y algunas veces conforme la disposición del que dice la misa. Cuando está el sacerdote para recibillo le echa su Majestad la bendición y lo abraza echándole los brazos a el sacerdote. Y cuando sale el Santísimo de las parroquias para los enfermos he visto esto mesmo, y yo desde mi celda, aunque la parroquia esté muy lenjos desta casa (*apud* Morales Borrero, 1995: I, 415).

Tan común a la experiencia de la mística femenina que, cuatro siglos antes, en la *Vida de Beatriz de Ornacieux*, atribuida a Margarita de Oingt, quien la habría escrito para edificación de sus monjas, se relata la siguiente visión:

Durante un largo tiempo, ella vio en la elevación el cuerpo del Señor con la apariencia de un niño pequeño. En tal manera veía entre las manos del capellán una gran claridad tan grande y tan blanca, y de una belleza tan maravillosa, que a su parecer en nada se podía comparar a todo lo que corazón humano pudiera pensar (Cirlot y Garí, 2021: 174).

Las visiones de un Niño Jesús abundarán entre los testimonios biográficos o autobiográficos en torno a las místicas. Así, remontándonos hacia sus orígenes, la dominica medieval Santa Inés de Montepulciano, la beata franciscana Angela de Foligno o la ya citada María de Ajofrín, de la Orden jerónima, declararon recibir al divino Niño de manos de su propia madre, la Virgen María, en una experiencia que resultará muy habitual. De hecho, de entre las religiosas granadinas incluidas en el presente volumen, también Beatriz María de Enciso relatará que, en una noche de Navidad que pasó recogida interiormente meditando acerca de ese misterio, "quando estaba ya más enardecido su espíritu en la llama del amor, se le manifestó la Reyna de los Ángeles, y le puso en los braços el Infante JESÚS en aspecto de recién nacido" (Montalvo, 1719: 350) [45]. Sin llegar al contacto físico, el *Libro de las religiosas que mueren en este convento de*

---

[45] Con el Niño Jesús tuvo también otra experiencia, anterior a su entrada en el convento, cuando "en visión imaginaria", se le representó el Divino Infante hablándole con gran dulzura, aunque la escena tuvo un colofón inesperado, ya que "Concluida esta gustosa visión, aparecieron los Demonios en desordenadas tropas, representándose en varias, y horribles figuras, y cercando a la V. Beatriz, la amenazaban, diziendo, tenían licencia para perseguirla, y que la avían de destruir. Estaba diestra en semejantes batallas, y sin dexar de atender a su material trabajo, burló los enemigos con el desprecio" (Montalvo, 1719: 43).

nuestro padre san José de Carmelitas Descalzas de Málaga recoge cómo la Virgen María se la apareció a comienzos de 1729 poco antes de morir a María de Córdoba y Fuentes (sor María de la Santísima Trinidad). Así mismo, las diversas fuentes biográficas sobre la fundadora María Emilia Riquelme manifiestan que esta experimenta esa visión de la Madre de Dios en su infancia, vinculada con la pérdida prematura de su madre, y así, en torno a los siete años, habría visto a la Virgen María con el Niño Jesús en brazos:

> La penosa orfandad de una criatura tan sensible de pronto aparece iluminada por una consoladora estrella. Emilia Riquelme contó que a los siete años había tenido una experiencia inefable: la Virgen María se hizo presente a ella con el Niño Jesús en los brazos; se lo puso en su falda de niña, la colmó de caricias y le prometió su especial asistencia (Aizcorbe, 2012: 39-40).

La propia biógrafa reflexiona acerca de las posibles explicaciones que justificarían lo relatado por la desamparada niña: "¿Qué fenómeno pudo ser el que Emilia Riquelme comunicó con tan pocas palabras? Pudo ser simplemente un sueño en el que se realizaban deseos reprimidos de caricias maternales. Pudo ser una quimera tejida bajo el influjo de una fuerte añoranza. Pero también pudo ser que la Virgen tuviera prisa por insinuarse en ese corazón infantil" (Aizcorbe, 2012: 40). Si consagraría la Congregación que había de fundar a María Inmaculada, también mantuvo siempre una especial vinculación con la figura del infante Jesús, hasta el punto de que varias de las fotos que se han conservado de ella la muestran precisamente mirando con amor maternal una imagen del Niño.

Pero, además, conviene tener presente que en los conventos femeninos se establecerá una particular relación con las numerosas imágenes del sagrado infante que desde siempre han solido abundar distribuidas por sus diversas estancias. No se puede olvidar que, por un lado, dichas esculturas canalizan de algún modo un indudable instinto maternal, sublimado hasta el extremo (Sanfuentes, 2010: 177); mientras que, por otro, se trata también de un juguete piadoso, o excelso *muñeco* en que revierten los anhelos de una infancia y adolescencia cuyo natural desarrollo acabó, en un buen número de casos, precipitado en el claustro [46]. De hecho, la mayor riqueza de esculturas exentas de Niños

---

[46] "A través de las imágenes del Divino infante, [...] encontraban un modelo humano de divinidad que podían venerar cotidianamente en la clausura volcando

Jesús se conserva todavía hoy en día en los conventos de clausura españoles, debido a que en buena parte de ellos incluso se solicitaba de la postulante que trajera como dote una imagen, que venía, en muchas ocasiones, acompañada incluso de su propio ajuar, o en otros, se le entregaba a la religiosa el día de sus votos [47].

Madre María Emilia Riquelme Zayas, sosteniendo la imagen del Niño

sus sentimientos maternales sublimados. Mientras que para las niñas educandas [no olvidemos que muchos conventos femeninos han tenido una labor educativa asociada] esta imagen habría formado parte de su pedagogía en tanto modelo ejemplificado" (Scocchera, 2013: 182).

[47] Así sucedía, por ejemplo, en el convento de Santa Isabel la Real, uno de los más antiguos que se conservan en Granada. Además, cf. Vega Jiménez, 1984 y García Gutiérrez, 2002: 32.

Jesús que la acompañaba siempre en sus viajes. [48]

La piadosa devoción de las religiosas granadinas hacia la imagen del Niño Jesús se plasmará de diversas maneras. Así, por ejemplo, una escritora tan destacada como sor Ana de San Jerónimo, hermana del consagrado poeta dieciochesco Alonso Verdugo de Castilla, Conde de Torrepalma, es autora de un poema titulado "Afectos de vn alma religiosa. A una imagen de Jesús niño llevando la cruz a el ombro, y vna oveja asida de vna traílla, en la noche del Nacimiento", que llegaría a leerse en la madrileña Academia del Buen Gusto, tal y como consta en sus Actas del 20 de agosto de 1750. En la recopilación de sus obras poéticas que un "apasionado suyo" recogió y publicó de manera póstuma, en 1773, se incluyen también obras en esta línea, como las décimas "A un Niño Jesús, que se vistió de peregrino" (Verdugo de Castilla, 1773: 96).

En el siguiente siglo, Victorina Sáenz de Tejada (sor María de los Ángeles), publica dos obritas que se deben a un mismo referente: *Breve noticia acerca de la Sagrada Imagen del Divino Niño Jesús Milagroso* (1894) y *Novena al Divino Niño Milagroso* (1895). En su monasterio del Espíritu Santo, de Sevilla, que data del siglo XVI y pertenece a la francesa Orden medieval de Comendadoras del Espíritu Santo, hay una antigua y venerada imagen conocida como Niño Jesús Milagroso, del XVII, cuyo origen se debe a una leyenda, que sigue un patrón conocido [49]: al torno del convento llegó una persona con un paquete, solicitando de la tornera que se lo guardaran hasta que vinieran a por él. Pero como pasaban los meses y nadie aparecía, las monjas lo abrieron, encontrándose con la talla del sagrado infante. Según las crónicas del monasterio del último tercio del XVII, ese Niño le habría hecho revelaciones a una de sus religiosas, la Madre Juana de la Cruz Lozano y Soriano, que tenía fama de mística. Entre otras cosas, se le atribuye haberle pedido a la monja que se le colocara en la mano derecha una campanita que, en efecto, porta hasta nuestros días junto con un pequeño silbato en forma de pez. Esta campana se mostraría, supuestamente, "como símbolo de las llamadas que interiormente hacía a las almas. Sin haber sido informado, el orfebre que la realizó grabó en ella lo mismo que el Niño había pedido: una rosa y una cruz. Son muchos los que dicen haber escuchado el toque de la campanita al realizarse un gran favor" (Roldán, 2013: 120). Fue recibido con gran alegría por parte de la

---

[48] De igual modo, también mantuvo siempre a su lado un cuadro de la Virgen del Carmen (Ros, 2010: cuadernillo central de fotos sin numerar).
[49] Como se verá más adelante, el patrón se repite en el caso del Cristo Crucificado que llega de manera igualmente enigmática al convento de Carmelitas de la Antigua Observancia de Granada.

Comunidad, que acostumbraba a vestirlo inicialmente con hábito masculino de la Orden. Pronto se le empezó a llamar "el Niño Esposo", pues se creía que poseía unos rasgos muy semejantes a la verdadera efigie de Jesucristo infante, según estas supuestas revelaciones hechas a la Madre Juana de la Cruz. A este Niño, del que se relatan numerosas intervenciones milagrosas a lo largo de los siglos, será al que consagre sus obras a finales del siglo XIX Victorina Sáenz de Tejada. Como prueba del arraigo de su devoción popular, actualmente en el exterior del monasterio se puede contemplar un azulejo con su imagen.

Antigua estampa devocional del Niño Jesús Milagroso del Monasterio del Espíritu Santo de Sevilla (Archivo de Amelina Correa Ramón).

En relación con estas pequeñas esculturas a las que las monjas rendirán culto con piedad maternal se han atestiguado numerosos hechos prodigiosos, como, por ejemplo, el que recuerda Rebeca Sanmartín Bastida, en palabras de la propia María de Ajofrín:

> Tenía el niño vna ropita larga, que le auian hecho las religiosas. Traxosele, y tomole ella con grañidísima deuocion; pusole encima del libro, y alli le estaua adorando con grañidísima ternura, derramando gran copia de lágrimas a sus pies. Fue la santa a cabo de vn grande rato a alçar la ropilla pa [sic] bessarle los pies, y el Niño alço el pie como si fuera viuo, para que pudiesse besárselo: bessosele ella con grandissima ternura, y quedose el pie ansi alto, que jamas se tornó a baxar (*apud* Sanmartín Bastida, 2012: 132-133).

Más sorprendente aún será el episodio ocurrido a nuestra carmelita descalza Gabriela Gertrudis de San José. Y es todavía más extraordinario porque ni siquiera es la protagonista quien lo narra, sino que el suceso aparece recogido por otra monja más joven, llamada Catalina María de San José, que había profesado en el Convento de Úbeda en 1683, es decir, cuando Gabriela Gertrudis contaba cincuenta y cinco años de edad. Catalina María fue autora de una *autobiografía por mandato* titulada *Recibos y mercedes*, destinada, como solía ser habitual, a su confesor. Pues bien, en esta obra la religiosa se refiere a la talla de un Niño Jesús que todavía permanece en dicho convento ubetense, y que, conocido por el sobrenombre de *El Mamoncillo*, se presenta sentado sobre una sillita forrada de terciopelo. Encontrándose toda la comunidad en el coro el día de Reyes (es decir, la Epifanía del Señor), hacia 1682, Catalina María fue testigo de un suceso sobrenatural:

> el dulçe Jesús se revibió y meniando los ojos como una persona que está viba le habló a una monga que estaua junto a mí. Io lo vide mui vien; fue, que no lo puedo dudar, que le vide meniar los lauios y la lengua, i le duraría como un credo bien largo. No puedo io encareçer la ermosura i agrado de aquella cara y de aquellos ojos, que era inpusible el poderlos resistir. Io quedé de suerte que pensé que la vida se me acabara (*apud* Morales Borrero, 1995: I, 387).

La joven Catalina María explica que la impresión que causó en ella la mirada de aquel Niño fue tal que sintió que se le abrasaba el corazón y se echaba a llorar, amoroso llanto que se mantuvo incesante durante varios días. La monja elegida, con la que el Niño se comunicaba, no era otra que sor Gabriela Gertrudis, quien al ser interpelada por la joven al respecto de lo que ha sucedido y que sólo parecían haber contemplado ellas dos, solicita a su compañera que guarde el secreto de tal prodigio [50].

Monasterio de la Purísima Concepción de Carmelitas Descalzas, Úbeda:

[50] En la página web del monasterio de la Purísima Concepción de Úbeda (Jaén), de Carmelitas Descalzas, se ofrece una versión un tanto diferente de la comunicación de la Imagen con sor Gabriela Gertrudis, pues al parecer lo que habría presenciado fue "el llanto del Niño Jesús 'el Mamoncillo', al prescindirse de su talla infantil en la procesión conventual del Corpus Christi": https://www.claune.com/conventos/conventos-del-mes/monasterio-de-la-purisima-concepcion-de-ubeda-jaen-de-carmelitas-descalzas/. Tal versión es recogida por Manuel Morales Borrero, como "tradición que perdura todavía hoy en día en el convento" (Morales Borrero, 1995: I, 388), según la cual sor Gabriela Gertrudis de San José habría encontrado la imagen del Niño Jesús llorando, y ante su pregunta, este se habría lamentado por su ausencia en la procesión, por lo que este episodio se mostraría como complementario del protagonizado por ambas monjas.

Niño Jesús conocido como El Mamoncillo,
talla anónima del siglo XVII.

Pero es el caso que tales prodigios resultarán relativamente abundantes, no sólo en el ámbito geográfico al que nos circunscribimos, sino, de manera paralela también entre las monjas novohispanas, como pone de relieve un interesante artículo de Laura Liliana Vargas Murcia (curiosamente centrado en religiosas de Nueva Granada), titulado de manera más que elocuente (y similar al caso recientemente referido): "'Una imagen del Niño Jesús me estaba llamando'. Amor y dolor entre esculturas que cobran vida y monjas neogranadinas", que se centra en las presuntas experiencias sobrenaturales, sobre todo con imágenes de Niños Jesús, pero también con tallas de Cristo Crucificado, de cuatro religiosas de entre los siglos XVII y XVIII, Francisca María del Niño Jesús, María Gertrudis Theresa de Santa Inés, Jerónima de Nava y Saavedra y Francisca Josefa del Castillo (Vargas Murcia, 2019: 337-354).

Una especial casuística ofrece la particular tipología de tallas de Niños Jesús denominados *pasionistas*, porque aparecen representados prefigurando la Pasión de Cristo, muy habituales en los conventos españoles, pero también en los hispanoamericanos (El Sous, 2016), y que muestran imágenes de infantes acompañados de atributos como la corona de espinas, clavos en las manos o en un cestillo, etc., y, con frecuencia, vistiendo túnica morada de nazareno, e incluso dormidos sobre una cruz, o con una calavera a sus pies, etc. [51]. La temática anticipatoria de enlazar la Pasión y muerte al momento mismo de su nacimiento -la cruz con el pesebre-, se convertirá prácticamente en un tópico tanto en el arte como en la literatura, por lo que se volverá evidente de manera especial en los

---

[51] Estas representaciones pasionistas llevadas al límite se pueden encontrar todavía en el arte colonial hispanoamericano, donde se han conservado versiones iconográficas vetadas -al menos relativamente- en Europa a partir del Concilio de Trento, como pueden ser los Niños crucificados (Henares Paque, 2008). Aun así, en España pueden encontrarse considerables ejemplos. De hecho, Ángel Peña Martín, autor de un interesante estudio sobre los Niños pasionistas, señala que "Son muy pocas las imágenes que se conservan del Niño Jesús crucificado, quizás, porque resultaban demasiado escalofriantes al espectador" (Peña Martín, 2010: 737). Un caso muy singular, y de ámbito precisamente granadino, se encuentra en la iglesia parroquial de los Santos Justo y Pastor, con un Niño Jesús barroco de iconografía bastante inusual, que "descansa sobre un montículo, reposando su cabecita sobre una calavera, en clara alusión a la muerte por el pecado, mientras su rostro trasluce una enorme tristeza y pena preludiando el que será su destino final: la Crucifixión, apareciendo en el centro de la composición un Crucificado" (Gila Medina, 2021: 38).

villancicos y estrofas populares [52].

En cualquier caso, dicha imaginería permite una suerte de conjunción del niño y el esposo divino en la misma unidad. Y, al fin y al cabo, corporeizan la presencia de ese Dios que parece haberlas elegido distinguiéndolas con sus señas especiales. Además, no se puede perder de vista la enorme importancia que van a tener para estas mujeres las representaciones artísticas de Jesucristo (Sanmartín Bastida, 2016b: 89-109): sin ir más lejos, la propia santa Teresa tiene en 1554 su primer éxtasis ante una escultura "de Cristo muy llagado y tan devota que, en mirándola, toda me turbó de verle tal, porque representaba bien lo que pasó por nosotros" (Teresa de Jesús, 2011: 177); y ya antes Angela de Foligno relataría:

> Una vez miré la cruz con el Salvador y así como lo miraba con ojos corporales mi alma de repente se encendió con un amor tan abrasador que también los miembros de mi cuerpo sintieron ese amor con un fuerte placer. Miraba yo y sentía cómo Cristo abrazaba mi alma con sus brazos crucificados y me estremecía con un placer aún mayor de los que había gozado jamás antes (*apud* Rubia, 2004: 152).

Resulta llamativo el caso de la carmelita de la Antigua Observancia Juana Úrsula Velázquez, sor Juana Úrsula de San José, quien en el siglo XVII destacó por sus arrobos y episodios extáticos, siendo, además, mediadora en diversos casos de milagros, todo lo cual le otorgaría notoria fama de santidad en vida. Pero por lo que interesa en concreto destacarla en este momento es por dos significativos elementos que ponen de manifiesto la especial importancia que para las místicas alcanza la representación artística, en especial, la de Jesucristo. De este modo, se puede recordar que la Venerable Juana, como se la sigue denominando en el Monasterio, experimentó numerosas visiones del Hijo de Dios. Lo más inusual en este caso es que, como muestra palpable de esa estrecha

---

[52] Entre otros ejemplos, se puede recordar, por supuesto, el célebre villancico de Lope de Vega: "Las pajas del pesebre,/ niño de Belén,/ hoy son flores y rosas,/ mañana serán hiel". De origen más reciente, habría que mencionar un villancico popular andaluz que se sigue escuchando en las actuales celebraciones de la Navidad, que dice: "Envidia tiene la fuente de color/ de su carita divina./ Yo estoy viendo en la frente de mi Dios/ una corona de espinas/ [...] el niño que está en la cuna/ en una cruz morirá" (Recogido en el Corpus de Literatura Oral, por David Mañero Lozano y Manuel Rodríguez Arévalo, haciendo constar los diversos informantes que han contribuido a la recopilación: https://corpusdeliteraturaoral.ujaen.es/archivo/0897c-envidia-tiene-la-fuente-del-color).

relación con el arte a la que venimos aludiendo, parece ser que la religiosa ordenó pintar cuatro lienzos, que reflejaban las escenas de la vida de Cristo que había presenciado (en visiones tanto físicas como intelectuales): "el primero de *Jesús Nuestro Salvador*; el segundo de *Jesús Nazareno*; el tercero de *Jesús de la Columna* y el cuarto de *Jesús de la Humildad*" (Martínez Carretero, 2008: p. 81).

El segundo elemento a tener en consideración tiene que ver con un Cristo crucificado que, en el Coro Alto, presenta de por sí una historia bastante peculiar, y cuya devoción trasciende los muros del claustro. Se trata de una imagen ligada, como tantas otras, a un origen legendario, al igual que poco atrás se ha señalado en relación con el Niño Jesús al que cantara Victorina Sáenz de Tejada. Así, se cuenta tanto en la memoria oral de la Comunidad, como en las crónicas escritas, que una noche se oyeron repentinos golpes en la puerta, y que, al acudir las asustadas monjas, se encontraron con dos hombres que les pidieron poder conducir la impresionante escultura hasta el interior, y que se la guardaran hasta que volvieran a por ella. Sin embargo, dichos hombres nunca regresaron y por muchas indagaciones que se hicieron, nada se pudo averiguar, por lo que el imaginario de la época atribuyó a los ángeles el transporte de la Sagrada Imagen, que, además, en su primera noche en el convento, y mientras las religiosas la velaban, se le habría manifestado a una de ellas, diciéndole: "con vosotras me vengo" (Bermúdez Sánchez, Galán Cortés y Rueda Quero, 2020: 20). Dicho crucificado -atribuido, sin documentación que lo atestigüe, al escultor Alonso de Mena- mantuvo abundancia de exvotos y ofrendas florales hasta la segunda mitad del siglo XX. Rodeado de un halo sobrenatural de misterio desde su enigmática llegada al convento, protagonizaría tiempo después alguna de las vivencias místicas de sor Juana Úrsula de San José:

> en una ocasión estando en el coro ante la Ymagen de un Señor Crucificado que está sobre la reja del coro alto a la parte de adentro, que lo representa muy al vivo y sumamente penado, dolorido y afeado me acaeció lo siguiente: estuve en una de esas batallas causadas de estos recogimientos y me vi tan acosada de este Dragón infernal, y sumamente afligida; y como mis armas son los dulces nombres de Jesús y de María Santísima Nuestra Madre, procuraba nombrarles con gran fervor y ansias de mi corazón por su amparo y aiuda, y así los nombraba con mucha continuación estos suavísimos Nombres, y viéndome muy apretada alzé mi coraçón y ánimo a mirar esta hermosísima Ymagen que e referido y fue tal lo que el Señor por medio de ella dio a entender de sus

dolores y penas y de lo mucho que padeció en la cruz, que no lo puede explicar mi Alma, me acaeció en esta ocasión y fue que por medio de esta Sagrada Ymagen me dijo mi Señor que le mirase en aquella Cruz la que padeció por mi amor (*apud* Bermúdez Sánchez, Galán Cortés y Rueda Quero, 2020: 22-23).

En la misma línea habría que situar las experiencias de Gabriela Gertrudis de San José, que recogerá en su *Vida* frecuentes visiones especialmente relacionadas con los padecimientos del Señor [53], o algún suceso prodigioso, como la concesión de favores mediante la oración a una imagen de Jesús Nazareno, conocido como el Cristo de la Caída, que tenían las monjas en el oratorio, y ante cuyos pies depositó en ocasión especial tres claveles, lo que propició que llegara el trigo que la Comunidad necesitaba de manera perentoria.

También, varios siglos después, Mercedes Carreras Hitos (Madre Trinidad del Purísimo Corazón de María) vivió una experiencia decisiva siendo tan sólo una niña que estudiaba en el colegio de Clarisas de Santa Inés, en Granada, un antiguo convento -del que hoy en día sólo se conserva el edificio, muy modificado y alejado del uso para el que se concibió- que fue fundado en 1525 en el Bajo Albaicín. Allí, en el antecoro del convento, contempla un expresivo cuadro del Sagrado Corazón de Jesús, ante el que experimenta tal emoción que llega a perder el sentido:

> Como un dardo de fuego, que salía de aquel Corazón divino, pasó mi corazón con tanta fuerza de amor, que quedé embriagada y fuera de mí, toda abrasada de amor. Lo que entonces sintió mi pobre alma no pude expresarlo a pesar de ser interrogada por una santa y venerable religiosa que me cogió del suelo creyéndome muerta… ¡y estaba viva! Jesús dulcísimo dio a mi alma néctar dulcísimo… y con su Sangre purísima me embriagó en amores divinos que en muchos años [no] pude olvidar, siendo mi alegría y dicha el padecer y morir en cruz como el Amor de mi alma (Carreras Hitos, 1996: 18).

Por su parte, María Manuela de la Encarnación, una joven discípula de Gabriela Gertrudis de San José en el convento de Úbeda, en el que profesaría

---

[53] Y recordemos que Cirlot y Garí, aunque en relación con Margarita de Oingt, pero con palabras extensibles a una buena parte de místicas y visionarias, definen que "La imagen desglosada en diversos momentos […] muestra una iconografía de la Pasión, tal y como la ofrecía el arte de la época" (Cirlot y Garí, 2021: 164).

en 1676, sería sujeto también de vivencias semejantes. De su trayectoria fecunda igualmente en sucesos portentosos y arrobos místicos se han conservado manuscritas tanto su propia *autobiografía por mandato*, como la *Vida* redactada por su compañera Catalina Antonia de Santa Teresa. Ambas fuentes ofrecen numerosos pasajes significativos, como el del voto que hizo ante la imagen de un Ecce Homo de no beber agua en todo un año, ayuno extremo que únicamente aliviaría el resto de su vida ingiriendo tres -número obviamente simbólico- sorbos diarios en reverencia de la Santísima Trinidad (Morales Borrero, 1995: I, 451). Además, a los tres años -de nuevo, se repite el número- de su profesión religiosa, siendo prelada precisamente Gabriela Gertrudis de San José, experimentó una visión de Jesús Nazareno que le tendía el travesaño superior de la cruz, lo que ella interpretó de manera acertada como una premonición del sufrimiento que la aguardaba (Morales Borrero, 1995: I, 453)

Ese ayuno extremo -incluso de algo tan básico como el agua- que habría llevado a cabo según las crónicas Catalina Antonia de Santa Teresa nos conduce a una tónica habitual en estas *santas vivas*, como ya se adelantó, y es que durante siglos sus vidas estuvieron marcadas por una privación de alimento e incluso de líquido, en ocasiones tan atroz que ponía en claro riesgo su salud, y por mortificaciones y penitencias, que incluían el uso de flagelos y cilicios, con el fin de dominar la faceta corporal del ser humano [54], así como de asimilarse a los padecimientos de Cristo en su Pasión [55]. En

---

[54] Resulta interesante la reflexión de Julia Lewandowska en torno a cómo, además, la vida de privación y sacrificio de la religiosa se traducía en un claro incremento de su consideración social: "La clausura, el hábito, la penitencia mental y la mortificación corporal eran elementos clave para poder asegurar la castidad en su dimensión efectiva y asignarle un significado simbólico, con el cual la monja-virgen alcanzaba un estatus social privilegiado o incluso superior al de la mujer casada" (Lewandowska, 2019: 171).

[55] Precisamente la imagen elegida para la cubierta del presente volumen resulta idónea para ilustrar este particular, ya que, si bien lo que contempla el espectador/lector es "Santa María Magdalena sosteniendo un crucifijo", del italiano Spinello Aretino, ca. 1395-1400, en realidad se trata de una curiosa pieza de origen procesional, encargada por la Cofradía de Santa María Magdalena en Borgo San Sepolcro, que, bajo el título "La Flagelación", muestra en su reverso la escena de la flagelación de Jesucristo. En el anverso se observan, arrodillados ante la Santa, varios penitentes encapuchados, que representan a los cofrades que se convertían en flagelantes durante la estación de penitencia. Conservada en el Metropolitan Museum de Nueva York, se puede acceder a la obra y a la información al respecto en el siguiente enlace: https://www.metmuseum.org/art/collection/search/437744?searchField=All&sortBy=Relevance&ft=oro&offset=240&rpp=20&pos=260.

este sentido, se pueden recordar los testimonios que conservamos en torno a la carmelita descalza Luisa de Granada Altamirano (sor Luisa de San José), quien destacó por sus ayunos y penitencias, hasta el punto de que eligió agonizar entre llagas y dolores sobre una dura tabla de madera por espacio de cuarenta días (número que, claro está, encierra también fuerte contenido simbólico, recordando, entre otras diversas connotaciones, los días que Jesucristo se retiró al desierto), hasta que, tras una gozosa Comunión postrera, entregó su último aliento.

Destaca en esta línea la también discípula de santa Teresa, María de Córdoba y Fuentes (sor María de la Santísima Trinidad), de quien el erudito malagueño Narciso Díaz de Escovar, en un artículo que le dedicará en 1898, afirmaba que "su comida era tan parca que parecía increíble se alimentara con tan exiguas cantidades y su humildad no halló religiosa que le igualara. Se puso cilicios de hierro y coronas del mismo metal que apretaba sus sienes, y rellenó su jergón de piedras y pedazos de tejas" (Díaz de Escovar, 1898: 127).

El rechazo de la comida se elevará un grado más en un buen número de santas y visionarias, las cuales, para poner de manifiesto su humildad y anhelo extremo de mortificación, se afanarán en comer o beber sustancias especialmente repugnantes. Así por ejemplo Ángel Gómez Moreno recuerda el caso de santa Liduvina, que bebía sólo agua sucia, "en una estampa muy próxima a la de la tórtola que despreciaba el agua clara y la bebía turbia en *Fontefrida*" (Gómez Moreno, 2008: 150). Rebeca Sanmartín, por su parte, enumera numerosos casos de mujeres que se complacen, incluso morbosamente, en ingerir materias repulsivas, que evocan la corrupción de la carne, como Angela de Foligno, que "bebe del agua empleada para lavar las manos podridas y purulentas de un leproso" (Sanmartín Bastida, 2012: 223); Catalina de Génova, que en Adviento y Cuaresma toma sólo agua con vinagre y sal; o Catalina de Siena, que sorbía el pus de las heridas infectadas de enfermos a los que atendía. Como ya se explicó con anterioridad esta célebre santa italiana servirá de modelo a numerosas religiosas en España, que tendrán su biografía como una de sus predilectas lecturas. Será el caso de María Emilia Riquelme, quien, con toda probabilidad basándose en este ejemplo, protagonizará un significativo episodio en fecha tan tardía como 1864, cuando atiende cada día en su casa a un grupo de niños de hogares desfavorecidos. Allí les enseña catecismo, y les entrega dulces y golosinas. Como quiera que los infantes carecían de la más elemental higiene, acabaron contagiando a la fervorosa joven con piojos:

> Sentir una viva repulsión y el deseo de despedir a sus alumnos con cajas destempladas, es todo uno. ¡Piojos, qué asco! Mas apenas

> este impulso reflejo pasa por el filtro de la deliberación, se detiene avergonzada de una reacción primaria tan poco evangélica. Un insecto diminuto ha estado a pique de comprometer la causa de los pobres niños. Rápida y determinada pone el parásito en un vaso de agua y se lo bebe de un sorbo (Aizcorbe, 2012: 63-64).

Retornando a siglos atrás, la carmelita descalza Gabriela Gertrudis de San José recogerá en su autobiografía las habituales prácticas ascéticas y de renuncia que llevó a cabo durante toda su vida: "no dormía más que tres horas de noche; esto me quitó algo de la salud y me costó mucho trabajo. Y lo demás de noche y día lo gastaba en querer tener oración" (*apud* Morales Borrero, 1995: I, 423).

De igual modo se conservan los datos de las extremas prácticas penitenciales que llevaba a cabo Beatriz María de Enciso, de quien fray Tomás Montalvo nos dice:

> Las vigilias eran prolongadas, y el silicio tan continuo, que ya avía hecho asiento en el cuerpo extenuado, incorporándose en la débil carne, de modo que más parecía unido, que sobrepuesto. Las disciplinas eran cruelísimas, y toda la práctica de exercicios con tal aspereza, que sólo el superior influxo podía habilitarla a su execución (Montalvo, 1719: 332).

En no pocos casos, estos excesivos hábitos de austeridad y sacrificio se encuentran en las narraciones hagiográficas ya desde temprana edad, incluso mucho antes de ingresar al claustro, como en el caso de Mercedes Carreras Hitos, quien a finales del siglo XIX, con tan sólo diez años e inspirada por las lecturas del *Año Cristiano*, hará penitencias tales como ponerse cruces de zarzas en el pecho, o añadir sustancias amargas a sus alimentos. Pero probablemente el caso más extremo resulte el de Beatriz María de Enciso, de quien su biógrafo, fray Tomás de Montalvo, relata que su primer ayuno tuvo lugar nada menos que los primeros tres días después de su nacimiento (obsérvese de nuevo el número simbólico, casi obsesivamente recurrente en todo tipo de narraciones hagiográficas), puesto que su madre no pudo darle el pecho por un problema de salud, y la niña resistió de manera estoica la falta de alimento. Y yendo aún más allá, durante su etapa de lactante, "se abstenía todos los Viernes de recibirlo [este líquido alimento], ensayándose su inocencia con tan temprano ayuno, presagio de las exquisitas abstinencias, que avía de observar en su prodigiosa vida" (Montalvo, 1719: 4). Con la descripción de este presunto comportamiento, se coloca a Beatriz María de Enciso en la órbita de un caso especial tipificado en los santorales, que es el de "los niños de pecho tocados ya por la gracia divina" (Gómez Moreno, 2008: 158), como recuerda Ángel Gómez Moreno en su completo estudio *Claves hagiográficas de la literatura española*.

Bárbara de Torres [56], su madre, inculcó tanto en Beatriz como en sus otras dos hermanas el temprano amor por la Virgen María: "Imponía sus hijas en la frequencia de los Santos Sacramentos, y en la devoción a MARÍA SS. N. Señora, a cuyo Templo, donde se venera la Imagen de esta Soberana Reyna con el Título del Carmen, las llevaba todos los Sábados, para que como Fieles siervas consagrasen en devotas oraciones sus obsequios" (Montalvo, 1719: 3).

El fervor mariano resultará extraordinariamente habitual entre nuestras escritoras religiosas, hasta el punto de que algunas de ellas experimentarían visiones o lo que interpretarían como favores especiales de la Virgen María. Es curioso que algunos de estos casos sucedieran en torno a la temprana pérdida de la madre, en algún modo sustituida de manera consoladora por la Madre Celestial.

Y es que, en efecto, a semejanza del caso de santa Teresa, un número significativo de nuestras autoras quedaron huérfanas de madre a temprana edad, lo que encuentra su explicación en la corta esperanza de vida, empeorada en el caso de las mujeres por los continuos embarazos y partos, y las condiciones insalubres en que estos se desarrollaban, pues no fue hasta la segunda mitad del siglo XIX cuando empezaron a practicarse elementales medidas de asepsia, que había promovido de manera pionera el médico húngaro Ignaz Semmelweis en 1847, por lo que incluso sería considerado un excéntrico por sus compañeros de profesión. Así pues, si Teresa perdió a su madre a los trece años, tras haber dado a luz nada menos que a diez hijos (y probablemente a consecuencia de su último parto), también quedaron huérfanas María Emilia Riquelme y Mercedes Carreras Hitos, que perdieron a sus madres respectivamente a los siete [57] y a los nueve años [58]. La elevada mortalidad de etapas en que no existían

---

[56] Resulta cuanto menos curioso constatar la coincidencia del nombre y apellido de la madre con su significación en el santoral, pues la torre es precisamente el atributo tradicional con que se representa a Santa Bárbara.

[57] María Emilia Zayas-Fernández de Córdoba y de la Vega murió el 28 de junio de 1855, víctima de una mortífera epidemia de cólera que asoló el país, provocando numerosas víctimas. Tras haber dado a luz a cuatro hijos, de los que dos ya habían muerto en esa fecha, en el momento de su defunción se encontraba de nuevo embarazada (Ros, 2010: 18-19).

[58] Filomena Hitos Linares falleció el 9 de julio de 1888, en teoría a causa de una

antibióticos y las técnicas médicas resultaban muy rudimentarias ocasionó también la orfandad temprana de padre de casos como, por ejemplo, el de María Machuca de Haro, cuya madre dio a luz, en el siglo XVI, nada menos que a trece hijos, de los que vio morir a once, y cuyo progenitor falleció teniendo la niña tan sólo seis años. En otros muchos casos de los registrados en *Las venas de los lirios*, en especial, los que datan de entre los siglos XVI-XVIII, desafortunadamente no se han conservado apenas datos biográficos, por lo que se desconocen estas circunstancias concretas.

Pero volviendo al tema de la sustitución sublimatoria de la madre perdida y la creación de un especial vínculo con la que se considera la Madre por excelencia, se pueden recordar dos casos muy notorios, en torno precisamente a las dos fundadoras del periodo contemporáneo mencionadas pocas líneas más arriba. En efecto, si María Emilia Riquelme perdió a su madre en 1855, según diversas fuentes -como ya se adelantó- poco después iba a experimentar una visión de la Virgen con el Niño en brazos, rogándole ella "que fuera su madre del cielo y de la tierra" (Ros, 2010: 21). En cuanto a Mercedes Carreras, a finales del invierno de 1888, pocos meses antes de la muerte de su madre, la niña enfermó de extrema gravedad con una pulmonía a la que el médico auguraba el peor final. La pequeña estaba inconsciente por la elevada fiebre, mientras sus familiares rezaban a su lado, dándola ya por perdida, cuando, de repente, abrió los ojos "y dijo que la Virgen había venido a curarla y se había marchado y les preguntó si ellos la habían visto. Todos pensaron que deliraba y el padre Antolín [el sacerdote que se encontraba presente, ante la gravedad de la situación] miró el termómetro y comprobó que la fiebre había bajado. [...]// La curación de Mercedes fue tenida por su familia como una gracia de Dios que había escuchado su oración. Desde este hecho en Mercedes brotó un mayor amor a la Virgen y al Niño en brazos; se sintió protegida de la Madre de Dios, y en adelante acudía a ella a buscar protección en los momentos diversos y difíciles de su vida y se sentía agradecida por esta protección que nunca le faltó" (Palomo Iglesias, 2000: 37-38). Además, se puede apuntar que cuando pocos meses después falleció su madre, la dejó encomendada a la Virgen de los Dolores. Esa profunda vinculación en ambas fundadoras se evidenciará, en primer lugar, en el título designado para sus Congregaciones: Misioneras del Santísimo Sacramento y **María Inmaculada**, en el primer caso, y Esclavas de la Santísima Eucaristía y

---

pulmonía, según consta en su partida de defunción. Pero lo cierto es que había dado a luz a su undécimo hijo (de los que sólo sobrevivirían a la infancia seis) poco más de un mes antes (Palomo Iglesias, 2000: 38-39).

de la **Madre de Dios**, en el segundo [59]. Pero también en el nombre que ambas elegirán en el momento de la profesión: María Jesús de la **Inmaculada**, en el caso de Emilia Riquelme [60], y Trinidad del **Purísimo Corazón de María**, en el de Mercedes Carreras.

Esta última, de hecho, demostrará la precocidad de su vocación haciendo voto de castidad con tan sólo once años. Responde en este punto a un patrón hagiográfico repetido que señala Ángel Gómez Moreno en su ya citado estudio, en el que comienza recordando el caso de Santa Eulalia de Mérida, "niña tan santa como sabia, con edad de doce o trece años" (Gómez Moreno, 2008: 156), para constatar la reiteración del modelo de santa-niña, con casos como el de "santa Clara de Montefalco (1268-1308), iluminada a la edad de cuatro años, o de santa Catalina de Siena (1347-1380), que tuvo su visión inicial a los seis años" (Gómez Moreno, 2008: 156), pero también los de santa Rosa de Viterbo (nueve años), santa Genoveva de París, santa Eufrasia o santa Brígida de Suecia (las tres, a los siete años), y un largo etcétera. Y, por supuesto, no puede olvidarse el ejemplo de Teresa de Jesús, lectora precoz de romanceros, libros de caballerías y vidas de santos, y cuya madre despertó en ella hacia los seis o siete años la profunda devoción hacia la Virgen María.

En el caso granadino, nuestras *santas vivas* (si bien ninguna canonizada oficialmente, pero a menudo aureoladas en la boca del pueblo) abundan en este tipo de ejemplos, como el de María Machuca, quien en el último tercio del XVI demuestra grandes cualidades intelectuales y notable afición por la cultura y el saber, y que declara sentirse desde niña "inclinada a ser monja y amiga de soledad y silencio". O el de su compañera de Orden, Gabriela Gertrudis de Tapia y Acosta -cuarta entre una numerosa familia de nueve hijos, de los que tres se consagrarían al estado religioso-, quien, en la primera mitad del siglo XVII, ya desde los diez años leía con pasión las obras de santa Teresa de Jesús, teniendo claro muy poco después que su vocación era la de ser carmelita, pero, ante la oposición de

---

[59] Curiosamente, unas décadas después, en 1943, la almeriense María Rosario Luca Burgos recurrirá a una denominación muy similar para su fundación de la Congregación de Esclavas del Santísimo Sacramento y de la Inmaculada (también conocidas popularmente como las "novias de Cristo"). Iniciada en Málaga en la Nochebuena de 1943, sin embargo, cinco años más tarde se trasladaría a Granada, quedando instalada la Congregación en el albaicinero convento de San Gregorio Bético, un edificio del siglo XVI, por entonces abandonado (Brocos Fernández y Martín Ribas, 2003: 309 y 371).

[60] A mayor abundamiento, esta elegirá "el día significativo del 25 de marzo [de 1896], Anunciación de la Virgen, como inaugural del nuevo instituto con la toma de hábito y profesión religiosa" (Ros, 2010: 115).

su padre, iniciaría en compañía de su hermana Clara un régimen de vida ascética y penitencial en la propia casa. En el primer cuarto del siglo XVII Juana Úrsula Velázquez (sor Juana Úrsula de San José) mostrará su firme vocación religiosa ya desde la temprana edad de siete años, evidenciando igualmente una más que notable formación cultural. Por su parte, ya en la segunda mitad del XVII, María de Córdoba, de familia tan ilustre que era descendiente de los reyes de Castilla por línea paterna, causaba sorpresa en cuantos la conocían por sus precoces facultades intelectuales, ya que sabía leer desde los tres años, y experimentó desde muy niña tal devoción religiosa, que ayunaba y mortificaba su cuerpo en la propia casa familiar. En la primera mitad del Siglo de las Luces, Ana Verdugo de Castilla vivió desde su infancia una doble iluminación, al manifestar un acusadísimo interés por la cultura humanista, y recibiendo una instrucción por completo inusual para las mujeres de la época, al tiempo que mostraba un profundo talante religioso, acompañando a su madre en sus actividades piadosas y caritativas. Y en torno a medio siglo después, María Gertrudis Martínez del Hoyo, en la segunda mitad del XVIII, experimentó con nitidez desde los seis años su deseo de consagrarse a Dios dentro de un claustro.

Muchas de estas jóvenes de precocidad en santidad y sabiduría, lejos de mostrarse apocadas y sumisas, con la docilidad que una sociedad codificada y en extremo patriarcal esperaba de ellas, se descubrieron como valerosas y dispuestas oponiéndose a la voluntad de sus padres, que querían para ellas la continuidad de un linaje legítimo. Son bien conocidos en el ámbito español ejemplos de mujeres que siguieron su férrea voluntad a pesar de todos los obstáculos, e incluso se dio algún caso como el de la visionaria toledana Juana de la Cruz (1481-1534), que se vio obligada a adoptar un disfraz masculino con tal de conseguir su objetivo y eludir el destino doméstico y el matrimonio concertado que le tenía reservado su padre (pues volvemos a encontrar otro caso en que la madre había muerto cuando la niña tenía tan sólo siete años). Su fama alcanzó tal grado que grandes figuras como el emperador Carlos V, el cardenal Cisneros o el Gran Capitán acudían a escuchar sus predicaciones (Luengo Balbás, 2016).

Un número abundante de las autoras reunidas en *Las venas de los lirios* pertenecían, como ya se ha dicho, a la aristocracia, y si bien en casos de nobleza venida a menos el convento podía significar un socorrido recurso para impedir un temido descenso social, en los casos de familias poderosas, muy por el contrario, lo que deseaban era aumentar su poder estableciendo interesados vínculos familiares mediante matrimonios concertados para consolidar su linaje. Por eso llama aún más la atención la profusión de casos de mujeres que eligen voluntariamente ese destino de consagración religiosa enfrentándose a la jurisdicción paterna, esto es, a la autoridad masculina establecida, con lo que eso suponía en la época.

En el caso granadino, por ejemplo, podemos recordar el nombre de Isabel de Puebla Méndez, a la que, en la segunda mitad del siglo XVI, sus padres habían concertado un matrimonio con el noble y rico mayorazgo Pedro de Pisa. Sin embargo, como quiera que este falleció antes de la boda, la joven, enfrentándose a la fuerte resistencia familiar, pudo ingresar, tal y como era su deseo, en el convento de las Carmelitas Descalzas. Caso semejante al de Luisa de Granada Altamirano, quien rechazó un enlace matrimonial ya convenido por su familia, para seguir la vocación religiosa justo a finales del siglo XVI. Similar oposición paterna se iba a encontrar en la primera mitad del siglo XVII Gabriela Gertrudis de Tapia y Acosta, por lo que, como ya se anticipó, llevó una vida virtuosa y ascética en su propia casa, hasta que, una vez fallecido su padre, logró por fin su anhelo de hacerse carmelita descalza. También en la primera mitad de ese siglo, Juana Úrsula Velázquez se enfrenta a la oposición de toda su familia, que ya habían apalabrado un matrimonio de conveniencia al uso, contando sin embargo en este caso con la única excepción del apoyo de su padre. Ya en la segunda mitad de ese mismo siglo XVII, María de Córdoba y Fuentes, descendiente por línea paterna, como ya ha quedado expuesto, de los reyes de Castilla, intentó fugarse de su casa a fin de hacerse carmelita descalza, ante la férrea oposición de sus progenitores, aunque al final se vieron obligados a ceder. Y en 1729, la hija de los condes de Torrepalma, Ana Verdugo de Castilla, se enfrentó de igual modo a la negativa familiar, y profesó como clarisa en el convento del Santo Ángel Custodio. Aproximadamente siglo y medio después, Mercedes Carreras Hitos contravino los deseos de su padre, que estaba ya apalabrando un matrimonio para la jovencita, y siguió la vehemencia de su deseo vocacional de entrar en religión. En fechas similares, María Emilia Riquelme Zayas-Fernández de Córdoba [61] -con apellidos de rancio abolengo transmitidos de generación en generación-, se encontró también con la estricta oposición de su padre, aunque más que por un deseo de preservar el apellido familiar, se debió a que, tras haber enviudado y haber perdido a sus otros cuatro hijos, la joven constituía su único apoyo y soporte emocional. Por lo tanto, incapaz de contrariar a su querido padre, ella hizo voto privado de castidad y mantuvo una vida de oración y

---

[61] Conviene hacer notar que, a lo largo de la historia y hasta hoy en día, la forma ortográfica del apellido oscila entre "Fernández de Córdoba" y "Fernández de Córdova".

desprendimiento, hasta que pudo cumplir sus deseos tras la muerte de su progenitor. En fechas similares, Teresa Titos Garzón, al perder a su madre y haber contraído matrimonio sus dos hermanas mayores, se vio obligada a postergar su vocación religiosa para cuidar a su padre, que se encontraba muy enfermo.

Si echamos la vista atrás, nos encontramos con numerosas mujeres reales que, durante siglos, sintieron la necesidad de acrecentar su espiritualidad y de experimentar sus vivencias religiosas de manera intensa y, con frecuencia, bordeando el límite de lo permitido. Por tanto, nos queda aún por rescatar un amplio patrimonio de fervorosas autoras, de místicas, visionarias y *santas vivas* que eligieron la reclusión en un convento por vocación y voluntad propia (incluso, como acabamos de ver, contraviniendo la voluntad paterna), pero también porque en muchos casos se entendía como la única manera de desarrollar un proyecto personal autónomo, de tener una vida distinta de la establecida por la encorsetada sociedad, que suponía, no sólo la dependencia de un esposo, sino de encadenar un parto tras otro, alternándolos con la dura prueba de enterrar en edad infantil a la mitad de la prole. Como expresan Josefina Muriel y Alma Montero, "Numerosas mujeres con vocación por el estudio decidieron ingresar a los claustros pues en ellos se tenía acceso a libros eruditos de teología, de moral y a los textos sagrados; es decir, en aquel contexto histórico, los conventos eran espacios propicios para desarrollar el talento y creatividad de las mujeres" (Muriel y Montero Alarcón, 2005: 76).

En una línea similar, Rosa Montero, en su libro *Historias de mujeres*, aventura, tras comentar los más que frecuentes casos en que, a lo largo del tiempo, nos encontramos con féminas que se vieron obligadas a vestirse con ropas de hombre para poder sobrepasar los límites permitidos, que "Otro tipo de *travestismo* más común y admitido socialmente al que recurrieron durante muchos siglos las mujeres fue el religioso, esto es: meterse monja. El convento fue a menudo una obligación social, un encierro y un castigo, pero para muchas mujeres fue también aquel lugar en el que se podía ser independiente de la tutela varonil, y leer, y escribir, y asumir responsabilidades, y tener poder, y desarrollar, en fin, una carrera" (Montero, 1995: 23).

Palabras que nos llevan a plantearnos una necesaria reflexión acerca de la paradójica dicotomía sobre lo que la realidad del convento ha significado en relación con las mujeres a lo largo de la Historia. Por un lado, tal y como estamos desarrollando (y aunque hoy quizás pueda resultar sorprendente desde la mentalidad contemporánea), durante siglos el convento fue concebido como un espacio de libertad, y también de cultura, en un ámbito específicamente femenino, que posibilitaba la autoafirmación y el desarrollo personal de mujeres, que -ya lo hemos visto- llegaron a contrariar el deseo paterno, escapándose de la casa familiar en búsqueda de esa autonomía propia que los roles sociales tradicionales les negaban. Teresa de Jesús o sor Juana Inés de la Cruz serían, probablemente, los ejemplos más sobresalientes de esta casuística de mujeres inteligentes, cultivadas, y que llevaron a término una importante obra literaria, probablemente imposible de haberse plegado a lo que la sociedad esperaba de ellas. Fue, pues, la celda lo que les permitió tomar la palabra y ser dueñas de su voz.

Pero, por otro lado, el convento fue también concebido, sin duda, a lo largo de la Historia como espacio de represión y castigo, y el ejemplo más claro en el ámbito geográfico de Granada probablemente se encuentre en el conocido popularmente como Beaterio de las Recogidas, situado en la calle que hoy en día lleva su nombre, en recuerdo del desaparecido establecimiento. Allí se había creado en 1594, colocándose bajo una advocación típica de este tipo de instituciones, como es la de santa María Egipciaca, paradigma de la mujer arrepentida y penitente tras una vida disoluta, y, como explica Ángel Gómez Moreno, una de las máximas representantes de las "santas pecadoras, que despiertan otro tipo de aficiones, no pocas veces morbosas" (Gómez Moreno, 2008: 158). Concebido "para recoger y reformar a las mujeres de vida escandalosa y pecadoras o a las reclusas condenadas por la Justicia" (Pérez Martín, 2016: 1), se trata, sin duda, de un lugar histórico, pues fue allí donde se encerró a la célebre heroína romántica por la libertad Mariana de Pineda hasta el momento de su ajusticiamiento [62], a la par que literario, pues lo evocan en sus obras teatrales autores granadinos insignes, como Federico García Lorca, en su *Mariana Pineda* (1927), o José Martín Recuerda, en su *Las arrecogías del Beaterio de Santa María Egipciaca* (1970).

Paradójicamente, y si salimos por un momento de este ámbito estrictamente granadino, el mismo disfraz del que se sirvieron mujeres para entrar en el convento y poder desarrollar ese proyecto personal autónomo que la sociedad les vetaba, sirvió también a algunas mujeres para escapar de sus facetas más punitivas, como es el caso de la célebre Catalina de Erauso, conocida como la Monja Alférez, quien, vestida con ropas varoniles, huyó en 1600 del Monasterio de San Bartolomé, en la ciudad de San Sebastián, donde había sido enclaustrada por su supuesto

---

[62] Aunque el edificio sufrió distintos avatares a lo largo de la Historia, la celda donde permaneció recluida Mariana de Pineda se conservó hasta 1958, en que, al procederse a la reordenación y ensanchamiento de la calle Recogidas, se procedió a derribar toda la construcción, que llevaba ya años destinada a colegio.

carácter problemático; o, dando un salto en el espacio y en el tiempo, el estremecedor caso de la escritora chilena Teresa Wilms Montt (1893-1921), quien, recluida por su propia familia en el convento de la Preciosa Sangre para castigar su rebeldía y su transgresión de los roles sociales impuestos, logró escapar disfrazada con lutos de viuda y ayudada por su amigo de la infancia, el poeta Vicente Huidobro.

Pero volviendo a la esfera geográfica objeto de nuestro estudio, se puede recordar también el lacerante caso de la pintora granadina Aurelia Navarro (1882-1968), encerrada en un convento por osar pintarse desnuda. Si bien su profesión religiosa fue voluntaria, en realidad la condujo a ella la incomprensión social que su vocación artística despertaba en la época (y según se rumoreaba, también la oposición de la familia al matrimonio por amor que ella deseaba). Educada con los mejores pintores, obtuvo diversas menciones y medallas en Exposiciones Nacionales de Bellas Artes desde los primeros años del siglo XX. En 1908, inspirándose en la "Venus del espejo" de Velázquez, Aurelia Navarro pintó un hermoso cuadro titulado "Desnudo femenino", que fue premiado, y resultaría alabado por Julio Romero de Torres. Su prestigio posibilitó que Francisco Cuenca la incluyera en 1923 [63] en su obra de referencia, *Museo de pintores y escultores andaluces contemporáneos* (Cuenca, 1923: 268) [64]. Pero la indudable calidad de la obra quedó opacada por críticas y polémicas debido a la transgresión, totalmente reprobable en la época, de que la modelo de su desnudo había sido, al parecer, ella misma. Al final, su prometedora carrera artística quedó truncada por los prejuicios

---

[63] En ese año precisamente, según informa Matilde Torres López, fue cuando "Debido a la presión familiar ante el éxito de sus obras en las exposiciones, decidió profesar de monja en las Adoratrices en 1923 y en 1933 fue destinada a Roma" (López Torres, 2009: 119).

[64] En 1998 Juan Rodríguez Titos incorporó su semblanza a su obra *Mujeres de Granada* (Rodríguez Titos, 1998: 95). Y en fecha reciente, y con ocasión de la presencia de la obra artística de Aurelia Navarro (tanto su mencionado "Desnudo femenino", como un delicado "Autorretrato") en la exposición que, bajo el título de "Invitadas" se inauguró en el Museo del Prado en enero de 2021, María Dolores Santos Moreno dio en el propio Museo la conferencia titulada "Bellas, distinguidas y encantadoras. Mujeres pintoras en la Granada del siglo XIX", en prensa en las *Actas del Congreso Un siglo de estrellas fugaces. Celebrado en el Museo del Prado, Madrid, 22-24 de febrero de 2021*. Posteriormente, y ante la notoriedad alcanzada por su presencia en la exposición del Museo del Prado, se ha organizado la exposición monográfica sobre su figura y su obra en su ciudad natal entre septiembre y diciembre de 2021, bajo el título de "Aurelia Navarro. La poética de la intimidad" (Museo Casa de los Tiros).

sociales, y tras las celosías de un convento vio pasar sus últimos días, asfixiada su luz y enmudecida su voz.

No fue el de Aurelia Navarro, ni mucho menos, el único caso de monja pintora, antes al contrario: la Historia registra algún caso verdaderamente notable y especialmente significativo desde el punto de vista del presente estudio, como el de la interesantísima sor Orsola Maddalena Caccia (1596-1676), monja ursulina nacida en la ciudad italiana de Moncalvo, hija del pintor Guglielmo Caccia, de quien recibió su esmerada formación. Adscrita al manierismo italiano, compaginó su devoción con una intensa vocación artística que la llevó a pintar durante cinco décadas, e incluso, a crear en el propio convento una escuela para formación artística de las monjas (Strinati y Pomeroy, 2007: 214-215 y Barbato, Caretta y Cottino, 2012). Más allá de su interés intrínseco, se puede recordar aquí que sor Orsola pintó un retrato con intenso contenido simbólico de una de las *santas vivas* estudiadas por Gabriella Zarri, como es la beata Osanna Andreasi (1449-1505), visionaria de Mantua que, contrariando la voluntad paterna y rechazando un matrimonio arreglado por su familia (caso frecuente, como ya se ha venido señalando), tomó a los catorce años el hábito de terciaria dominica, y que experimentaría vivencias típicas como el intercambio de corazón con Cristo, el matrimonio místico o los estigmas. Orsola Maddalena Caccia la pinta en su cuadro titulado "Osanna de Mantua" (1648), en el que se pueden distinguir con nitidez dos planos bien diferentes pero interrelacionados. En el lateral derecho se evoca una escena lejana y difusa (a la manera de los enigmáticos fondos que serán característicos siglos después del simbolista Julio Romero de Torres en sus lienzos), que representa el encuentro epifánico que Osanna habría tenido con un ángel a muy temprana edad, en plena naturaleza exuberante, es decir, un clásico *locus amoenus*. Mientras que, en primer plano asistimos a una escena alegórica, presidida por el Espíritu Santo, donde contemplamos a la misma Osanna en compañía de la Virgen María -quien, según su narración hagiográfica, habría enseñado a la joven latín y Escrituras Sagradas, después de que su padre se negara a concederle los estudios de Teología que deseaba-. Al ángel que, en compañía de la Virgen le hace entrega de la cruz que evoca la Pasión de Jesucristo que a ella le sería dado revivir en su propio cuerpo, lo acompañan, en la parte superior, que representa el plano celestial, multitud de querubines y angelotes triunfantes, que sostienen instrumentos musicales, libros de salmos o abundantes guirnaldas de flores cuya abundancia resulta especialmente llamativa en todo el cuadro, destacando en primer plano, junto a la protagonista, las clásicas azucenas que -ya lo hemos repetido- se consideran atributo por excelencia de estas mujeres espirituales, y que serán características de Orsola Maddalena Caccia, especializada en motivos florales y cuya firma en los lienzos será, de hecho, una flor (Roldán, 2020: 71-73).

Y en cuanto al ámbito geográfico objeto de *Las venas de los lirios,* no se puede olvidar el ejemplo que encontramos en la culta autora renacentista Catalina de Mendoza, sobrina nieta del célebre Diego Hurtado de Mendoza, poeta y autor de la *Guerra de Granada*, quien se mostró dotada para las letras, la música [65] y las artes, destacando varios retratos de su autoría (entre ellos, el del pintor holandés Godfried Schalcken), así como pinturas de flores y bodegones.

Siglo y medio más tarde destaca la polifacética Ana Verdugo de Castilla, quien desde su más temprana juventud compatibilizó una esmerada educación con el cultivo de sus dos vocaciones, literaria y artística, a la que se vino a unir la vocación religiosa, consumada a la crística edad de treinta y tres años [66] (en 1729), cuando entró en el convento del Santo Ángel Custodio. Sólo que su caso, lejos de asfixiar los muros del convento su luz, se trató de una vocación elegida y sumada a las otras dos, por lo que la elección voluntaria del claustro le permitió seguir desarrollando su propia voz.

En el siglo siguiente manifestó también una esmerada sensibilidad artística y cualidades para la pintura María Emilia Riquelme y Zayas, de la que, por ejemplo, puede admirarse un jarrón con un profuso ramo de flores, que, firmado con sus iniciales, aparece en la biografía que de ella escribió Carlos Ros (Ros, 2010: cuadernillo central de fotos sin numerar).

Pero, como quiera que se han mencionado en relación con Osanna Andreasi estos tres fenómenos tan asociados con la mística femenina: intercambio de corazón con Cristo, matrimonio místico y estigmas, ya se adelantó que estos últimos fueron recurrentes en el caso de Beatriz María de Enciso, comenzando a manifestársele cuando aún vivía en casa de sus padres:

> En uno de los días de esta Pasqua, estaba la venerable Beatriz mirando las palmas de sus manos, y sus Padres, que observaban

---

[65] Son relativamente abundantes las mujeres recogidas en el presente volumen que mostraron, así mismo, especial sensibilidad para la música, como Ángeles Cabrera Carrasco, María Emilia Riquelme, Conchita Barrecheguren, o Luisa Granada Altamirano (cuyas coplas musicadas se cantaban en el convento de las Carmelitas Descalzas).

[66] Con llamativa coincidencia, también su compañera de convento, si bien, del siglo anterior, Beatriz María de Enciso (siglo XVII), entraría en el convento a la misma simbólica edad de treinta y tres años, en 1665.

todas sus acciones, hasta las más indiferentes, le hicieron instancias para que les dixesse lo que entonces miraba. La humilde hija les pidió que le guardasen secreto, y aviéndolo ofrecido, les manifestó los efectos, que en sus manos perseveraban, de los antecedentes sucesos. Vieron en las palmas unas manchas cárdenas, y en el medio una señal mayor, como de agujero, o herida, que no avía acabado de cerrarse, y por la parte superior de las mismas manos correspondía otra semejante señal, pero de menor tamaño. Enterneciéronse los Padres, viendo aquella maravilla" (Montalvo, 1719: 40)

Aunque, como ha quedado dicho, la aparición de los estigmas fue anterior a su ingreso en el convento, quizás resulte significativo mencionar un hecho que tal vez permita examinar a nueva luz estas reiteradas manifestaciones. Y es que, seis años antes de que naciera esta notable visionaria, había tenido lugar la fundación de este convento bajo la advocación del Santo Ángel Custodio, fundación que se debe a una figura de alto rango, como fue María de los Cobos Centurión y Córdova, marquesa de Camarasa. En su niñez ingresó furtivamente a los diez años en el convento de Santa Clara de Estepa (Sevilla), donde profesó a los dieciséis con el elocuente nombre de sor María de las Santísimas Llagas de Cristo Redentor. Buscando una vida más austera y penitencial, vino a Granada, donde, con el patronazgo de su padre, fundó en 1626 el citado convento, con un total de cinco monjas, en representación precisamente del número de las llagas de Jesucristo (Madero López, 2014: 140-141).

También la franciscana terciaria, María Gertrudis Martínez del Hoyo Tellado (sor María Gertrudis del Corazón de Jesús), del monasterio de la Concepción, manifestaría, ya en el siglo XVIII, los crísticos estigmas, especialmente durante los periodos de Cuaresma, al tiempo que recibía mensajes y revelaciones, y que entablaba una íntima y recóndita comunicación con Dios.

En cualquier caso, se deberían recordar aquí las palabras de Bynum, cuando afirma que, a pesar de la evidente fama de San Francisco, y del ya contemporáneo sonado caso del Padre Pío, ningún varón más a lo largo de la historia ha reivindicado cinco marcas de los estigmas de Cristo. "Sin embargo, [...] encontramos docenas de afirmaciones [...] referidas a mujeres" (Bynum, 1990: 168). De hecho, aunque el caso del santo de Asís pudiera haber sido el primero y más notorio, "los estigmas rápidamente llegaron a ser milagros propios de la mujer, y sólo en el caso de las mujeres las heridas estigmáticas sangraban periódicamente" (Bynum, 1990: 168).

En cuanto a los otros dos fenómenos -intercambio de corazón con Cristo y matrimonio místico-, tan sólo se guarda -que se sepa- testimonio del primero en el caso de Gabriela Gertrudis de Tapia y Acosta, de quien se conservan dos redondillas compuestas por la religiosa, en que plantea, interpelando a los ángeles, ese piadoso dilema:

> Ángeles, una de dos,
> sacadme de confusiones:
> o tengo dos corazones,
> o vivo con el de Dios.
>
> Ángeles, yo ya salí
> de mi antigua confusión;
> de Dios es mi corazón,
> pues me lo dio y se lo di (*apud* Morales Borrero, 1995: I, 419 y 420)

Pero no será, ni mucho menos, su único testimonio al respecto, ya que, en la *Vida que de su mano escriuió la Venerable Madre Gabriela de S. Ioseph* (cuyo original, lamentablemente, no se ha conservado, pero que sirvió tan sólo dos años después de su muerte, en 1703, para que Manuel de San Jerónimo, O.C.D. escribiera su *Edades y Virtudes, Empleos, y Prodigios de la V. M. Gabriela de San Ioseph, religiosa Carmelita Descalza*) se localizan pasajes muy explícitos en cuanto a profundidad espiritual, y donde la vía unitiva se revelará en ella mediante un intercambio místico de corazones con el Amado:

> Estando yo un día habrá unos ocho meses muy fatigado mi corazón, díjele a mi Señor: "¿qué haré amor mío, cómo viviré yo en esta vida?". Díjome mi Señor: "hija mía, mira tu corazón; te lo traigo aquí para que lo veas. Y sabe que éste es el que te puse, *que mudé corazón contigo*". El cual estaba abierto por la parte de arriba y salía dél una llama grande (*apud* Morales Borrero, 1995: I, 418).

Las imágenes ígneas resultarán frecuentes para intentar con palabras humanas describir tan intensas vivencias místicas. Así, Gabriela Gertrudis manifiesta que "si tengo de decir la verdad siempre arde mi corazón porque ya no es el mío sino el de mi Señor. Y no diré más en este punto" (*apud* Morales Borrero: I, 417).

Y con respecto al matrimonio místico, o íntima unión amorosa del alma con Dios, como es de sobra conocido, hay ilustres antecesoras, como las santas Catalina de Siena, Rosa de Lima, o la propia Teresa de Jesús, a quien debemos sustanciosísimas definiciones de lo que supone el desposorio espiritual con el amado Esposo, que conjugan metáforas e imágenes de especial poder evocador, junto con la recurrente alegación a la inefabilidad de la experiencia, imposible de traducir con palabras. Así, en su obra *Conceptos del amor de Dios*, inspirada en el *Cantar de los cantares*, leemos:

> Verdad es que quando este esposo riquíssimo las quiere enriquecer, y regalar más, conuiértelas tanto en sí: que como una persona que el gran placer y contento la desmaya, le parece al alma se queda suspendida en aquellos diuinos braços, y arrimada a aquel diuino costado, y aquellos pechos divinos, y no sabe más de gozar, sustentada con aquella leche diuina con que la va criando su esposo, y mejorándola para poderla regalar, y que merezca cada día más (Teresa de Jesús, 1611: 86-87)

Además de la alusión al "divino costado", que nos puede evocar nuevamente, sin duda, las fértiles connotaciones del *vulnus lateris* ya comentadas, se aprecia también con nitidez la doble cualidad de Jesucristo, amante y maternal a la vez, capaz de sustentar a su elegida amada con "aquella leche divina". Y es que, como bien explica Rebeca Sanmartín, "Lo más interesante de las imágenes lactantes de Teresa de Jesús es que funden la visión de la maternidad con el lenguaje del deseo, es decir, al Esposo con la Madre en la divinidad, de una manera bastante novedosa" (Sanmartín Bastida, 2015: 72).

La intensidad y singularidad de estas experiencias resultarán para sus protagonistas imposibles de trasladar con propiedad al lenguaje humano. Así pues, también Gabriela Gertrudis de San José, al igual que otras muchas de sus compañeras privilegiadas por arrobos y visiones, se referirá a la inefabilidad de su vivencia. Y lo hará con un testimonio precioso, de singular expresividad, que manifiesta de manera harto elocuente lo no-transmisible de la experiencia vivida, que la deja literalmente sin palabras, puesto que el lenguaje humano resulta insuficiente:

> Y volví llena de gusto y llena de pena por faltar aquella amenidad y grandeza, porque lo que allí vide y gocé no puede mi lengua referir, que soy muda; sólo diré a [67] (*apud* Morales Borrero, 1995: I, 424-425).

La profunda pena que aflige a Gabriela Gertrudis de San José remite a una antigua palabra griega, *póthos*, idónea para reflejar este "deseo de lo

---

[67] Esa inefabilidad que tan expresivamente refleja Gabriela Gertrudis se encontrará con frecuencia en los textos místicos. Así se puede recordar una elocuente -y bella- cita de Matilde de Magdeburgo en *La luz fluyente de la divinidad* que recuerdan Cirlot y Garí: "Y en esa necesidad de escribir, Matilde está constantemente situada ante lo indecible, según es característico de la experiencia de amor místico: 'Estas son las palabras del canto,/ pero las voces de amor y el dulce sonido del corazón/ deben ser silenciados,/ pues no hay mano humana que pueda describirlo'" (Cirlot y Garí, 2021: 144)

ausente o lo inalcanzable, un deseo que hace sufrir porque es imposible de calmar" (Vallejo: 2020: 32). *Póthos* era, en realidad, un nombre propio: el de uno de los acompañantes del séquito de Afrodita, de la que muchas fuentes clásicas lo hacen hijo. Representando, por tanto, el anhelo amoroso, *Póthos* evoca el deseo de lo que está ausente, de lo que no se puede alcanzar ni tener con plenitud, por lo que causa sufrimiento: "¡Ay!, ¿quién podrá sanarme?", "y déxame muriendo/ un no sé qué que quedan balbuziendo" (Juan de la Cruz, 1983: 248). En efecto, lo que tan magistralmente expresan los versos del místico abulense, consciente de que "la dolencia de amor" sólo se cura "con la presencia y la figura" (Juan de la Cruz, 1983: 249).

"Presencia y figura" que se manifiestan en los momentos de éxtasis místico que encontramos en las vivencias de estas autoras, que con tanta frecuencia destacan por su intensidad extrema. Es el caso, por ejemplo, de la también carmelita descalza en Úbeda, María Machuca de Haro (sor María de la Cruz), en cuyos textos se encuentran pasajes como el que sigue, en el que intenta explicar, con un léxico que apela a la sublimación de los sentidos, la profunda unión con el amado divino ocasionada por el sacramento de la Eucaristía, que propicia una fusión completa en el Amado:

> ¿Qué piensas, alma, que es esto, sino que entrando en el alma bocado de amor, fuego divino, luego este amante sagrado le da un abraço tan fuerte de amor que ya no es ella, sino el mismo Señor en ella? Es una unión de estos dos amantes [tal] que toda el alma está hecha un retrato bibo de Dios, y es otro Christo por participación del bocado de amor que comió. Y es tan en extremo esta unión que aquí reçibe, que toda ella está ya no en sí misma, sino en Dios bibo porque entre Dios y ella no ay entonçes medio (*apud* Morales Borrero, 1995: I, 517).

No obstante, entre las religiosas granadinas aquí incluidas, sin duda una de las más explícitas (y reiterativas) en cuanto a la consideración del matrimonio místico será nuevamente Beatriz María de Enciso, quien, según recoge su hagiógrafo, experimentó vivencias diversas de fusión con la Divinidad:

> El Miércoles seis de Mayo, Vigilia de la Ascensión del Señor, en aquel año de mil seiscientos y ochenta y dos, estando Sor Beatriz en Completas, se halló llamada del Soberano impulso, y sin valerle la resistencia, quedó absorta en maravilloso extasi [*sic*],

perseverando en pie por espacio de cinco quartos de hora, immoble el cuerpo, pero muy remontado el espíritu. Llegó a ser tan íntima la unión con su Soberano Esposo, que le parecía estaba el Alma tan separada del cuerpo, que de él no tenía más dependencia que la de una fútil hebra de hilo [68], que era el de la mortal vida (Montalvo, 1719: 276)

También a sor Juana Úrsula de San José, carmelita de la Antigua Observancia, le sería dado experimentar el Matrimonio Espiritual, "por favor y misericordia" del Señor, según se relata pormenorizadamente, no sólo en su prolija autobiografía manuscrita, sino también en la *Vida Admirable y Portentosa de la exemplarísima Virgen la Ble. Me. Sr. Juana Úrsula de Sn. Josef,* escrito en 1784 por fray Gabriel de Santiago, conservado manuscrito en tres volúmenes en el archivo conventual.

En cualquier caso, y más allá de la indescriptible experiencia al alcance tan sólo de unas cuantas almas escogidas, la propia consagración a Dios por parte de las mujeres que elegían enclaustrarse en esa vida contemplativa y dedicada al sumo Amor ya estaba oficialmente conceptuada como un desposorio [69], de modo que el ritual de ingreso en el monasterio presentaba una solemne liturgia en la que la joven, vestida de blanco y ataviada como una novia, usualmente con una corona de flores en la cabeza (en algunas congregaciones, incluso de azahar, símbolo clásico de virginidad), era entregada con imponente ceremonial a su Divino Esposo. Durante dicho acto, en que las mujeres formulaban sus primeros votos, se las despojaba de su albo traje nupcial, se les cortaba el cabello, y se llevaba a cabo la fundamental vestición del hábito de la Orden en cuestión, aunque eso sí, con el velo blanco que indicaba su estatus de novicia. Más adelante (uno, dos o tres años después, dependiendo de las Órdenes y de las distintas épocas), se llevaba a cabo la formulación de votos perpetuos, en otra importante ceremonia, en que se les entregaba el anillo que las señalaba como casadas con el Señor. Como bien explica Julia Lewandowska, "De acuerdo con el imaginario de la cultura dominante, la religiosa funcionaba dentro del marco simbólico del matrimonio espiritual: tomaba el velo, se unía con su celestial Esposo en las bodas

---

[68] Montalvo utiliza no por casualidad esta metáfora simbólica de reminiscencias mitológicas, puesto que, en el momento de narrar el fallecimiento de Beatriz de Enciso, recurrirá a la imagen de la hermana hilandera de la cultura grecolatina: "fatal la Parca extinguió las luzes de tu mortal vida" (Montalvo, 1719: 416).

[69] Así, queda plenamente justificado que el clásico estudio de Asunción Lavrin lleve por título *Las esposas de Cristo* (Lavrin, 2016).

espirituales y, gracias al voto de castidad, se le asignaba el papel de *esposa de Cristo*. Se adelanta aquí que esta nomenclatura será reforzada, reasimilada y aplicada con matices propios en los textos de las monjas, y, sobre todo, en su poesía mística" (Lewandowska, 2019: 182).

Exactamente ataviada como una novia entró en el convento de las Madres Capuchinas de Jesús y María la joven Mercedes Carreras Hitos, como puede observarse con detalle en la fotografía adjunta. Con diadema nupcial, velo de encaje y ornamentado vestido, con joyas y preseas diversas [70] hizo el 21 de noviembre de 1896 su toma de hábito y profesión religiosa en la Orden inicialmente elegida, donde trocaría su nombre en el siglo por el de sor Trinidad del Purísimo Corazón de María. Años después su profunda inquietud y una intensa devoción por el Santísimo Sacramento de la Eucaristía la llevaría a fundar la nueva Congregación anteriormente comentada.

En este sentido, resultan especialmente llamativos los retratos de la tipología conocida como "Monjas coronadas", subgénero pictórico dominante en la Nueva España durante los siglos XVII-XIX, en que las familias acomodadas cuyas hijas estaban a punto de recluirse de por vida en el convento, es decir, habitualmente, en el momento de la toma de votos perpetuos, contrataban a pintores de gran maestría para poder conservar en el hogar la imagen inmortalizada de la joven que se despedía del mundo. Como representaba de igual modo una muestra del poderío económico de la familia, se intentaba buscar al artista más prestigioso y la novicia se presentaba suntuosamente ataviada, con una muy elaborada corona de flores, de estilo completamente barroco, rizadas velas de igual adorno floral, palmas entretejidas, vistosos medallones con santos o emblemas alegóricos pintados, y, con mucha frecuencia, también con una primorosa imagen del Niño Jesús (tan unido siempre a las monjas, como ya hemos tenido ocasión de ver), elementos todos ellos que solían encerrar profundos contenidos simbólicos. Como bien expone Alma Montero Alarcón, especialista en el tema, sobre el que ha llevado a cabo diversas publicaciones, así como exposiciones monográficas, el ceremonial de profesión para el que se preparaban estas doncellas cuyos padres

---

[70] Victoria Cirlot y Blanca Garí, en su fundamental *La mirada interior. Mística femenina en la Edad Media* (que ha alcanzado una edición ampliada en 2021), se refieren a "la actualización del Cantar de los Cantares que proponía a la monja como esposa de Cristo" (Cirlot y Garí, 2021: 41) ya en los monasterios femeninos desde el siglo XII, recordando como ejemplo especialmente significativo a este respecto el protagonizado por la en tantos aspectos pionera Hildegarda de Bingen, "que en su monasterio de Rupertsberg vestía a sus monjas de seda blanca y coronas para mostrar así mejor que ellas eran las novias de Cristo" (Cirlot y Garí, 2021: 41).

probablemente no volverían a ver en vida aludía al "ajuar de lujo que portaba la novia en el encuentro con el Bien Amado. Sin duda, estas alegorías encontraron campo fértil en el barroco novohispano que adornó con suntuosos hábitos, velas joyas, flores y otras galanuras a las jóvenes en el momento de sus matrimonios místicos con Jesús, en un alarde de riqueza y solemnidad, como es posible comprobar en numerosos retratos, ceremoniales y sermones" (Montero Alarcón, 2002: 156).

Mercedes Carreras Hitos, al ingresar en el convento, 21 de noviembre de 1896.

Aunque la parafernalia de tales ceremonias se ha ido simplificando con el paso del tiempo, y los votos perpetuos no implican ya en modo alguno ese total ocultamiento del mundo, y esa despedida para siempre de familia y seres queridos, la profesión se sigue considerando como un desposorio con el Amado celestial. De hecho, la carmelita descalza Ángeles Cabrera, ya a sus setenta y nueve años de edad, y con más de cincuenta de vida religiosa, dejó escrito el 21 de septiembre de 1974:

> La que quiera ser Carmelita Descalza debe entrar con la única ilusión de amistad con el Señor, de ansias de unión con Dios, de escalar la Monta [*sic*. Debe de tratarse de una errata por "Montaña"] Santa, hasta llegar al desposorio espiritual y al sublime Matrimonio espiritual, para así cumplir su vocación *total* de perfecta contemplativa y gran apóstol de las almas, apostolado oculto, escondido, pero siempre eficaz, pues procede de la unión con Dios que nada le podrá negar (Cabrera Carrasco, 1998. 483).

Así, más de tres siglos antes, la también carmelita descalza sor María de la Cruz había dejado escrito en su preciosa obra titulada *De las aguas que están sobre los cielos* (1633-1634) que el alma que persevera "en la fe del amor fiel y la profunda humildad, llega a tan alto estado de amor que se llama *matrimonio spiritual* del alma con Dios; que aunque llamamos unión a todo, ase de advertir que en este estado del contacto o grande apegamiento del spíritu con la divinidad es sin comparación más que unión ordinaria, porque la unión es, como lo diçe nuestra gloriosa madre sancta Theresa, uno como conçierto que se hace entre dos desposados" (*apud* Morales Borrero, 1995: I, 569).

Al fin y al cabo, recordemos un fragmento ya alegado al comienzo de este estudio introductorio, donde Tomás de Montalvo se refería a las religiosas enclaustradas con la consabida imagen floral del puro lirio blanco, cultivando sus cualidades espirituales como novias que se atavían para aguardar al Esposo. Así, estas "Angélicas Heroynas, que despreciando el mundo, se acogieron al Religioso Jardín, donde como cándidas azuzenas, sólo atendieron a multiplicar candores, y fragancias, acaudalando virtudes, y haciendo thesoro grande de méritos, con que se adornaron para las Celestiales bodas" (Montalvo, 1719: s.p. [12]).

Si bien esta concepción del "desposorio místico", inspirada, sin duda, en el epitalámico *Cantar de los cantares*, se muestra tan sólo como una expresión aproximada de lo que la vivencia íntima de fusión va a considerar de todo punto inefable, tampoco se puede perder de vista que, como bien apuntan Victoria Cirlot y Blanca Garí, hay que tener en consideración un innegable cristocentrismo que resulta central en buena parte de la mística femenina, lo que faculta, precisamente, que la mujer adquiera "ese lugar tan significativo en la mística europea, pues en esa exigencia de adecuación entre el plano literal y el simbólico, solo ella puede convertirse íntegramente, como persona total en cuanto a cuerpo y alma, en esposa de Cristo y dar rienda suelta a una emoción y afectividad en la que el cuerpo se verá absolutamente implicado" (Cirlot y Garí, 2020: 194).

Muy curiosa resulta en este sentido la metáfora que utiliza la capuchina sor Úrsula de San Diego en los primeros años del siglo XVII al comienzo del Capítulo I de su obra (ampliamente difundida en la época, y reeditada incluso en la América hispana en los siglos posteriores) *Convento espiritual*, donde va relacionando distintos aspectos de Cristo con las diferentes partes del monasterio donde sus esposas espirituales consagran su vida a la devoción del Amado:

> El sitio, y cimiento de este convento es, la humanidad de nuestro Redemptor, la puerta, la buena y determinada voluntad; la torre, su coronada cabeza; las ventanas de recreación, las cinco llagas; el Coro, el corazón de Dios humanado; el retrete para la oración retirada, y para la contemplación es la Divinidad: las monjas, que le habitan, las virtudes, que exercitó nuestro Redemptor Jesu-Christo viviendo en carne mortal, pues sólo en él vivieron de asiento, y contentas como en su propio centro (San Diego, 1813 :3-4).

Este cristocentrismo se plasmará también en la marcada asunción de Cristo como modelo que se encuentra en buena parte de nuestras visionarias, por lo que con frecuencia hallamos en sus biografías o autobiografías pasajes en los que, no sólo meditan, recuerdan o se inspiran en la Pasión y muerte del Hijo de Dios, sino que llegan incluso a somatizarlas hasta tal punto que sus cuerpos se convierten en *imitatio* de estos padecimientos. Probablemente el caso más claro que se puede recordar de las autoras granadinas sea, nuevamente, el de Beatriz María de Enciso, quien los viernes solía quedar repentinamente en forma de cruz, con los brazos tan rígidos que -según el testimonio de su biógrafo- resultaba imposible movérselos. Así permanecía durante tres horas, hasta que daba la sensación de que expiraba, siguiendo en todos los pasos del sufrimiento experimentado por Jesucristo (como se puede ver en el ejemplo siguiente, hasta llegaba a pronunciar las últimas palabras de Cristo en la cruz). Y justo era en esos momentos de correspondencia con la muerte cuando se producía un éxtasis unitivo:

> A este tiempo se agravaron con vehemencia los dolores, y a las dos y media se manifestaron su Santo Ángel Custodio, y N. P. S. Francisco con una Cruz de color verde donde la clavaron, y la Sierva de Dios padeció crucificada las agonías, y tormentos, que en semejantes ocasiones experimentaba. A las tres de la tarde, diciendo con clara voz: *In manus tuas Domine commendo Spiritum meum*, quedó como difunta, y fue quitada de la Cruz,

engolfándose su Alma en profundo éxtasi [sic]. Fue entonces elevado su espíritu a íntima unión con su amado Dueño: y el Señor dulcísimamente la consolaba (Montalvo, 1719: 42).

Estos episodios, que al parecer eran continuos en el devenir de tan extremada visionaria barroca, quedarán reflejados página tras página en la biografía de Tomás de Montalvo, basada, como ya se indició, en el texto *Relación de su vida y favores divinos* que había escrito ella misma pero que, por desgracia, se perdió en fecha indeterminada:

> Quando en este Viernes la V. Beatriz hizo la demostración de espirar, y quedó en la quietud del Rapto, se halló su espíritu en unión muy estrecha con su amado Esposo, de quien recibía Celestiales favores. Decíale su Magestad con grande cariño, que en ella tenía sus delicias, pues al modo que los Príncipes suelen labrar para su recreo, y diversión hermosos jardines, o Casas de Campo, la Magestad divina la había criado, y adornado de gracia, para recrearse en su obra misma (Montalvo, 1719: 42).

Si bien la imitación de los padecimientos de Jesucristo resultó generalizada durante siglos para las religiosas católicas, el extremo de reproducir el tormento de la cruz, aunque en absoluto fuera inusual, no se mostró tan masivo como otras prácticas de penitencia. Si en el caso que acabamos de presentar de Beatriz María de Enciso, vemos que la crucifixión no es voluntaria ni consciente, sino somatizada a partir de la presunta intervención de personajes sobrenaturales, sin embargo, se pueden registrar casos llamativos en que la voluntad de la mujer era la que la llevaba a imponerse tal mortificación, destinada a propiciar la creación de un cuerpo santificado por el dolor. Por ejemplo, sor Juana Úrsula de San José, carmelita de la Antigua Observancia, acostumbraba a dormir sobre una cruz. Ángel Peña Martín recoge, además, un sorprendente testimonio histórico de la segunda mitad del siglo XVIII, que demuestra que en el monasterio de Jesús y María de Granada (donde más tarde ingresará inicialmente Mercedes Carreras Hitos) "llegó incluso a existir un aposento propio para este fin" (Peña Martín, 2013: 183), donde las monjas capuchinas

> en forma de Crucificadas al Señor por el tiempo que las es permitido por sus Prelados, y Directores, en el Santo Madero, que a este fin tienen en el Aposento, que llaman de la Cruz. Enmedio de esta estancia poblada de muchas armas, todas de penitencia,

con que hacen otros muchos penales Exercicios, se halla arrimada a una pared una Cruz de gruesso, y altura, capaz de estar en ella qualquiera Religiosa. Tiene al pie dos escarpias con agudas puntas, sobre las que estrivan las plantas de los pies descalzos, y otras dos en los brazos, cubiertos de cilicios para mantener las manos; y en medio una argolla, en que entrando el cuello, quedan como crucificadas. Tres horas son las que desean todas sufrir esta penitencia, en memoria de las tres que padeció el Señor en la Cruz Santa de nuestra Redempcion, y la que puede más, esta sale más consolada, y alegre, porque saben lo mucho que se agrada su Magestad de ver a sus Esposas en aquel nuevo Calvario (Fernández Moreno, 1768: s.p.).

En relación con este cristocentrismo y con la asunción crística como modelo, podemos recordar el caso de la delicada y profunda María de la Cruz, de la que tenemos constancia de que una de sus obras tristemente perdidas, *Espejo del Alma esposa*, consistía en una descripción simbólica de todos los elementos del rostro y la cabeza de la Amada, que es el "Alma esposa", a la que Dios, el Esposo, envía "un espejo admirable en que se mirase ella para aderezarse, que era como la representación, reflejo o imitación de Cristo" (Morales Borrero, 2001: 35).

La interiorización de este modelo perseverará en las autoras religiosas a lo largo del tiempo, reactualizándose según las circunstancias históricas, sociales y culturales dominantes en cada momento. En este sentido, destaca un hermoso poema fuertemente simbólico, titulado "Coronas", que en 1925 publica una significativa figura como Cristina de Arteaga, procedente -como ya se comentó- del estamento nobiliario y que se caracterizaría por su completa formación cultural, su trabajo erudito y la sensibilidad de su obra poética. En el poema, de cuatro estrofas que presentan abundantes metáforas, símbolos, paralelismos y anáforas, además de exclamaciones e interrogaciones retóricas, se muestra claramente una voz poética en primera persona que se dirige a un "tú", un "Tú" con mayúscula, expresamente invocado mediante el vocativo "Señor". Además, mediante imágenes metafóricas se rechazan las glorias mundanas: el estatus social, el honor y el poder, el reconocimiento artístico y el amor terreno, para preferir un camino de renuncia, sacrificio y penitencia, de imitación de la trayectoria del Amado:

¿Para qué los timbres de sangre y nobleza?
Nunca los blasones
fueron lenitivo para la tristeza

de nuestras pasiones...
¡No me des corona, Señor, de grandeza!

¿Altivez? ¿Honores? ¡Torres ilusorias
que el tiempo derrumba!
¡Es coronamiento de todas las glorias
un rincón de tumba!
¡No me des siquiera coronas mortuorias!

No pido el laurel que nimba el talento,
ni las voluptuosas
guirnaldas de lujo y alborozamiento.
¡Ni mirtos ni rosas!
¡No me des coronas que se lleva el viento!

Yo quiero la joya de penas divinas
que rasga las sienes...
¡Es para las almas que Tú predestinas.
Sólo Tú la tienes!
¡Si me das corona, dámela de espinas! (Arteaga, 1925: 43-44)

"Yo quiero la joya de penas divinas/ que rasga las sienes...". Estos dos versos nos invitan a retomar el tema de la importancia que adquiere el cuerpo en la mística femenina; no sólo serán Cirlot y Garí quienes pongan el acento en esta cuestión, reiterada a lo largo de los siglos: "En la mística femenina el amor a Dios no es una idea, sino una experiencia terrible en la que el alma arrastra al cuerpo a participar en ella" (Cirlot y Garí, 2021: 42), conjugando gozo y dolor como dos inseparables caras de una misma moneda. Quizás esta consideración serviría también para entender lo que se nos narra en el capítulo 15 de la *Vida Admirable y Portentosa de la exemplarísima Virgen la Ble. Me. Sr. Juana Úrsula de Sn. Josef,* quien, no conformándose con la metafórica o simbólica corona, "Arde en deseos [...] de padecer e Ymitar a Jesu-christo en los dolorosos pasos de su Sagrada Passión: haze diligencias mui vivas por encontrar una Corona de Espinas; husa de ella y la favorece Jesu Christo S. N. con indecibles favores" (Santiago, 1784: s.n.). Esta visionaria granadina, carmelita de la Antigua Observancia, llevaría de igual modo hasta el extremo la vivencia interiorizada de los sufrimientos de Cristo, que, como se puede apreciar en este retrato anónimo (*Vera effigies*) conservado en el convento, sujeta con tan ferviente fuerza el crucifijo que por su mano derecha llegan a correr hilos de sangre.

Retrato de la Venerable Madre sor Juana Úrsula de San José.

Así también, como ya se adelantó, Caroline W. Bynum explica atinadamente que las mujeres tienden a somatizar la experiencia religiosa, y utilizan, de este modo, un lenguaje en extremo físico para referirse a los encuentros divinos:

> Las mujeres hablan normalmente de saborear a Dios, de besarle intensamente, de adentrarse en su corazón o en sus entrañas, de ser cubiertas por Su sangre. Desde una perspectiva moderna, las descripciones que estas mujeres hacen de sí mismas o a menudo de otras mujeres, desdibujan completamente la línea que separa lo espiritual de lo psicológico por un lado, y de lo corporal e incluso sexual, por otro (Bynum, 1990: 171).

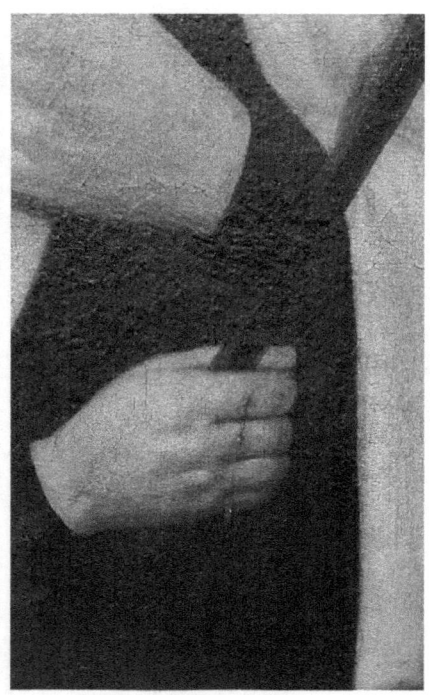

*Retrato de la Venerable Madre
sor Juana Úrsula de San José (detalle).*

Y esto nos lleva a plantear otro aspecto de importancia nada desdeñable en relación con estas místicas, visionarias y *santas vivas* objeto de nuestra atención, y que viene dado por una consideración arraigada por parte de la Iglesia Católica, que de manera tradicional ha juzgado que la incorruptibilidad del cuerpo de una persona aureolada ya con fama de santidad en vida constituía una suerte de prueba adicional de esta. Manifiesta de alguna manera la creencia de que no sólo el alma obtiene su recompensa tras la muerte, sino también el cuerpo de aquella persona señalada especialmente por Dios. De este modo, plantea Bynum -incidiendo de nuevo sobre la habitual somatización femenina- que "Los trances catatónicos y las inedias milagrosas en las vidas de las mujeres santas, del mismo modo que los cuerpos incorruptos descubiertos a veces fuera de la tumba, pueden ser fácilmente interpretados como un logro que se anticipa a la incorruptibilidad final y a la impasibilidad del cuerpo glorificado en el cielo" (Bynum, 1990: 200).

En este sentido, se pueden destacar los casos de varias de las autoras aquí recogidas, especialmente el de la carmelita de la Antigua Observancia sor Juana Úrsula de San José, que falleció en Granada el 6 de noviembre de 1683, a los cuarenta y seis años de vida religiosa, y el de la carmelita descalza Gabriela Gertrudis de San José, que murió en Úbeda el 12 de enero de 1701, a los setenta y tres años, y tras casi cincuenta y tres de vida religiosa.

En el primero de los casos, la documentación conservada en el archivo conventual muestra que, a la semana de producirse el óbito, el cuerpo se encontraba con sus miembros flexibles y apariencia lozana, y exhalaba un claro perfume a flores, lo que contribuyó a afianzar la fama de santidad de que ya gozaba. Además, con ocasión de los disturbios que se produjeron durante el periodo de la Segunda República, las monjas decidieron sacar todos los restos de sus antecesoras que descansaban en la cripta conventual, para evitar posibles profanaciones, y fue entonces cuando cobraron consciencia de que sor Juana Úrsula había permanecido incorrupta. A fin de protegerlo, se decidió dar sepultura a su cuerpo tras el muro del Coro, aunque se sabe que durante ese traslado se le rompió un dedo, que se ha conservado.

En cuanto a sor Gabriela Gertrudis de San José, dada la fama de santidad que la rodeaba, por los muchos prodigios y manifestaciones sobrenaturales que habían caracterizado su trayectoria, al quedar su cuerpo incorrupto -que se conservó con veneración durante siglos en el monasterio de la Purísima Concepción de Úbeda, vestido con su hábito, hasta que en fecha reciente se decidió darle sepultura junto al altar de la Iglesia conventual- su aureola espiritual aumentó aún más. Como quiera que la ciudad ya había vivido un siglo antes el expolio furtivo y con nocturnidad de los restos de san Juan de la Cruz del lugar donde había fallecido, se tomaron en este caso medidas extremas de seguridad para salvaguardar el cuerpo de quien, en efecto, el pueblo daba ya por santa (pues había sido, propiamente, una *santa viva*). "Por ello se acordó echar tres llaves al arca que contenía el cuerpo de la Venerable, custodiadas por diversas instituciones", como indica la página web de la Federación de la Virgen del Carmen [71]. Número simbólico tan cargado de significado en la tradición religiosa y cultural [72], que no resulta sorprendente que se vea multiplicado por tres en el caso del modelo a seguir, es decir, santa Teresa

[71] Cf. https://federacionvirgendelcarmen.wordpress.com/conventos/ubeda/hermanas-singulares/.
[72] Tres llaves serán de igual modo las que custodien el arca que guarda en este caso los documentos, manuscritos y cartas de otra célebre mística española del siglo XVII rodeada de aureola de santidad, cuyo cuerpo también permaneció incorrupto, como es la concepcionista Venerable Madre María de Jesús de Ágreda, famosa por experimentar al parecer fenómenos de bilocación que la habrían llevado incluso a predicar al Nuevo Mundo.

de Jesús, cuyo cuerpo incorrupto (sometido, como es bien sabido, a disputas, traslados y mutilaciones a fin de multiplicar las reliquias) yace en el monasterio de la Anunciación de Nuestra Señora de Alba de Tormes, custodiado por nueve llaves, de las cuales tres obran en poder de la Casa Ducal de Alba.

De alguna manera, la especial relación de las mujeres espirituales con el cuerpo parece condicionar también este final portentoso (tan vinculado, por otro lado, con el furor por las reliquias que obsesionó a la Europa cristiana durante siglos), puesto que Herbert Thurston recuerda en un estudio que, de los cuarenta y dos santos oficiales de la Iglesia que vivieron entre 1400 y 1900, las mujeres tan sólo suman seis. Sin embargo, la proporción de incorruptibilidad es contundente, puesto que cinco de ellas permanecieron incorruptas, frente a menos de la mitad en el caso de los varones (Thurston, 1952: 246-252).

De manera mucho más reciente, han quedado incorruptas también dos importantes fundadoras contemporáneas reiteradamente mencionadas, como son María Emilia Riquelme y Zayas-Fernández de Córdoba y Mercedes Carreras Hitos. Ambas figuras se encuentran inmersas en el complejo proceso de canonización por parte de la Iglesia Católica [73], habiéndose, de hecho, declarado la beatificación de la primera en ceremonia solemne celebrada en la Catedral de Granada el 9 de noviembre de 2019, tras de lo cual tuvo lugar una multitudinaria procesión con la urna donde se venera su cuerpo, vestido con el hábito de la Orden que fundara y considerado ya como una reliquia. En cuanto a Mercedes Carreras Hitos, quien falleció el 15 de abril de 1949 en Madrid, su cuerpo se descubrió incorrupto once años más tarde, trasladándose entonces a la Casa General de la Orden, junto con sus escritos y demás pertenencias, conservados en un Museo monográfico [74].

---

[73] Al igual que sucede con el caso de Cristina de Arteaga, cuyo proceso de canonización se abrió el 28 de mayo de 2001, y con Teresa Titos Garzón, cuya causa de beatificación se encuentra abierta. Más llamativo e insólito sería el caso de Concepción Barrecheguren García (1905-1927), conocida siempre como Conchita Barrecheguren y asociada por su efímera y edificante vida, y por la asunción de sus continuos problemas de salud, con la figura de Santa Teresita de Lisieux, cuya ciudad visitaría en peregrinación en compañía de sus padres. Su fama de santidad ya se extendió en vida, hasta el punto de que el mismo año de su fallecimiento se publicaría su hagiografía con el significativo título de *Historia de otra alma* (Vega, 1927) evocando, claro está, la célebre obra de la joven santa carmelita, *Historia de un alma*. De este modo, su causa de canonización se abrió en 1938.

[74] En este sentido, conviene recordar el capítulo "De Cadaverum Incorruptione",

Las cuatro, sumadas a un número notable de las autoras religiosas aquí consideradas, murieron en loor de santidad, es decir, confirmadas por compañeras de Orden, pueblo llano e incluso en muchos casos autoridades y superiores jerárquicos, como *santas vivas*. La confirmación que viene a suponer el modo en que se produce su muerte se presenta acompañada de una serie de circunstancias significativas, que, además, muestran un profundo arraigo en la tradición. Se puede comenzar con la revelación sobrenatural (con diversas variantes) del momento del tránsito a la otra vida. Como bien indica Ángel Gómez Moreno, quien aduce diversos ejemplos, este patrón con el aviso sobrenatural de la inminencia de la propia muerte es muy habitual en las narraciones hagiográficas, y, de hecho, se considera tradicionalmente una suerte de "señal de gracia" que apunta hacia la santidad del elegido (Gómez Moreno, 2008: 122). Los casos más relevantes entre los *lirios* aquí recogidos serían Gabriela Gertrudis de Tapia y Acosta, Beatriz María de Enciso y María Gertrudis Martínez del Hoyo Tellado. En el primero de los casos, Manuel de San Jerónimo deja explicado por escrito con detalle, muy poco después de su muerte, que al expirar el 12 de enero de 1701 se cumplen "las profecías que de sí tenía hechas la venerable Madre" (San Jerónimo, 1703: 181). Por su parte Tomás de Montalvo expresa que "Sor Beatriz tuvo bastante conocimiento de lo próximo de su muerte por algunas circunstancias, que se observaron" (Montalvo, 1719: 416). Pero, además, tal premonición quedó acrecentada por la que experimentó el lego franciscano Francisco Chaves, quien le anticipó a un compañero el próximo óbito de la religiosa, que sería precedido por el suyo, como así se cumplió, ya que falleció de una repentina apoplejía el 14 de febrero de 1702, siguiéndole al día siguiente sor Beatriz María de Jesús, quien entregó su espíritu a las once y media de la noche. Casi justo un siglo más tarde, sor María Gertrudis del Corazón de Jesús iba a morir en el Monasterio de la Concepción el 13 de enero de 1801, habiendo tenido previamente en diciembre una visión de su cercano deceso.

A pesar de la reclusión en el claustro, donde la mayor parte de nuestras protagonistas llevaron una vida contemplativa en conventos de clausura, aisladas del mundo, como la novicia de Charles Allston Collins del cuadro evocado al principio que se mostraba en un jardín aislado por altos muros de las tentaciones y peligros del exterior y del contacto con la sociedad, en

que el ilustrado cardenal Prospero Lorenzo Lambertini (futuro papa Benedicto XIV entre 1640 y 1758) incluyó en su extensa obra en cinco volúmenes titulada *De servorum Dei beatificatione et beatorum canonizatione* (1734-1738), que continúa siendo aún hoy en día la referencia inexcusable en la materia.

buena parte de los casos lo extraordinario de su trayectoria alcanzó tal relevancia que las aureoló de esta repetidamente aludida más que notable fama de santidad en vida. Así puede constatarse por los testimonios que han llegado hasta nuestros días, por ejemplo, en el muy evidente caso de Beatriz María de Enciso, cuyo confesor interpretó que era voluntad divina que trascendieran las vivencias sobrenaturales de su hija espiritual:

> Muy divulgados estaban en la Ciudad de Granada los sucesos de esta admirable criatura; y como las noticias, que entran en la jurisdicción del vulgo, se refieren con variedad, eran también muy diversos los juizios, que los hombres hazían de aquellas exterioridades, formando cada uno el dictamen a la medida de su afecto. Es verdad, que en esta materia no se tuvo la cautela, que parecía conveniente; pero fue este el dictamen del Confessor, que aviendo comenzado a solicitar el secreto, viendo después que la Magestad Divina hazía públicas sus maravillas, pues le repetían los Raptos a la V. Beatriz en la Iglesia, en las calles, y en otra cualquiera parte donde se hallaba, hizo juicio de que el Señor gustaba fuessen en el Mundo notorios aquellos prodigios, y dio permiso para que los registraran los extraños (Montalvo, 1719: 41).

El mismo hagiógrafo indica -con bastante probabilidad de manera hiperbólica- que la notoriedad de sor Beatriz María de Jesús fue tal que su fama traspasó con mucho las fronteras locales, para extenderse por todo el país, y aun incluso alcanzar a otros lugares de Europa, asociándose su nombre en todo momento al del convento en que profesó:

> Fue célebre no sólo en la Ciudad de Granada, donde se miraban con más inmediación sus insignes prendas, sino también en los demás lugares de España, y aun llegaron las vozes de su celebridad a las partes más distantes de Europa. Más que por su propio nombre era conocida por sus heroycas virtudes, y comúnmente la llamaban la Santa del Ángel (Montalvo, 1719: 418).

Tomás de Montalvo relata de igual modo que, al producirse su fallecimiento el 15 de febrero de 1702, la infausta nueva pronto recorrió las calles y plazas de la ciudad, comenzando enseguida a llegar a las puertas del convento multitud de personas que querían verla y venerarla, rindiéndole un último adiós ("astro luminoso, fatal la Parca extinguió las luzes de tu mortal vida, quedando en lúgubres tinieblas de sentidos lamentos la Ciudad de Granada, feliz teathro de sus glorias, dichosa cuna de su oriente, y tumba afortunada de su Ocaso" (Montalvo, 1719: 416). Al parecer, se alzaban innumerables voces que pedían algún objeto que hubiera pertenecido o estado en contacto con Beatriz María de Enciso, adquiriendo así carácter de reliquia. Las responsables del Santo Ángel Custodio distribuyeron entre los enfervorizados devotos pequeños fragmentos de su hábito, sus velos y del habitual cilicio con que mortificaba su cuerpo. Igualmente, se documentó la presencia en el templo de muchas personas que intentaban tocar con alguna prenda u objeto el cadáver de la que fuera considerada *santa viva*. Documentada ya en el siglo X en castellano, la palabra "reliquia" procede del latín *reliquiae* (Corominas, 1983: 501), que significa "restos, residuos", aludiendo incluso a las sobras de la comida. Y como elocuentemente expresa Peter Manseau, "Toda religión es un banquete de vidas santas; las reliquias son sus sobras" (Manseau, 2010: 18).

Por lo demás, Ángel Gómez Moreno se ocupa en su libro *Claves hagiográficas de la literatura española* de las pruebas de santidad consagradas por la tradición a lo largo de los siglos, siendo una de las más habituales la manifestación de fenómenos sobrenaturales que suceden "para anunciar la muerte del santo, de acuerdo con el paradigma de Cristo en el monte Calvario" (Gómez Moreno, 2008: 92). De este modo, recoge abundantes ejemplos: terremotos, nevadas, pedrisco, exhalación de fragante aroma, aparición de una estrella o de resplandor prodigioso, etc. En el ámbito de la santidad femenina, conocido es el caso de Hildegarda de Bingen, a cuyo fallecimiento se originaron dos arcos de refulgentes colores, que se entrecruzaban sobre el aposento, y en cuyo vértice se manifestó una cruz entre órbitas brillantes. Además, el cuerpo de la difunta desprendía un "maravilloso olor a suavidad, dulzura y fragancia" (Cirlot y Garí, 2021: 68), produciéndose al tiempo diversos milagros, como curaciones de personas que, llenas de fe, acudieron a tocar sus restos mortales. Caso en algún modo parecido encontraremos con la granadina Beatriz María de Enciso, cuyo hagiógrafo dedica varias páginas a relatar los portentos acaecidos, comenzando por la luminosa claridad que se extendió sobre el convento del Santo Ángel Custodio en el momento de su tránsito, así como la visión de un "resplandor maravilloso" testimoniada por una religiosa capuchina de Granada -cuyo nombre no se facilita-, que encontrándose en ese momento en oración en el Coro de su convento, lo identificó en el acto como señal de que la *santa viva* había dejado este mundo. Además, quedaron registradas diversas sanaciones de enfermedades y dolencias de personas que se encomendaron a la intercesión de sor Beatriz María de Jesús. Pero, también, a semejanza del notorio caso de su tocaya, la fundadora de las concepcionistas, santa

Beatriz de Silva, cuyo espíritu se manifestó a un sacerdote justo después de su muerte, en los últimos años del siglo XV, Tomás de Montalvo recoge que Beatriz María de Enciso se apareció de igual modo a una anciana monja que llevaba ya casi cincuenta años en el convento, María Elvira Córdoba y Castilla, hija del marqués de Valenzuela, que tomó en su profesión en 1652 el nombre de sor María Elvira de las Llagas (López-Guadalupe Muñoz, 2015a: 2718):

> Al mismo tiempo estaba enferma, y impedida en la cama la Madre Sor María Elvira de las Llagas, muger de insigne virtud, Religiosa del Convento del Ángel; Assistíanla dos Religiosas, y oyeron, que decía: Qué dizes, Beatriz? Preguntáronle el mysterio de aquellas palabras, y respondió Que Sor Beatriz le avía dado buenas nuevas; no examinaron más el caso, más por las buenas nuevas entendieron su muerte, que para los Justos esta es la más alegre noticia, y sucedió a los treze meses (Montalvo, 1719: 417-418).

Pero no fue, ni mucho menos, Beatriz María de Enciso la única escritora granadina que muriera en loor de santidad. De hecho, a finales del siglo XVII, en concreto el 6 de noviembre de 1683, había fallecido sor Juana Úrsula de San José, carmelita de la Antigua Observancia, aureolada ya en vida con fama de virtud extrema, que no hizo sino aumentar en el momento de su muerte, "por sus singulares virtudes y prodigiosos milagros que por su mediación, tanto en vida como después de muerta" (*apud* Martínez Carretero, 2008: 79) se produjeron. A los diversos milagros, atestiguados por autoridades eclesiásticas, se va a unir el olor fragante que exhala su cuerpo incluso días después de producirse el óbito.

También un año antes que Beatriz María de Enciso, en 1701, se había producido el deceso de la carmelita descalza Gabriela Gertrudis de Tapia y Acosta, si bien, claro está, tuvo lugar en Úbeda, en el convento en que había transcurrido su más de medio siglo de intensa vida religiosa. Allí, en el momento de su muerte, según relata su biógrafo Manuel de San Jerónimo, "salió por su boca vna porción de humor fluido de color agradable, a manera de leche, y de olor apacible, cumpliéndose en todo lo que ella auía profetizado" (San Jerónimo, 1703: 181). Se puede señalar, además, que, curiosamente, Gabriela Gertrudis sería protagonista de un episodio en línea con lo anteriormente relatado, pues en su *Vida* cuenta cómo ella y un capellán de la capilla de Santiago tenían hecho un pacto: "que el primero que muriese había de asistir a el que quedase en esta vida" (*apud* Morales Borrero, 1995: I, 425). Llegándole primero el turno al sacerdote, la religiosa percibió de inmediato su fallecimiento, pues "me llevó Dios en espíritu y me hallé en su muerte, y desde la cama fue acompañado de muchos santos y ángeles del cielo y de la Reina de los cielos" (*apud* Morales Borrero, 1995: I, 426). Desde ese momento y durante doce años, el espíritu del capellán se le apareció de manera habitual para asistirla.

Retrato de la Venerable Madre Gabriela Gertrudis de San José, autor anónimo, siglo XVIII.

En el caso de esta monja granadina, desde el año siguiente a su llegada al convento ubetense desde su ciudad natal, cuando contaba veintidós años, comenzaron las visiones y revelaciones que la acompañarían para siempre. Ya han quedado registradas aquí sus experiencias sobrenaturales con las ánimas del purgatorio, con la Consagración y la Comunión, con la imagen del Niño Jesús conocido como *El Mamoncillo*, así como premoniciones de diversos sucesos. Pero de igual modo le fue concedido dos años antes de su muerte, en 1699, contemplar a la propia fundadora, santa Teresa, presente en la recreación, "y se alegró mucho con sus hijas de verlas tan fervorosas" (*apud* Morales Borrero, 1995: I, 430), aunque permaneciera invisible para estas fervientes hijas espirituales. Ya para entonces Gabriela Gertrudis se encuentra sin fuerzas, con una salud muy quebrantada, además de padecer graves problemas de audición; pero en paralelo se siente paulatinamente desasida de los aspectos materiales de este mundo, reconfortada por las visitas de seres sobrenaturales (santos y ángeles), y el íntimo coloquio que mantiene con Dios, con quien anhela la unión definitiva. De este modo llegará hasta septiembre de 1700, en que enfermará de gravedad para no lograr ya recuperarse, falleciendo el 12 de enero de 1701.

La fama de santidad de quien se conoce desde entonces como Venerable Madre Gabriela Gertrudis se acrecentará cuando se halle su cuerpo incorrupto, que -tal y como se indicó- se mantuvo cuidado y vestido con el hábito de la Orden carmelita en el que fuera su convento durante varios siglos, hasta que en fecha reciente se decidió darle sepultura bajo las losas de mármol que rodean el altar de la iglesia. Además, en el antiguo locutorio se conserva un retrato suyo, con la siguiente inscripción: "La V. M. Gavriela Gertrudes [*sic*] de S. Joseph. Murió en este Convento de Úbeda a 12 de enero el año de 1701, de edad de 73 años, y natural de Granada". Dicho retrato la muestra, además, sosteniendo en las manos la imagen de un Niño Jesús. Gracias a la memoria oral mantenida en la Comunidad se conoce que dicho retrato fue hecho tras su fallecimiento, lo que pone aún más de manifiesto la relevancia que había alcanzado su figura, en una etapa en la que, lógicamente, el retrato era un lujo alcanzable tan sólo para unos pocos elegidos, y mucho más, teniendo en cuenta que se trata de una persona que vivió recluida desde su temprana juventud en el convento, donde sólo la notoriedad podía justificar que se considerara importante el recuerdo de su imagen como para contratar a un artista. Debió de tratarse (al igual que sucedería luego en el siglo XIX con la fotografía postmórtem), de un pintor que conociera determinadas prácticas, herramientas o procedimientos técnicos para que los retratados posaran manteniendo ficticiamente la apariencia de vida.

En el mismo aposento se disponen toda una serie de diversos elementos notables del patrimonio conventual, entre los que destacan varias tallas antiguas de Niño Jesús, destacando -por el interés que muestra para la presente historia- la de *El Mamoncillo* [75], que justo se encuentra ubicado bajo el retrato, un precioso breviario que fue el que usó la religiosa en vida, así como una cruz que acostumbraba a llevar siempre en el pecho, y que presenta la particularidad de tratarse de una cruz Patriarcal o cruz de Lorena.

En ese mismo siglo recién inaugurado en el momento de la muerte de Gabriela Gertrudis de San José, va a fallecer casi tres décadas después la también granadina María de Córdoba y Fuentes, que siendo todavía una niña tuvo el ya mencionado sueño profético en el que se veía monja en el convento de las carmelitas descalzas de Málaga. Y, en efecto, a pesar de la oposición paterna, y de que la familia residía por aquel entonces en la ciudad de la Alhambra, en octubre de 1672 la joven ingresó en el convento de su visión onírica, adoptando el nombre de sor María de la Santísima Trinidad, donde llevó una existencia de extrema penitencia y austeridad. Su vida resultó tan modélica, que el destacado erudito malagueño del siglo XIX Narciso Díaz de Escovar [76] le dedicaría su atención [77] en 1898 con un artículo dividido en dos partes donde manifestaba que: "entre todas [las religiosas] descolló la venerable Madre María de la Santísima Trinidad, cuya santidad sirve de guía a las modernas profesas y cuyo talento merece ser también alabado" (Díaz de Escovar, 1898a: 126). De hecho, en el muy valioso -desde el punto de vista documental- *Libro de las religiosas que mueren en este convento de nuestro padre san José de Carmelitas Descalzas de Málaga,*

---

[75] En la siguiente página web se ofrece información al respecto de los objetos que pueden contemplarse en dicho antiguo locutorio del convento: https://www.claune.com/conventos/conventos-del-mes/monasterio-de-la-purisima-concepcion-de-ubeda-jaen-de-carmelitas-descalzas/.

[76] Conviene hacer notar que, a lo largo de la historia y hasta hoy en día, la forma ortográfica del apellido oscila entre "Escovar" y "Escobar".

[77] Además de este artículo, publicado en la granadina revista *La Alhambra*, se conservan en el Archivo Narciso Díaz de Escovar, radicado en el Museo Unicaja de Artes y Costumbres Populares de Málaga, toda una serie de documentos relacionados con el convento de las Carmelitas Descalzas de Málaga, entre los que interesan de manera especial los contenidos en la Caja 155(6.10), que se describe como "Artículos varios sobre las religiosas del convento de Málaga, y en particular, de Sor Juana de la Encarnación, Sor María de Córdoba y Sor Ana Evangelista". Dicha caja está fechada en 1897, bajo la descripción "Religiosas. Biografías". Desafortunadamente, su contenido no se encuentra accesible a través de internet (http://www.museoartespopulares.com/ADE/BuscarMuseo?ID=Documentos).

donde se contienen las biografías de las religiosas más notables desde la fundación hasta 1954, se la denomina "viva imagen de la Minerva de la Iglesia, Santa Teresa de Jesús" (Molina Huete, 2016: 211), y se le dedica de manera evidente una atención especial. Tras una vida de sacrificio y abundantes sufrimientos, tanto físicos como espirituales, en marzo de 1729 experimenta una visión de la Virgen María, que podría entenderse como un aviso de su próxima muerte, ya que abandonará este mundo el 29 de ese mes, con la vista fija en un crucifijo.

De igual manera iba a morir en loor de santidad la franciscana terciaria María Gertrudis Martínez del Hoyo Tellado, quien, durante una niñez enfermiza, alimentada con lecturas de vidas de santos y otros libros piadosos, mostró una clara inteligencia y una precoz vocación religiosa, tomando el hábito por fin a la edad de veinte años, en abril de 1770, en el Monasterio de la Concepción, donde la acompañarían su hermana y su madre, ya viuda. Pronto comenzó a experimentar comunicaciones con Dios, revelaciones y, en especial durante el tiempo de la Cuaresma, los estigmas de la Pasión de Jesucristo, que se marcaban en su cuerpo, comenzando precisamente por la tan comentada -y plena de connotaciones- llaga del costado. Se podría considerar que su carácter místico venía ya predeterminado antes incluso de su nacimiento, puesto que su madre, ante los problemas que presentaba el embarazo, se encomendó a Santa Gertrudis de Helfta, o Gertrudis la Magna, relevante monja cisterciense del siglo XIII, que fue mística pionera, prometiendo ponerle su nombre al fruto de su vientre si el parto culminaba con éxito y la criatura era del sexo femenino. En efecto, desde los seis años tuvo claro su deseo de consagrarse a Dios, de quien se sentía elegida, y en esa línea interpretó un sorprendente fenómeno que le sucedió siendo niña, cuando, ante una espléndida maceta de claveles que su familia celebraba, y cuya flor ella tronchó en un ingenuo arrebato de curiosidad infantil, se produjo el milagro de que el tallo quebrado pudo ser restituido, a fin de evitarle la reprimenda de sus padres. Ya en el convento, sus experiencias místicas le ocasionaron no pocos problemas con sus compañeras, que, al parecer, solían mirarla con recelo. Sin embargo, dejó una perceptible huella y estela de santidad cuando falleció el 13 de enero de 1801, habiendo tenido previamente en el mes de diciembre una visión premonitoria de su muerte.

El halo de santidad en vida que rodeó a estas religiosas [78], al haber

---

[78] Incluso en época contemporánea, en pleno siglo XX, varios de nuestros *lirios* morirán en loor de santidad, como sucede con los ya comentados casos de María Emilia Riquelme, Mercedes Carreras Hitos y Cristina de Arteaga y Falguera, de las

trascendido fuera de los muros de sus conventos las premoniciones, visiones sobrenaturales y experiencias inexplicables (por ejemplo, además de todo lo ya comentado hasta el momento, en el caso de Beatriz María de Enciso se une incluso un episodio de bilocación que relata su hagiógrafo, siguiendo el modelo canónico aceptado oficialmente por la Iglesia Católica en los casos de diversos nombres del santoral, como san Francisco de Asís, san Antonio de Padua, santa Liduvina y otros muchos [79]), su predicamento como taumaturgas les otorgará una temprana y espontánea devoción popular, más o menos extendida según los casos. Sin embargo, ello va a generar toda serie de recelos entre sus superiores jerárquicos. Pues, como indica Fernando Durán López en su monografía *Un cielo abreviado*, recordando la autoridad de Tomás de Aquino, "la mujer está reservada por Dios a ser el receptor pasivo de sus dones, pero nada más" (Durán López, 2007: 121). Por tanto, reactualizando una y otra vez el binomio activo/pasivo que durante siglos se considera marca genérica del par masculino/femenino, se rechaza a las mujeres que transgreden los límites, levantando una voz que les está vedada. La Iglesia prohíbe predicar a las mujeres. La sociedad castiga a las que no acatan la dócil subordinación al varón. No se puede olvidar que fray Luis de León dio carta de naturaleza en el último cuarto del siglo XVI a esa opinión dominante según la cual la mujer debe ser sumisa y guardar silencio. Tengamos en cuenta que desde su primera publicación en 1584 su tratado *La perfecta casada* fue un libro canónico de aplicación a las mujeres, de examen y discernimiento de su feminidad, y donde se proclamaba abiertamente:

> Porque, así como la naturaleza [...] hizo a las mujeres para que encerradas guardasen la casa, así las obligó a que cerrasen la boca [...].
> Como son los hombres para lo público, así las mujeres para el encerramiento; y como es de los hombres el hablar y el salir a la luz, así de ellas el encerrarse y encubrirse (Luis de León, 1980: cap. XV y XVII).

que ya se anticipó que tiene oficialmente abierta causa de canonización, al igual que sucede con la también contemporánea Conchita Barrecheguren (1905-1927).

[79] En el ámbito español uno de los casos con mayor repercusión a todos los niveles fue el de la concepcionista María de Jesús de Ágreda, monja mística del período Barroco, que supuestamente predicó en tierras americanas sin haber salido nunca de modo físico de su claustro en Ágreda (Soria). Conocida en Nuevo México como "La Dama Azul de los Llanos", su repercusión mediática la ha convertido incluso en protagonista de obras de ficción, como *La dama azul*, de Javier Sierra (Sierra, 1998).

Por tanto, silenciada su posible voz pública, y encerradas entre los muros claustrales, nuestras autoras religiosas volcaron su palabra en la página escrita, sometidas siempre a la vigilancia y al recelo, a la censura y a la sospecha. No podemos perder de vista que incluso el fuego exterminador constituyó durante siglos una amenaza cierta: así, María Machuca (sor María de la Cruz) vio -como ya se ha comentado- sus primeras obras condenadas a la hoguera, unas obras que, si juzgamos por las que se han conservado de su autoría (*De la sabiduría y sciencia de Dios* (1631-1632), *De las aguas que están sobre los cielos* (1633-1634), *De los siete tabernáculos o moradas* (1634-1635), etc.), debieron de ser deslumbrantes. Porque no nos olvidemos: tan sólo tres siglos antes, en 1310, ya las llamas habían devorado en Francia no sólo la obra, sino también el cuerpo de Margarita Porete, una mujer valiente y visionaria, juzgada herética por la escritura y difusión de su hermoso *El espejo de las almas simples*.

No obstante, como explican Victoria Cirlot y Blanca Garí, las místicas y las visionarias buscaban básicamente, no tanto un conocimiento teológico, que se juzgaba reservado a los varones, al considerarse secularmente que la teología era un campo privativo masculino, sino más bien un "conocimiento experiencial de Dios", fundándose en los sentimientos y el corazón, por no ser admitidas en la alta cultura de los razonamientos y el intelecto. Así, "La visión dicotomizada, tan propia de la cultura medieval siempre repartidora de funciones, hizo recaer la experiencia en las mujeres. En una ordenación del mundo a partir de los géneros, a lo masculino correspondía la cultura clerical, la escritura, el latín, el conocimiento teologal, mientras que a lo femenino correspondía lo laico, la oralidad, las lenguas vulgares y la experiencia" (Cirlot y Garí, 2021: 38).

En efecto, nuestras escritoras de Granada, en los siglos que siguen a la Edad Media, manteniendo un similar reparto de funciones en virtud de los géneros, aunque evidentemente con las características y condicionantes propias de cada etapa histórica, van a apostar, en líneas generales, por la experiencia, que relatarán en sus textos de manera usualmente sencilla, e incluso en algunos casos, en lenguaje casi coloquial. A lo largo de cinco siglos la casuística que nos encontramos es, obviamente, muy diversa, como diversas son las circunstancias históricas, sociales, etc., de cada una. Cada autora y sus circunstancias -parafraseando a Ortega- generarán una producción literaria, incluso, claro está, con grados de calidad y excelencia también muy diferentes. Pero, como ya se ha tenido ocasión de ver, existe una serie de constantes que parecen homogenizar y permearse a lo largo de siglos y siglos de escritura religiosa de mujer.

Mujeres, por tanto -ya se ha ido adelantando- herederas de una genealogía femenina, muy clara en el caso de las carmelitas descalzas (con diferencia, la Orden que más escritoras ha propiciado, al menos, en lo que respecta al ámbito granadino); pero también la influencia y el ejemplo magistral de la Doctora Mística se evidencia en casos pertenecientes a otras Órdenes, como el Victorina Sáenz de Tejada, de la Orden francesa del Espíritu Santo y considerada por su biógrafo, José Cascales y Muñoz, "Digna emuladora de Santa Teresa" (Cascales y Muñoz, 1896: 229), o en la dominica Teresa Titos Garzón, que profesa con el nombre de Teresa de Jesús, en lo que debe interpretarse como una clara muestra de admiración. De igual modo resultarán influyentes otras importantes ramas troncales de esa genealogía femenina. Así, santa Catalina de Siena, cuya biografía se introdujo en la península de manera temprana, y que fue lectura y modelo de Emilia Riquelme o de Ángeles Cabrera; o santa Getrudis de Helfta, bajo cuya protección nació Gertrudis Martínez del Hoyo Tellado, que luego profesará como sor Gertrudis del Corazón de Jesús, siguiendo precisamente la devoción en la que destacó la Magna santa alemana medieval [80]. Este influjo en buena medida se debió a que las monjas "fueron consumidoras de biografías de modelos ejemplares mediante la lectura personal y colectiva" (Bejarano Pellicer, 2012: 2).

En cuanto a qué tipos de obras nos vamos a encontrar en nuestro acercamiento a cinco siglos de literatura religiosa granadina con voz de mujer, se puede concluir que hallamos un panorama en todo parangonable con el ámbito general. Se trata de obras que encajan, en rasgos generales, en las tipologías que se han estudiado para la literatura escrita en los conventos en todo el ámbito católico. Como distinguen Rossi, Caramella, Martínez de Lecuona y Fiori, los textos que escriben las monjas se pueden clasificar básicamente en tres tipos: aquellos que plantean la escritura como 'instrumento de comunicación', es decir, básicamente, epistolar, distinguiéndose las cartas personales y las protocolarias; los que consideran la escritura como un 'instrumento de conservación de la memoria colectiva': crónicas, hagiografía, autobiografía, relato místico, textos devocionales, etc.; y por último, la creación literaria propiamente dicha (Rossi de Fiori, Caramella de Gamarra, Martínez de Lecuona y Fiori Rossi, 2008: 52-53).

[80] De etapa ya contemporánea cabe señalar la enorme influencia que despertó santa Teresa de Lisieux (1873-1897), canonizada en un tiempo récord, que influyó especialmente generando nuevas vocaciones en la Orden de las Carmelitas Descalzas, pero también, en lo que al presente estudio se refiere, resultó fundamental, como referente y modelo, en la configuración de la imagen de *santidad* para Conchita Barrecheguren, como se detalla en la entrada correspondiente del capítulo dedicado a diccionario-antología en este volumen.

A ese primer tipo, de literatura concebida como "instrumento de comunicación", pertenecerán, por ejemplo, los epistolarios de Juana Úrsula Velázquez (s. XVII), María Gertrudis Martínez del Hoyo Tellado (s. XVIII), Mercedes Carreras Hitos (ss. XIX-XX), María Emilia Riquelme (ss. XIX-XX), Teresa Titos Garzón (ss. XIX-XX) o Conchita Barrecheguren (s. XX).

Bastante más abundantes serán las muestras que se encuadren en el segundo tipo, de literatura como "instrumento de conservación de la memoria colectiva". A esta categoría pertenecerán los textos hagiográficos escritos por María del Castillo Ribera (s. XVI), Luisa de Granada Altamirano (ss. XVI-XVII), Isabel de Puebla Méndez (ss. XVI-XVII), Ana de Jesús (ss. XVI-XVII), María Machuca de Haro (ss. XVI-XVII) o Inés de Ávila Liminiana (s. XVII). También los textos devocionales debidos a la pluma de Violante de Salazar y Laguna (ss. XVI-XVII), Úrsula de San Diego (ss. XVI-XVII), María Machuca de Haro (ss. XVI-XVII), Catalina Antonia Morales de Toledo Zapata (s. XVII), o ya en periodo contemporáneo, María Emilia Riquelme (ss. XIX-XX) o Teresa Titos Garzón (ss. XIX-XX).

Caso aparte merece un género específico, característico de la literatura conventual y que ha generado toda una serie de bibliografía al respecto, como es el de la *autobiografía por mandato* (sobre el que ahora volveremos). En el ámbito granadino nos encontramos con ejemplos muy significativos, como los de María Machuca de Haro (ss. XVI-XVII), Beatriz María de Enciso (s. XVII), Luciana de Jesús (s. XVII), Gabriela Gertrudis de Tapia y Acosta (s. XVII), Juana Úrsula Velázquez (s. XVII) o María Gertrudis Martínez del Hoyo Tellado (s. XVIII), como se puede observar, todos ellos comprendidos entre los siglos XVI y XVIII. Sin embargo, hay que hacer notar que la literatura autobiográfica de autoras más contemporáneas va a adoptar preferentemente la forma del diario: es el caso de María Emilia Riquelme (ss. XIX-XX), Mercedes Carreras Hitos (ss. XIX-XX), Ángeles Cabrera Carrasco (s. XX) o Conchita Barrecheguren (s. XX). Un género, el del diario, vinculado con la literatura del yo, y quizás en buena medida, también con los textos epistolares, pero sujeto al registro cotidiano fechado y con un carácter inicialmente más íntimo que las cartas -por su propia naturaleza, concebidas para un destinatario-, y que, según explica la especialista Anna Caballé, "ha sido el último de los subgéneros vinculados al gran género de la autobiografía que ha logrado vencer los obstáculos y resistencias que se le oponían para ser reconocido por la Academia" (Caballé, 2015: 39).

En cuanto al tercer tipo de textos que encontramos en nuestras autoras espirituales, es decir, la creación literaria propiamente dicha, se puede avanzar una conclusión básica, y es que el género mayoritariamente escogido va a ser la poesía, que tendrá numerosas cultivadoras, además, a lo largo de todos los siglos, pudiéndose recordar los casos de Catalina de Mendoza (s. XVI), María Machuca de Haro (ss. XVI-XVII), Luisa de Granada Altamirano (ss. XVI-XVII), Luciana de Jesús (s. XVII), Ana de Robles (s. XVII), Gabriela Gertrudis de Tapia y Acosta (s. XVII), María de Córdoba y Fuentes (ss. XVII-XVIII), Juana Maldonado (ss. XVII-XVIII), Ana Verdugo de Castilla (s. XVIII), Victorina Sáenz de Tejada Torres (s. XIX), Emilia Julia Sánchez López (s. XIX), Cristina de Arteaga (ss. XIX-XX), Martina Poza y Muriel (ss. XIX-XX), María Emilia Riquelme (ss. XIX-XX), Ángeles Cabrera Carrasco (s. XX) o Conchita Barrecheguren (s. XX).

Mucho menor será el cultivo de narrativa y teatro, con la prolífica y polifacética autora del siglo XIX Victorina Sáenz de Tejada Torres, que destaca en ambos géneros, a la que se suma Emilia Julia Sánchez López (s. XIX) en narrativa, y Ana Verdugo de Castilla (s. XVIII), en teatro.

En cualquier caso, no se puede perder de vista la existencia de obras de difícil clasificación. Ya lo advertían Cirlot y Garí (si bien refiriéndose básicamente al marco medieval), con palabras válidas para los siglos posteriores: "En muchas ocasiones, sus textos escapan a cualquier definición de género" (Cirlot y Garí, 2021: 39). Esta indefinición, que también puede ser interpretada como riqueza, al encontrarnos en ocasiones con fecundas obras misceláneas, resulta, en efecto, aplicable al caso granadino.

Como es bien sabido, las comunidades religiosas estaban sometidas siempre a la autoridad de un director espiritual y, en último término, a las jerarquías eclesiásticas. De hecho, fue en muchos casos la prerrogativa que ejercía sobre ellas el confesor lo que motivó a las monjas a poner por escrito sus experiencias y reflexiones. Sabemos que muchas de ellas escribieron así sus *Vidas*, como ahora veremos; pero también obras hagiográficas sobre otras compañeras de Orden, que podían ser del pasado, o personas de vida ejemplar fallecidas en fecha reciente, sobre las que interesaba resaltar su aureola de santidad, en muchos casos, con vistas a los procesos de beatificación o canonización. De este modo se redactaron unos textos, en algunas ocasiones muy valiosos, con una total ausencia de motivación literaria en buena parte de los casos, movidas sus autoras únicamente por el sentimiento de obediencia debida y un propósito ejemplarizante y de utilidad a su Orden. No se puede olvidar que "La biografía de modelo de virtudes y la hagiografía fue uno de los tipos de literatura más característicos de la población monacal española durante el siglo XVII" [81]

---

[81] "La hagiografía [...] se desarrolló a lo largo de la Edad Media, pero [...] en el

(Bejarano Pellicer, 2012: 1). Es el caso, por ejemplo, de las carmelitas descalzas Isabel de Puebla Méndez (sor Isabel de la Encarnación), que escribió una biografía de Bernardina de Jesús por obediencia al Provincial de la Orden, o de Violante de Salazar y Laguna (sor Violante de la Concepción), a la que su director espiritual invitó a poner por escrito su *Relación y quenta que dio de su espíritu la Madre Violante de la Concepción*, por aducir tan sólo un par de ejemplos.

Resulta curioso constatar que, además, existe un 'puente' entre estas hagiografías y las *autobiografías por mandato*, pues no fueron pocas las *Vidas* que, una vez fallecidas sus autoras, sirvieron posteriormente para la elaboración de semblanzas hagiográficas, partiendo de documentación de primera mano. Como bien indica Clara Bejarano Pellicer, "Muchos de los escritos autobiográficos que entregaron a sus confesores como penitencia [82] se convertirían en material de primera mano para llevar a cabo biografías de monjas muertas en olor de santidad, claro que vulgarizados, censurados y modificados en gran medida para adaptarlos a la ortodoxia" (Bejarano Pellicer, 2012: 2).

De hecho, en el ámbito granadino nos encontramos con dos casos especialmente significativos, y que muestran un claro paralelismo. Se trata de dos de los ejemplos de religiosas con experiencias místicas y visionarias más valiosos de los contenidos en el presente volumen (como ya se ha podido apreciar a lo largo de este estudio introductorio), y ambas prácticamente coetáneas: la franciscana clarisa Beatriz María de Enciso y

---

Barroco alcanzó su perfección. [...] La leyenda y los elementos maravillosos salpicaban este género, cuyo mayor exponente es la *Leyenda Aurea* de Jacopo de la Vorágine, muy difundida desde el siglo XIII, y el *Martirologio* de Cesare Baronio de 1584, hasta que los jesuitas bolandistas del siglo XVII se esforzaron por depurar la verdad histórica de los santos mediante criterios de racionalidad en las *Actas sanctorum*. Estos esfuerzos vinieron motivados por el intenso empuje que experimentó la hagiografía durante el Barroco. La Contrarreforma animó este género para despertar la piedad popular después de los conflictos religiosos motivados por la reforma en el siglo XVI. La difusión de las vidas de santos mediante la imprenta alcanzaron [sic] un alcance espectacular en el siglo XVII entre todos los grupos sociales. [...]. Entre 1480 y 1700 se escribieron 453 vidas de santos que se conozcan. La razón de este éxito se debe a que se vendía en versión culta y en pliegos de cordel, ya que la hagiografía proyectaba sobre las vidas de los santos pretéritos aquel modelo de santidad que estaba vigente en la mentalidad de los lectores" (Bejarano Pellicer, 2012: 4).

[82] Quizás no resulte, sin embargo, muy adecuado el término "penitencia", debiendo, más bien, ser sustituido por el de "obediencia", que se atiene más a la realidad del origen de estos textos.

Torres (1632-1702) y la carmelita descalza Gabriela Gertrudis de Tapia y Acosta (1628-1701) [83]. Las dos fueron autoras de autobiografías por mandato: *Relación de su vida y favores divinos*, en el caso de la primera, y *Vida que de su mano escriuió la Venerable Madre Gabriela de S. Ioseph*, en el de la segunda, textos que debieron de constituir valiosísimos documentos, pero que, por desgracia, no han llegado hasta nuestros días (habiéndose perdido en el segundo de los casos en fechas recientes incluso su Traslado, como ya se adelantó en una nota anterior). Aunque, dada la fama de santidad que aureoló a sus autoras y la trascendencia que para sus respectivos conventos supuso su muerte, en ambos casos sus autobiografías sirvieron de documentación para los textos hagiográficos escritos por miembros masculinos de sus Órdenes, muy poco tiempo después del deceso de ambas. De este modo, fray Tomás de Montalvo, Lector de Teología, publicará en 1719 el volumen titulado *Vida prodigiosa de la extática Virgen, y Venerable Madre Sor Beatriz María de Jesús, Abadesa, que fue del convento del Ángel Custodio de la Ciudad de Granada, de Religiosas Franciscas Descalças de la más estrecha Observancia de la Primera Regla de Santa Clara: Chrónica del mismo convento, y memoria de otras Religiosas insignes en virtud*, que ve la luz dieciocho años después de muerta la "extática Virgen". Y mucho más veloz aún resulta el carmelita descalzo fray Manuel de San Jerónimo, quien tan sólo dos años después del fallecimiento de Gabriela Gertrudis, en 1703 publicó *Edades y virtudes, empleos y prodigios de la V. M. Gabriela de San Ioseph, religiosa carmelita descalza en su convento de la Concepción de la misma orden de la ciudad de Vbeda*. Es evidente que estos dos autores pudieron servirse de las autobiografías previas, y hacer una selección del material, escogiendo aquellos fragmentos que juzgaran más adecuados para su propósito ejemplarizante, recortando, o directamente eliminando cuanto pudieran haber juzgado *problemático*.

Porque, por otro lado, ya se comentó casi al principio de ese estudio

---

[83] Curiosamente, la tercera de las grandes aportaciones de *Las venas de los lirios* es el descubrimiento para los estudios literarios de la figura y la obra de una escritora contemporánea también de ambas, como Juana Úrsula Velázquez (1613-1683), profesa en el Monasterio de la Encarnación, de las Carmelitas de la Antigua Observancia, de la que no sólo se ha conservado la obra en tres volúmenes de fray Gabriel de Santiago, *Vida Admirable y Portentosa de la exemplarísima Virgen la Ble. Me. Sr. Juana Úrsula de Sn. Josef*, sino los originales manuscritos de la propia religiosa en nada menos que ciento cuarenta y dos cuadernos. Sobre su figura y este material inédito ya se está realizando en la actualidad un trabajo de investigación por parte de Ínsaf Larrud, bajo mi dirección, conducente a su futura tesis doctoral.

introductorio cómo Sonja Herpoel, en su fundamental estudio monográfico *A la zaga de Santa Teresa: Autobiografías por mandato*, llama la atención ante el hecho de que aunque muchas de estas mujeres que pusieron por escrito sus trayectorias biográficas resultan hoy prácticamente unas desconocidas, encontrándose sus nombres ausentes de manuales de historia literaria y cualquier otra obra de referencia, se trató con frecuencia de mujeres relevantes y emprendedoras, cuyo carisma las rodea de seguidores y discípulas, que representan una fuerza en buena medida difícil de manejar (esa arrolladora fuerza del pueblo, que ya hemos ido viendo que acudirá en multitudes cuando estas mueran, tanto a rendir homenaje, como a conseguir a toda costa hacerse con las entonces tan preciadas reliquias), lo que suele imponer -y asustar- a las jerarquías eclesiásticas, temerosas del lugar privilegiado que ocupaban ante la opinión pública, y de cómo en muchos casos bordeaban el peligroso límite de la sustitución de los intermediarios ante Dios por una comunicación directa con la Divinidad.

De ahí, como es bien sabido, la abundancia de confesores y directores espirituales que solicitan o directamente ordenan a sus hijas con vivencias especiales que pongan sus vidas por escrito, a fin de poder ser examinadas ante el filtro de la ortodoxia católica y el discernimiento de espíritus. Pero de manera en verdad muy llamativa esta exhortación a poner la vida por escrito y someterla al escrutinio de la superioridad tan sólo atañe a las mujeres, y no así, a varones que hubieran gozado de popular fama de santidad. Así lo expresa Julia Lewandowska:

> La redacción de una vida era un trámite obligatorio para confirmar la ortodoxia del pensamiento de su autora, y a las monjas cuyas relaciones no pasaron tal examen generalmente les eran prohibidas otras modalidades de escritura e intermediación espiritual. Es necesario anotar que este tipo de escritura no era obligatorio para los religiosos, cuyas experiencias espirituales o reflexiones teológicas no tenían que ser puestas a la luz de su conducta anterior para legitimar su veracidad (Lewandowska, 2019: 226).

Así, a las autoras aquí contempladas, como María Machuca de Haro (ss. XVI-XVII), Beatriz María de Enciso y Torres (s. XVII), Luciana de Jesús (s. XVII), Gabriela Gertrudis de Tapia y Acosta (s. XVII), Juana Úrsula Velázquez (s. XVII) o María Gertrudis Martínez del Hoyo Tellado (s. XVIII), se deben lo que Margarita Nelken, en 1930 definía como "descripciones minuciosas de lo que pudiera llamarse el camino de perfección de espíritus atormentados y sensibilidades inquietas" (Nelken, 1930: 60).

Ese "camino de perfección" que las sitúa en la línea de santa Teresa de Jesús, quien comienza el *Libro de la Vida* con una insistencia en la poquedad de sus méritos y la insignificancia de su persona, reiterativa a lo largo de todo el texto, y que será la tónica dominante en este tipo de obras.

> Quisiera yo que, como me han mandado [84] y dado larga licencia para que escriba el modo de oración y las mercedes que el Señor me ha hecho, me la dieran para que muy por menudo y con claridad dijera mis grandes pecados y ruin vida. [...] por esto pido, por amor del Señor, tenga delante de los ojos quien este discurso de mi vida leyere (Teresa de Jesús, 2011: 117).

La ya sólida bibliografía existente sobre la *autobiografía por mandato* ha dejado establecidas sus características, por lo que no abundaremos aquí en ello, apuntando tan sólo que un género que se define por estar escrito bajo la dirección y supervisión de un superior jerárquico condiciona a la mujer a recurrir a necesarias "estrategias de defensa", como las denomina Sonja Herpoel (Herpoel, 1999: 7). Dichas estrategias comienzan por la casi inevitable auto-humillación, perceptible en el anterior ejemplo de santa Teresa, y en los textos de unas religiosas que continuamente se desvalorizan a sí mismas en una táctica que persigue (en ocasiones con notable pericia) su aceptación: expresiones que justifican su falta de cultura o de conocimiento teologal, palabras que insisten en su escasa importancia y la ausencia de motivaciones de orgullo o autoría, asunción de la subordinación de su sexo al masculino, en función de unos roles sociales tan sólidamente establecidos que su mero cuestionamiento significaba una imperdonable -y peligrosa- transgresión.

Estrategias que, por ejemplo, resultan muy visibles en el caso de la *autobiografía por mandato* de María Machuca de Haro (1563-1638), una de las mejores escritoras contenidas en este volumen, cuya *Vida de la Venerable Madre María de la Cruz, escrita toda de su* mano, finalizada el 18 de septiembre de1834, editó por primera vez en 1995 Manuel Morales Borrero. Significativamente, la carmelita descalza deja constancia de que comienza a poner su obra por escrito el día consagrado a Santa Ana, lo que

---

[84] Cf. "Mi confesor, como digo -que era un padre bien santo de la Compañía de Jesús- respondía esto mismo sigún yo supe. Era muy discreto y de gran humildad, y esta humildad tan grande me acarreó a mí hartos trabajos; porque, con ser de mucha oración y letrado, no se fiaba de sí, como el Señor no le llevaba por ese camino. Pasólos harto grandes conmigo de muchas maneras. Supe que le decían que se guardase de mí, no le engañase el demonio con creerme algo de lo que me decía; traíanle ejemplos de otras personas" (Teresa de Jesús, 2011: 343).

no resulta casual. Lo que conocemos de la madre de la Virgen María procede básicamente de los evangelios apócrifos, y en su iconografía destaca un aspecto muy digno de mención, como es su frecuente representación con un libro en la mano, habitualmente, enseñando a leer a María, lo que convertiría a Santa Ana en maestra y transmisora de cultura, modelo así para las mujeres durante tanto tiempo excluidas de la misma [85].

Por otro lado, las palabras de inicio de María Machuca dejan evidencia de que su texto se debe al cumplimiento de una orden dada, a la vez que revelan similares estrategias a las apreciadas en el fragmento de su maestra Santa Teresa, y de la mayoría de sus compañeras de género, encomendándose a Dios para que la ayude en la tarea requerida:

> Oy día de la gloriosa sancta Anna, madre de nuestra Señora la Virgen María y agüela nuestra, y fidelísima abogada delante de nuestro Señor Jesu Christo, nieto suyo y Dios nuestro, 26 de iulio de 1634, se comiença esta obediençia a cunplir; la qual obediençia no sé cómo a de ser pusible ni aun pensarla, quanto más tratar de ella por tener yo, vilísima, gran repugnançia en escrivir lo que se me manda, y la falta de salud tan continua que de día y de noche no tengo rato ni aun de media ora seguro, sino con gran sobre salto por el achaque tan contino que me atormenta [...]. Y así no sé cómo a de ser esto que se me manda si nuestro Señor no abre camino para ello, a quien suplico humil mente lo haga, como a hecho otras muchas cosas y obrado en esta su indigna esclava que nada merece sino el infierno (*apud* Morales Borrero, 1995: II, 21).

Si Teresa de Jesús aludía a sus "grandes pecados y ruin vida", su hija espiritual firmará su texto con un elocuente final: un signo de la cruz, seguido de las palabras "La mayor pecadora" (*apud* Morales Borrero, 1995: II, 130).

La Iglesia sometía a severo escrutinio las vivencias y manifestaciones extraordinarias de las mujeres, y las obligaba a poner estas por escrito con objeto, por un lado, de revisar hasta el mínimo detalle cualquier sospecha de heterodoxia o atisbo herético, y por otro, caso de pasar satisfactoriamente este primer filtro, de convertir a las monjas "en banderas de ejemplaridad

---

[85] "Bajo santa Ana, modelo de oración, parece encontrarse un 'subtexto', un discurso oculto sobre la mujer en el discurso masculino. Este discurso es el indicio de una práctica cultural de magisterio femenino del que santa Ana representaría su modelo cultural, un modelo femenino de ciencia sagrada y conocimiento" (Luna, 1996: 100). Cf. también el fecundo capítulo en este sentido de Lewandowska, 2019: 273-278.

pública arrastrándolas hacia la exhibición de sus vidas" (Alabrús y García Cárcel, 2015: 65). No podemos perder de vista que se trata de unas obras que tienen como objetivo el poder ser revisadas por esos superiores jerárquicos (siempre masculinos, claro está) a fin de comprobar que se ajustan nítidamente a la doctrina establecida, y, en ese caso -como se ha visto en los ejemplos anteriores-, poder servir de modelo, y, en el mejor de los casos, de fuente para la hagiografía. Pues esta es una de las razones de ser que justifica la existencia, y el éxito, de las *autobiografías por mandato* en los siglos XVI y XVII (incluso también en el XVIII, como vemos en el ámbito granadino, extensivo a buena parte del territorio nacional): el de resultar erigidas, con su valor ejemplarizante, como arma contra la disidencia, bien se llame alumbradismo, protestantismo, heterodoxia o cualquier tipo de herejía. De hecho, Fernando Durán en su monografía ya citada afirmará que "Esas monjas y sus autobiografías participan también del proyecto contrarreformista" (Durán, 2007: 207). Claro que esto sólo podía ser así porque las superiores jerarquías, a cuyo "mandato" se debían las monjas autobiógrafas, regulaban la configuración del texto como modelo ejemplar, expurgando, corrigiendo o encauzando a la autora en cuanto pudiera contravenir la doctrina oficial.

Pero puesto que la misión principal de dicha autobiografía era servir de ejemplo prototípico y ajustarse al modelo establecido, cabe fundadamente sospechar de la más que segura intervención del confesor en el proceso, no sólo guiando o corrigiendo a su hija espiritual, sino también, de manera casi segura -al menos en muchos casos-, interviniendo en el texto escrito. Se trataría, por tanto, de una suerte de co-autoría a la que ya se refirió Isabelle Poutrin en su clásico y seminal estudio *Le voile et la plume. Autobiographie et sainteté feminine dans l'Espagne Moderne* (Poutrin, 1995: 129-131), y que Durán califica como de muy intensa y con más que probables huellas en el texto (Durán, 2007: 186-187). Co-autoría que, en los casos ya expuestos de Beatriz María de Enciso y de Gabriela Gertrudis de Tapia, va a pasar a ser exclusiva autoría masculina, reelaborando los previos materiales redactados por mano femenina, lamentablemente perdidos para las generaciones actuales, lo que nos impide el cotejo del original con la hagiografía en él inspirada.

Perdidos los textos de Beatriz María de Enciso y de Gabriela Gertrudis de Tapia (con rastros que sus hagiógrafos reproducen y permiten atisbar lo que debieron ser), editado en época contemporáneo y perfectamente accesible para el estudioso actual el de María Machuca de Haro, nos restan (con algún matiz) los de Luciana de Jesús (s. XVII), Juana Úrsula Velázquez (s. XVII) y María Gertrudis Martínez del Hoyo Tellado (s. XVIII), que se han conservado en sus respectivos cenobios. El primero de ellos es la *Vida interior de la Venerable Sor Luciana de Jesús Capuchina del Monasterio de Jesús María de Granada, y fundadora del religiosíssimo Convento de Concentaina, llamado del Milagro*, compuesto por más de trescientas páginas que incluyen su *autobiografía por mandato* desde que ingresa en el monasterio de capuchinas de Granada (donde se ha conservado) hasta la fundación en la localidad alicantina de Cocentaina, conteniendo también el texto pensamientos, oraciones, e incluso varios poemas que ella compuso.

En cuanto a la magna obra de Juana Úrsula Velázquez, contenida en ciento cuarenta y dos cuadernos manuscritos conservados con primoroso celo en la clausura del monasterio de la Encarnación, de las Carmelitas de la Antigua Observancia, como se ha explicado, no sólo sirvieron para que en el siglo XVIII fray Gabriel de Santiago escribiera la hagiografía *Vida Admirable y Portentosa de la exemplarísima Virgen la Ble. Me. Sr. Juana Úrsula de Sn. Josef*, sino que también se usaron, junto a su extendida fama de santidad, para iniciar en su momento proceso de canonización, que quedó estancado hace mucho tiempo.

Y respecto a María Gertrudis Martínez del Hoyo Tellado, tampoco parece haberse conservado en el Monasterio de la Concepción, de Franciscanas Terciarias, el original sino tan sólo un Traslado de la *Vida que por mandato de su Director espiritual escribió la Madre María Gertrudis del Corazón de Jesús* (resultando, además, de muy difícil acceso en la actualidad). Y habría sido su propio confesor, el Padre Alcober e Higueras, quien llevara a cabo dicha copia de su manuscrito autobiográfico, incorporando unas notas finales referentes a sus últimos días de enfermedad y al momento de su muerte. De igual modo se conserva parcialmente el epistolario que mantuvo con el luego beato fray Diego José de Cádiz.

Sin embargo, aunque estas mujeres relataran por escrito sus orígenes y experiencias acatando el debido voto de obediencia, no obsta para que, en muchos casos, y aunque se vieran forzadas a recurrir a las estrategias de quitarse importancia y menoscabar sus cualidades, no faltara en ellas -al menos, en algunas- la conciencia cierta de la importancia de la obra que estaban llevando a cabo. Sólo así se explicaría que Beatriz María de Enciso guardara cuidadosamente su trabajo literario y que sólo entregara la llave que abría el arca que lo contenía a la Abadesa del convento en el momento inmediatamente previo a su muerte, cuando "avisó a la Prelada. Llegó la Abadesa, y la Sierva de Dios le entregó con rendimiento la llave de vna arquilla, en que tenía encerrados los quadernos que por orden de sus Confessores avía escrito. Causó gran admiración este caso" (Montalvo, 1719: 417).

Existe otro dato documental que viene a apoyar la importancia que Beatriz María de Enciso concedía a su faceta como escritora, y es que la hagiografía que escribió Tomás de Montalvo sobre su autobiografía, comienza con un retrato suyo, donde la religiosa aparece no en un rapto místico, no en éxtasis, no con sus visiones de ángeles o santos, o con los estigmas de Cristo, sino con la pluma en la mano: es decir, como escritora.

El complejo mundo de nuestras escritoras religiosas es realmente apasionante, y queda aún mucho por estudiar, y por descubrir. Pero considero que la hermosa y elocuente cita de Asunción Lavrin que reproduce Julia Lewandowska en su estudio *Escritoras monjas* resulta idónea para poner el broche final a este estudio introductorio, y dar el paso -y ceder la voz- para que nuestras escritoras nos descubran *su universo*:

> La escritura de mujeres religiosas no es un cielo negro con algunas estrellas fugaces. Es más bien todo el universo (*apud* Lewandowska, 2019: 15).

Retrato de Beatriz María de Enciso y Torres, con la pluma en la mano, escribiendo su Vida (Montalvo, Tomás, Vida prodigiosa de la extática Virgen, y Venerable Madre Sor Beatriz María de Jesús, 1719)

Agradecimientos

Friedrich Nietzsche decía que "La esencia de todo bello arte es la gratitud". Y como quiera que yo considero que lo que subyace bajo la apasionada labor de investigación que constituye este trabajo -aunque sin perder un ápice de rigor científico- se caracteriza por una esencia profundamente creativa, no quiero dar paso a las semblanzas de las escritoras sin antes manifestar mi más sincero agradecimiento a todas aquellas personas e instituciones que, de una u otra forma, han contribuido para que este volumen sea posible. En primer lugar, y de manera fundamental, a Rebeca Sanmartín Bastida y a SPLASH Editions, sobre todo, a su director editorial, Mac Daly. Gracias a ellos *Las venas de los lirios* ha podido ser una realidad.

Pero además, toda una serie de personas me han prestado una inestimable ayuda, y no puedo por menos que recordar aquí sus nombres (por orden alfabético): Paula Aira Quiroga, María Bueno Martínez, María Isabel Cabrera, Venancio Galán Cortés, Maribel Grande García, Miguel Luis López-Guadalupe Muñoz, José Márquez Montero (por las fotografías que me proporcionó del retrato de Gabriela Gertrudis de San José y del Niño Jesús conocido como *El Mamoncillo*, del convento de Carmelitas Descalzas de Úbeda), Antonio Ortigosa Hernández, Hna. María José Pérez, O. C. D., Antonio Praena, Carmen Sáenz Martín, Antonio Ángel Sánchez (Superior Provincial de los Carmelitas Descalzos, Provincia Ibérica), Javier Sierra, Javier Sorribes Gracia.

Un papel en verdad esencial han desempeñado las comunidades de religiosas, que han custodiado celosamente su patrimonio a lo largo de los siglos, y que tan amablemente me han brindado su información a fin de sacar a la luz la vida y obra de sus Hermanas escritoras del pasado, contribuyendo así a poner en valor su acervo cultural: Convento de San José de Carmelitas Descalzas (Granada), en especial, a la Hna. Ángeles del Purísimo Corazón de Jesús, q.e.p.d. y Hna. Natividad de Jesús; Convento de la Purísima Concepción de Carmelitas Descalzas (Úbeda, Jaén), en especial, a la Madre Concepción Navarrete Utrera; Convento de Santa Teresa de Jesús, de Carmelitas Descalzas (Jaén), y en especial, a la Hna. María Asunción de la Eucaristía; Monasterio de Nuestra Señora de la Encarnación de Clarisas (Granada), en especial, a sor Genoveva; Monasterio de la Concepción (Granada); Convento de las Comendadoras del Espíritu Santo (Sevilla); Convento de la Purísima Concepción de Religiosas Clarisas (Alhama de Granada); Misioneras del Santísimo Sacramento y María Inmaculada, en especial, a su Superiora Marian Macías; Monasterio de la Sagrada Familia de Carmelitas Descalzas

(Ogíjares, Granada), y en especial a su Priora, Madre María Rosa de la Eucaristía; Congregación de las Esclavas de la Eucaristía y de la Madre de Dios, en especial, a su Superiora General, sor Irene Labraga López; Monasterio de Jerónimas de Santa Paula (Sevilla), y en especial a su Priora, Madre Theresiamma Poulose; Convento de la Encarnación, de Carmelitas de la Antigua Observancia, de Granada.

Y por supuesto, un trabajo de investigación no podría, literalmente, existir, sin las bibliotecas. Por eso, y en función del total apoyo y la incondicional ayuda prestada, quiero manifestar mi gratitud hacia María José Ariza Rubio y José Luis Sánchez-Lafuente Valencia, Directora y Subdirector, respectivamente, de la Biblioteca de la Universidad de Granada, y hacia Olga Moreno Trujillo, Jefa de Servicio de la Biblioteca de la Facultad de Filosofía y Letras de la UGR.

Y desde luego, en este trabajo y siempre, a Juan Carlos López Gamboa, sin quien no habría lirios para mí.

Bibliografía general

ACOSTA-GARCÍA, Pablo (2020). "Santas y marcadas: itinerarios de lectura modélicos en las obras de las místicas bajomedievales impresas por Cisneros", *Hispania Sacra*, LXXII, 145, pp. 137-150. DOI: https://doi.org/10.3989/hs.2020.011.

AIZCORBE, Inmaculada (2012). *Emilia Riquelme*. Barcelona: Herder, 2ª ed.

ALABRÚS, Rosa María y GARCÍA CÁRCEL, Ricardo (2015). *Teresa de Jesús. La construcción de la santidad femenina*. Madrid: Cátedra.

ANÓNIMO (1880). "Introducción", en VV. AA. *Escritoras españolas contemporáneas. Colección de los mejores autores antiguos y modernos nacionales y extranjeros*. Tomo LVIII. Madrid: Biblioteca Universal.

ARENAL, Electa y SCHLAU, Stacey (1989). *Untold Sisters: Hispanic Nuns in Their Own Works*. Alburquerque: University of New Mexico Press.

ARIAS DE SAAVEDRA ALÍAS, Inmaculada, JIMÉNEZ PABLO, Esther y LÓPEZ-GUADALUPE MUÑOZ, Miguel Luis (eds.) (2018). *Subir a los altares. Modelos de santidad en la Monarquía Hispánica (s. XVI-XVIII)*. Granada: Editorial Universidad de Granada.

ARTEAGA, Cristina de (1925). *Sembrad...* Prólogo de Antonio Maura. Ilustraciones de Salvador Bartolozzi. Madrid: Editorial Saturnino Calleja.

ATIENZA LÓPEZ, Ángela (coord.) (2012). *Iglesia memorable. Crónicas, historias, escritos... a mayor gloria. Siglos XVI-XVIII*. Madrid: Sílex.

---- (coord.) (2018). *Mujeres entre el claustro y el siglo. Autoridad y poder en el mundo religioso femenino, siglos XVI-XVIII*. Madrid: Sílex.

---- (2019). "'No pueden ellos ver mejor...' Autonomía, autoridad y sororidad en el gobierno de los claustros femeninos en la Edad Moderna", *Arenal. Revista de historia de las mujeres*, 26:1, enero-junio, pp. 5-34.

---- (2021). "Una voz femenina en la historia de la tolerancia: María de San José-Salazar. El sabio gobierno de la diversidad", en GARCÍA CÁRCEL Ricardo y SERRANO, Eliseo (eds.), *Historia de la tolerancia en España*. Madrid: Cátedra, pp. 223-243.

BARANDA LETURIO, Nieves y MARÍN PINA, Mª Carmen (eds.) (2014). *Letras en la celda. Cultura escrita de los conventos femeninos en la España moderna*. Madrid/Frankfurt am Main: Iberoamericana/Vervuert.

---- y MARÍN PINA, Mª Carmen (2014). "El universo de la escritura conventual femenina: deslindes y perspectivas", en BARANDA

LETURIO, Nieves y MARÍN PINA, Mª Carmen (eds.) (2014). *Letras en la celda. Cultura escrita de los conventos femeninos en la España moderna*. Madrid/Frankfurt am Main: Iberoamericana/Vervuert, pp. 11-45.

BARRIOS ROZÚA, José Manuel (2004). "La sacralización del espacio urbano: los conventos. Arquitectura e historia", en BARRIOS AGUILERA, Manuel y GALÁN SÁNCHEZ, Ángel (eds.), *La historia del Reino de Granada a debate. Viejos y nuevos temas. Perspectivas de estudio*. Málaga: Centro de Ediciones de la Diputación Provincial de Málaga, pp. 627-652.

BARBATO, Antonio, CARETTA, Paola y COTTINO, Laura (2012). *Orsola Madalena Caccia*. Savigliano: L'Artistica Editrice.

BEJARANO PELLICER, Clara (2012). "Santas medievales a los ojos barrocos", *Tiempos modernos. Revista electrónica de Historia moderna*, vol. VII, nº 25, pp. 1-36.

BEL, María Antonia (2000). *La historia de las mujeres desde los textos*. Barcelona: Editorial Ariel.

BELL, Rudolph M. (1985). *Holy Anorexia*. Chicago: The Chicago University Press.

BERMÚDEZ SÁNCHEZ, Carmen, GALÁN CORTÉS, Venancio y RUEDA QUERO, Lucía (2020). *El Santo Cristo de Alonso de Mena*. Granada: Museo Monasterio Carmelitas Granada.

BLECUA, José Manuel (ed.) (1984). *Poesía de la Edad de Oro, II: Barroco*. Madrid: Castalia.

BONET CORREA, Antonio (1978). *Andalucía barroca*. Barcelona: Ediciones Polígrafa.

BROCOS FERNÁNDEZ, José Martín. "María Rosario Lucas Burgos" en Real Academia de la Historia, *Diccionario Biográfico Español*: https://dbe.rah.es/biografias/123847/maria-rosario-lucas-burgos.

BYNUM, Caroline Walker (1982). *Jesus as Mother: Studies in the Spirituality of the High Middle Ages*. Berkeley: University of California Press.

---- (1987). *Holy Feast and Holy Fast: The Religious Significance of Food to Medieval Women*. Berkeley: University of California Press.

----(1990). "El cuerpo femenino y la práctica religiosa en la Baja Edad Media". En FEHER, Michel, NADAFF, Ramona y TAZI, Nadia (eds.). *Fragmentos para una historia del cuerpo humano*. Madrid: Taurus, vol. I, pp. 167-225.

CABALLÉ, Anna (2015). *Pasé la mañana escribiendo. Poéticas del diarismo español*. Sevilla: Fundación José Manuel Lara.

CALVO DE AGUILAR, Isabel (1954). *Antología biográfica de escritoras*

españolas. Madrid: Biblioteca Nueva.
CAMPOS Y FERNÁNDEZ DE SEVILLA, Francisco Javier (2020). "La clausura en dos reformadoras del siglo XVI-XVII y su visión del *Hortus conclusus*: Santa Teresa y Mariana de San José", en CAMPOS Y FERNÁNDEZ DE SEVILLA, Francisco Javier (coord.), *La clausura femenina en España e Hispanoamérica: Historia y tradición viva*. Madrid: Real Centro Universitario Escorial-María Cristina, vol. I, pp. 127-154.
CARMONA GONZÁLEZ, Ángeles (1999). *Escritoras andaluzas en la prensa de Andalucía del siglo XIX*. Cádiz: Universidad de Cádiz/Instituto Andaluz de la Mujer.
CARRERAS HITOS, Mercedes (s.f.): *Escritos. Redacción autobiográfica*: https://www.madretrinidadcarreras.com/lectura/.
---- (1993b). *Escritos 2*. Madrid: Postulación de la Causa de M. Trinidad del Purísimo Corazón de María.
CASCALES Y MUÑOZ, José (*Mathéfilo*) (1896). *Sevilla intelectual. Sus escritores y artistas contemporáneos*. Madrid: Lib. de Victoriano Suárez.
CERTEAU, Michel de (2006). *La fábula mística (siglos XVI-XVII)*. Epílogo de Carlo Ossola. Madrid: Siruela.
CHEVALIER, Jean (dir.) (1986). *Diccionario de los símbolos*. Barcelona: Editorial Herder.
CHIAI, María (2006). *El dulce canto del corazón. Mujeres místicas desde Hildegarda a Simone Weil*. Madrid: Narcea.
CIRLOT, Victoria y GARÍ, Blanca (2021). *La mirada interior. Mística femenina en la Edad Media*. Barcelona: Siruela, ed. ampliada.
CONCEPCIÓN, Juan de la (1684). *Reforma de los Descalzos de Nuestra Señora del Carmen*. Madrid: vol. 4.
CONDE SOLARES, Carlos (2017). *El canon heterodoxo de la gran mística hispánica: beatas, meditación e iluminismo*. Oviedo: Universidad de Oviedo.
COROMINAS, Joan (1983). *Breve diccionario etimológico de la lengua castellana*. Madrid: Gredos, 3ª ed. muy revisada y mejorada, 3ª reimp.
CORREA RAMÓN, Amelina (1999). *Literatura en Granada. I: Narrativa y literatura personal*. Granada, Diputación de Granada.
---- (2002). *Plumas femeninas en la literatura de Granada (siglos VIII-XX). Diccionario-antología*. Granada: Editorial Universidad de Granada.
CRIADO DOMÍNGUEZ, Juan P. (1889). *Literatas españolas del siglo XIX. Apuntes bibliográficos*. Madrid: Imp. de Antonio Pérez Dubrull.

CUENCA, Francisco (1921). *Biblioteca de autores andaluces modernos y contemporáneos*. La Habana: Tip. Moderna: vol. I.

---- (1923). *Museo de pintores y escultores andaluces contemporáneos*. Prólogo de Francisco Villaespesa. La Habana: Imprenta y Papelería Rambla, Bouzá y Compañía. Ed. facsímil: Málaga: Unicaja, 1996.

---- (1925). *Biblioteca de autores andaluces contemporáneos*. La Habana: Tip. Moderna, vol. II.

DELGADO, Yolanda (s.f.): *Cuadernos espirituales. Mª Emilia Riquelme. Guía de lectura*. Granada: Misioneras del Santísimo Sacramento y María Inmaculada.

DIAZ DE ESCOVAR, Narciso (1898a). "Granadinas ilustres. Monja poetisa I". *La Alhambra*, I, nº 7, 15 de abril de 1898, pp. 125-128.

DUBY, Georges y PERROT, Michelle (dirs.) (1991-1993). *Historia de las mujeres*. 5 vols. Barcelona: Círculo de Lectores.

DURÁN LÓPEZ, Fernando (2007). *Un cielo abreviado. Introducción crítica a una historia de la autobiografía religiosa en España*. Madrid: Fundación Universitaria Española/Universidad Pontificia de Salamanca.

EGIDO, Teófanes (1992). "Mentalidades colectivas", en ÁLVAREZ SANTALÓ, León Carlos y CREMADES GRIÑÁN, Carmen María (eds.), *Mentalidad e ideología en el Antiguo Régimen*. Murcia: Universidad de Murcia, vol. II, pp. 57-71.

EL SOUS, Juan Pablo (2016). "Niño Jesús Pasionista", en RAMOS SOSA, Rafael y MARTÍN BOGDANOVICH, Luis (coords.), *La madera hecha Dios: arte, fe y devoción en torno a la Pasión de Cristo*. Lima: Municipalidad de Lima.

EQUIPO EDITORIAL (1990). *Escritoras andaluzas (De 1300 a 1900)*. Sevilla: Editorial J. R. Castillejo.

FERNÁNDEZ MORENO, Ángel Tomás (1768). *Compendio histórico chronológico de la fundación maravillosa del Monasterio de Jesús María, de Capuchinas Mínimas del Desierto de Penitencia de la Ciudad de Granada, sus Progressos, y Vidas Admirables de las Religiosas, que en él han Florecido en Virtud, y Santidad*. Madrid: Imprenta de la Viuda de Manuel Fernández, tomo I, s.p.

FERNÁNDEZ QUINTANILLA, Paloma (1981). *La mujer ilustrada en la España del siglo XVIII*. Madrid: Dirección General de Juventud y Promoción Sociocultural.

GADEA Y OVIEDO, Sebastián Antonio de (1692). *Triunfales fiestas que a la canonización de San Juan de Dios consagró la muy noble, leal y gran ciudad de Granada cuyo Cabildo las dedica a la Magestad Católica de D. Carlos Segundo N. S. que Dios guarde, Rey de las*

Españas. Granada: Imprenta de Francisco de Ochoa.
GALERSTEIN, Carolyn L. (ed.) (1986). *Women Writers of Spain: An annotated bio-bibliographical guide*. New York: Greenwood Press.
GARCÍA ESTRADÉ, María del Carmen (2020). "Los emblemas marianos del agua. '*Puteus aquarum*' y '*Fons signatus*' en el retablo Inmaculista del Monasterio de la Encarnación de Escalona (Toledo)", en CAMPOS Y FERNÁNDEZ DE SEVILLA, Francisco Javier (coord.), *La clausura femenina en España e Hispanoamérica: Historia y tradición viva*. Madrid: Real Centro Universitario Escorial-María Cristina, vol. I, pp. 55-76.
GARCÍA GUTIÉRREZ, Pedro Francisco (2002). "Niños Jesús de clausura", *Galería Antiqvuaria. Arte contemporáneo, antigüedades, mercado, coleccionismo*, 211, p. 32.
GARCÍA LORCA, Francisco (1990). *Federico y su mundo*. Madrid: Alianza, 3ª reimp.
GARCÍA SUÁREZ, Pedro (2021). "Una aproximación al modelo corporal de santidad contrarreformista a través de la vida de Juana de la Cruz y otras santas franciscanas", *Arenal*, 28:2, julio-diciembre, pp. 477-502.
GARCÍA VALVERDE, María Luisa (1998). *Inventario de los fondos documentales monacales femeninos de Granada desde la Reconquista hasta la Desamortización de Mendizábal*. Tesis Doctoral. Edición en microfichas. Granada: Universidad de Granada.
GILES, Ryan D. (2016). "'Mira mis llagas': Heridas divinas en las obras de Brígida de Suecia y Teresa de Jesús", *eHumanista. Journal of Iberian Studies*, 32, pp. 34-49.
GIRÓN, César (2015). *Iglesias de Granada*. Córdoba: Almuzara.
GÓMEZ MORENO, Ángel (2008). *Claves hagiográficas de la literatura española*. Madrid/Frankfurt am Main: Iberoamericana/Vervuert.
GOULD LEVINE, Linda, ENGELSON MARSON, Ellen and FEIMAN WALDMAN, Gloria (eds.) (1993). *Spanish Women Writers: A Bio-Bibliographical Source Book*. Westport, CT: Greenwood Press.
GRAÑA CID, María del Mar (2001). "En torno a la fenomenología de las santas vivas (Algunos ejemplos andaluces, siglos XV-XVI)", *Miscelánea Comillas*, vol. 59, nº 115, julio-diciembre, pp. 739-777.
---- (2019). "En defensa de las 'santas vivas' y la palabra pública de las mujeres: el *Conorte* de Juana de la Cruz y la genealogía femenina", *Arenal. Revista de historia de las mujeres*, 26:1, enero-junio, pp. 67-97.
GREEN, Rosalie (dir.) (1979). *Hortus deliciarum/Herrad of Hohenbourg*. London/Leiden: Warburg Institute/Brill, 2 vols.

HENARES PAQUE, Vicente (2008). "La iconografía de la imagen exenta del niño Jesús en el arte colonial hispanoamericano. Apuntes para su clasificación", *Boletín de la Asociación para el Fomento de los Estudios Históricos en Centroamérica*, julio, nº 35: http://afehc-historia-centroamericana.org/index.php?action=fi_aff&id=1875.

HERPOEL, Sonja (1987). "Persecuciones y salvación en una autobiografía anónima del Siglo de Oro", en *Marginalismo-s. Actas del III Svmposi Internacional de la Universidad de Groningen*, Groningen, 1987, pp. 109-117.

---- (1998). "Inés de la Encarnación y la autobiografía por mandato", en EHICKER, Jules (coord.), *Actas del XII Congreso de la Asociación Internacional de Hispanistas*. Birmingham: University of Birmingham, vol. II, pp. 284-291.

---- (1999). *A la zaga de Santa Teresa: Autobiografías por mandato*. Amsterdam: Rodopi.

HIGONNET, Anne (1993). "Las mujeres y las imágenes. Apariencia, tiempo libre y subsistencia". En FRAISSE, Geneviève y PERROT, Michelle (dirs.). El siglo XIX. Vol. IV de DUBY, George y PERROT, Michelle (dirs.), *Historia de las mujeres*. Barcelona: Círculo de Lectores, pp. 272-295.

IBEAS, Nieves y MILLÁN, Mª Ángeles (eds.) (1997). *La conjura del olvido. Escritura y feminismo*. Barcelona: Icaria Editorial.

JIMÉNEZ MORALES, María Isabel (1996). *Escritoras malagueñas del siglo XIX*. Colección Atenea. Estudios sobre la Mujer. Málaga: Universidad de Málaga.

JUAN DE LA CRUZ, San (1983). *Poesía*. Domingo Ynduráin (ed.). Madrid: Cátedra.

KIRKPATRICK, Susan (1989). *Las Románticas. Escritoras y subjetividad en España 1835-1850*. Madrid: Cátedra/Universidad de Valencia/Instituto de la Mujer.

---- (ed., introducción y notas) (1992). *Antología poética de escritoras del siglo XIX*. Madrid: Editorial Castalia/Instituto de la Mujer.

LAVRIN, Asunción (2016). *Las esposas de Cristo. La vida conventual en la Nueva España*. Ciudad de México: Fondo de Cultura Económica.

LE GOFF, Jacques (1981). *El nacimiento del Purgatorio*, Madrid: Taurus.

LEWANDOWSKA, Julia (2019). *Escritoras monjas. Autoridad y autoría en la escritura conventual femenina de los Siglos de Oro*. Madrid/Frankfurt am Main: Iberoamericana/Vervuert.

LÓPEZ-GUADALUPE MUÑOZ, Juan Jesús (1999). "Imágenes del más allá. Culto e iconografía de las ánimas en la Granada moderna", en RODRÍGUEZ BECERRA, Salvador (coord.), *Religión y cultura*,

Sevilla: Consejería de Cultura de la Junta de Andalucía/Fundación Machado, vol. I, pp. 395-406.
LÓPEZ-GUADALUPE MUÑOZ, Miguel Luis (2006). "Solidaridad ante la muerte en la Granada renacentista y barroca", en LÓPEZ-GUADALUPE MUÑOZ, Juan Jesús (ed.). *Memoria de Granada. Estudios en torno al Cementerio.* Granada: EMUCESA, pp. 155-197.
---- (2015a). "Ángel triunfante y palacio de la pobreza: imagen barroca del convento granadino del Santo Ángel", en IGLESIAS RODRÍGUEZ, Juan José, PÉREZ GARCÍA, Rafael M. y FERNÁNDEZ CHAVES, Manuel F. (eds.). *Comercio y cultura en la Edad Moderna. Actas de la XIII reunión Científica de la Fundación Española de Historia Moderna.* Sevilla: Universidad de Sevilla, vol. II, pp. 2711-2726.
---- (2015b). "Sublimación espiritual y atracción social: la descalzez femenina en la Granada del siglo XVII", *Libros de la Corte*, nº Extra 3, pp. 121-137.
LÓPEZ-HUERTAS PÉREZ, María José (1997). *Bibliografía de impresos granadinos de los siglos XVII y XVIII.* Granada: Editorial Universidad de Granada, 2 vols.
LÓPEZ TORRES, Matilde (2009). *Diccionario de mujeres pintoras en Andalucía, Siglo XIX.* Málaga: Fundación Unicaja.
LUENGO BALBÁS, María (2016). *Juana de la Cruz: Vida y obra de una visionaria del siglo XVI.* Rebeca Sanmartín Bastida (dir.) [tesis doctoral]. Madrid: Universidad Complutense de Madrid: https://eprints.ucm.es/39518/.
LUIS DE LEÓN, fray (1980). *La Perfecta Casada.* Madrid: Espasa-Calpe, 11ª ed.: http://www.cervantesvirtual.com/obra-visor/la-perfecta-casada--1/html/ffbbf57a-82b1-11df-acc7-002185ce6064_4.html.
MADERO LÓPEZ, José Carlos (2014). "El Convento del Ángel en la literatura del XVII y XVIII", *EntreRíos. Revista de arte y letras*, Monográfico *Ora et Labora. Conventos* granadinos, IX, nº 21-22, pp. 139-153.
MANSEAU, Peter (2010). *Huesos sagrados. Un recorrido por las reliquias de las religiones del mundo.* Barcelona: Alba.
MARÍN LÓPEZ, Nicolás (1962). *La Alhambra. Época romántica (1839-1843). Índices.* Granada: Editorial Universidad de Granada.
MARTIN, Kathleen (ed.) (2010). *El libro de los símbolos. Reflexiones sobre las imágenes arquetípicas.* Madrid: Taschen.
MARTÍN RIBAS, P. Ramiro (2003). *Sublime itinerario. Guía inédita religiosa-hagiográfica-histórica-artística de España.* Madrid: ed. del autor.
MARTÍNEZ, Cándida, PASTOR, Reina, PASCUA, María José de la y

TAVERA, Susana (dirs.) (2000). *Mujeres en la historia de España. Enciclopedia biográfica*. Barcelona: Planeta.

MARTÍNEZ CARRETERO, Ismael (2008). *Las Carmelitas de Granada. "Monjas del Carmen"*. Granada: Caja Rural de Granada.

MAYORAL, Marina (coord.) (1990). *Escritoras románticas españolas*. Madrid: Fundación Banco Exterior.

MÉNDEZ, Begoña (2020). *Heridas abiertas*. Gerona: Wunderkammer.

MÉNDEZ BEJARANO, Mario (1922-1925). *Diccionario de escritores, maestros y oradores naturales de Sevilla*. Sevilla: Tipografía Gironés. Edición facsímil: Sevilla, Editorial Padilla, 1989.

MOLINA FAJARDO, Eduardo (1979). *Historia de los periódicos granadinos (siglos XVIII y XIX)*. Granada: Diputación de Granada.

MOLINA HUETE, Belén (2016). "Hacia un corpus de lírica carmelitana: la poesía de la Madre María de la Santísima Trinidad (1647-1729), del Convento de San José de Málaga", en BORREGO GUTIÉRREZ, Esther y LOSADA, José Manuel (dirs.), *Cinco siglos de Teresa: la proyección de la vida y los escritos de Teresa de Jesús. Actas selectas del Congreso Internacional "Que muero porque no muero". Santa Teresa o la llama permanente 1515-2015*. Madrid: Fundación María Cristina Masaveu Peterson, pp. 209-232.

MONTALVO, fray Tomás (1719). *Vida prodigiosa de la extática Virgen, y Venerable Madre Sor Beatriz María de Jesús, Abadesa, que fue del convento del Angel Custodio de la Ciudad de Granada, de Religiosas Franciscas Descalças de la más estrecha Observancia de la Primera Regla de Santa Clara: Chrónica del mismo convento, y memoria de otras Religiosas insignes en virtud*. Granada: Francisco Domínguez, Impresor del Ilmo. Sr. Deán, y Cabildo de la Santa Iglesia.

MONTERO, Rosa (1995). *Historias de mujeres*. Madrid: Alfaguara.

MONTERO ALARCÓN, Alma Lourdes (2002). *Monjas coronadas en América Latina: profesión y muerte en los conventos femeninos del siglo XVII*. Tesis Doctoral, Universidad Nacional Autónoma de México: http://132.248.9.195/pdtestdf/0312151/Index.html.

MORALES BORRERO, Manuel (1995). *El Convento de Carmelitas Descalzas de Úbeda y el Carmelo Femenino en Jaén. María de la Cruz, O.C.D. Su vida y obra*. 2 vols. Jaén: Instituto de Estudios Giennenses [El segundo volumen contiene la primera edición impresa de la *Vida de la Venerable Madre María de la Cruz*, escrita toda de su mano].

---- (2001). "Estudio introductorio", en CRUZ, María de la O.C.D. *Vida y virtudes de catalina María de Jesús (Mendoza)*. Jaén: Instituto de Estudios Giennenses, pp. 7-118.

MORALES FOLGUERA José Miguel y CRUCES RODRÍGUEZ, Antonio (2021). "Jardines míticos", en "Historia del jardín. La naturaleza al servicio del arte": http://historiadelartemalaga.uma.es/profesorado/jmmf/hdj/jardines-miticos/.

MORRÁS RUIZ-FALCÓ, María (2015). "Ser mujer y santa (Península Ibérica, siglos XV-XVII)". *Medievalia*, 18, 2, pp. 9-24.

MUÑOZ FERNÁNDEZ, Ángela (1994). *Beatas y santas neocastellanas: ambivalencias de la religión y políticas correctoras del poder (s. XIV-XVII)*. Madrid: Dirección General de la Mujer/Instituto de Investigaciones Feministas de la Universidad Complutense.

MURIEL, Josefina y MONTERO ALARCÓN, Alma (2005). *Monjas coronadas. Vida conventual femenina*. Madrid: Real Academia de Bellas Artes de San Fernando.

NAVAS RUIZ, María Isabel (2009). *La literatura española y la crítica feminista*. Madrid: Fundamentos.

NELKEN, Margarita (1930). *Las escritoras españolas*. Barcelona: Labor.

ONÍS, Federico de (1934). *Antología de la poesía española e hispanoamericana (1882-1932)*. Madrid: Centro de Estudios Históricos.

ORTEGA, José y MORAL, Celia del (1991). *Diccionario de escritores granadinos (siglos VIII-XX)*. Granada: Editorial Universidad de Granada/Diputación de Granada.

PALOMO, María del Pilar (1996). "Prólogo", en JIMÉNEZ FARO, Luzmaría. *Poetisas españolas: antología general (de 1901 a 1939)*. Madrid: Ediciones Torremozas.

PALOMO IGLESIAS, Crescencio O.P. (2000). *Vida y obra de la M. Trinidad del Purísimo Corazón de María*. Madrid: Esclavas de la Santísima Eucaristía y de la Madre de Dios.

PARDO LÓPEZ, María Angustias y GUERVÓS MADRID, María del Carmen (1957). *La Alhambra. Granada (1884-85 y 1898-1924)*. Granada: Editorial Universidad de Granada.

PASCUA SÁNCHEZ, María José (2019). "El Carmelo como jardín: del *hortus conclusus* al *hortus theologicus* en el paisaje espiritual de Teresa de Jesús y María de San José (1526-1603)", *Arenal. Revista de historia de las mujeres*, 26:1, enero-junio, pp. 35-65.

PEÑA MARTÍN, Ángel (2010). "Del Pesebre a la Cruz. El Niño Jesús crucificado", en CAMPOS Y FERNÁNDEZ DE SEVILLA, Francisco Javier (ed.), *Los Crucificados, religiosidad, cofradías y arte*. El Escorial: Real Centro Universitario Escorial-María Cristina, pp. 735-754.

---- (2013). "Estoy crucificada con Cristo: en torno a la representación de la Religiosa mortificada del Monasterio de la Concepción de Riobamba (Ecuador)", en LÓPEZ CALDERÓN, Carme, FERNÁNDEZ VALLE, María de los Ángeles y RODRÍGUEZ MOYA, Inmaculada (coords.). *Barroco iberoamericano. Identidades culturales de un Imperio*. Santiago de Compostela: Andavira, vol. I, pp. 181-197.

PÉREZ MARTÍN, Ana María (2016). "Casa y Monasterio de Santa María Egipciaca de la ciudad de Granada", en CABRERA ESPINOSA, Manuel y LÓPEZ CORDERO, Juan Antonio (eds.), *VIII Congreso Virtual para Historia de las Mujeres 15-31 de octubre de 2016*. Jaén: Archivo Histórico Diocesano de Jaén, p. 1: file:///C:/Users/usuario/Downloads/Dialnet-CasaYMonasterioDeSantaMariaEgipciacaDeLaCiudadDeGr-5714505.pdf.

PICLES, Sheila (1994). *El lenguaje de las flores*. Barcelona: Ediciones Elfos.

POUTRIN, Isabelle (1995). *Le voile et la plume. Autobiographie et sainteté feminine dans l'Espagne Moderne*. Madrid: Casa de Velázquez.

POZA Y MURIEL, Martina (1897). "La pasionaria", *Boletín Antoniano*, Año I, nº 7, 30 de marzo, p. 3.

PURÍSIMO CORAZÓN DE MARÍA, Hermana Ángeles del (2005). *Convento de Carmelitas Descalzas de San José de Granada*. Granada: Caja Granada.

RAMÍREZ GÓMEZ, Carmen (2000). *Mujeres escritoras en la prensa andaluza del siglo XX (1900-1950)*. Sevilla: Universidad de Sevilla.

RÉGNIER-BOHLER, Danielle (1992). "Voces literarias, voces místicas", en DUBY, Georges y PERROT, Michelle (dirs.), *Historia de las mujeres*, vol. II: Christiane Klapisch-Zuber (dir.), *La Edad Media*. Barcelona: Círculo de Lectores.

REQUENA, Federico M. (2002). "Vida religiosa y espiritual en la España de principios del siglo XX", *Anuario de Historia de la Iglesia*, nº 11, pp. 39-68.

RIQUELME, María Emilia (2019). *Pensamientos de María Emilia Riquelme*. Granada: Misioneras del Santísimo Sacramento y María Inmaculada, 5ª ed. aumentada.

RODRÍGUEZ TITOS, Juan (1998). *Mujeres de Granada*. Granada: Diputación de Granada.

ROLDÁN, Manuel Jesús (2013). *Conventos de Sevilla*. Córdoba: Almuzara, 2ª ed.

---- (2020). *Historia del Arte con nombre de mujer*. Sevilla: El Paseo Editorial.

ROS, Carlos (2010). *Vida de María Emilia Riquelme*. Madrid: San Pablo.

ROSE, Andrea (1992). *The Pre-Raphaelites*. London: Phaidon Press.
ROSSI DE FIORI, Íride María, CARAMELLA DE GAMARRA, Rosanna, MARTÍNEZ SARAVIA DE LECUONA, Soledad y FIORI ROSSI, Helena (2008). *La palabra oculta. Monjas escritoras en la Hispanoamérica colonial*. Salta: Editorial Biblioteca de Textos Universitarios/Ediciones de la Universidad Católica de Salta.
RUBIA, Francisco J. (2004). *La conexión divina. La experiencia mística y la neurobiología*. Barcelona: Crítica, 2ª ed.
SALVADOR GONZÁLEZ, José María (2014). "Sicut lilium inter spinas. Metáforas florales en la iconografía mariana bajomedieval a la luz de fuentes patrísticas y teológicas", *Eikon Imago*, 6, 2, pp. 1-32.
SAN DIEGO, Úrsula (1813). *Convento Espiritual, por una religiosa capuchina lega en la ciudad de Granada, con unos apuntamientos a el fin de cada capítulo, hechos por el licenciado Gerónimo de Quintana, Clérigo Presbytero, Notario del Santo Oficio de la Inquisición, Rector del Hospital de Latina de la Villa de Madrid, y natural de ella*. Santiago de Chile: D. J. C. Gallardo.
SAN JERÓNIMO, Manuel de (1703). *Edades y virtudes, empleos y prodigios de la V. M. Gabriela de San Ioseph, religiosa carmelita descalza en su convento de la Concepción de la misma orden de la ciudad de Vbeda*. Jaén: Imprenta de Tomás Copado.
---- (1706-1710). *Reforma de los Descalzos de Nuestra Señora del Carmen*. Madrid: Gerónimo Estrada, vols. 5 y 6.
SÁNCHEZ FERNÁNDEZ, Aurora (2000). *El lenguaje de las flores*. Oviedo: Ediciones Nobel.
SÁNCHEZ LÓPEZ, Emilia Julia, sor Emilia de San Juan Bautista (1899). "Súplica de una niña a la Santísima Virgen para el ofrecimiento de las flores", *La Atalaya. Diario de la mañana*, 31 de mayo, p. 1.
SANFUENTES, Olaya (2010). "Propuesta para una interpretación de la colección de niños de fanal en el Museo de la Merced de Santiago de Chile", en ORTIZ CRESPO, Alfonso, *Arte quiteño más allá de Quito*. Quito: Fonsal.
SANMARTÍN BASTIDA, Rebeca (2012). *La representación de las místicas: Sor María de Santo Domingo en su contexto europeo*, prólogo de Dámaso López García. Santander: Real Sociedad Menéndez Pelayo. Reed., con nuevo prefacio, London: SPLASH Editions, 2017.
---- (2015). *La comida visionaria: Formas de alimentación en el discurso carismático femenino del siglo XVI*, prólogo de Catherine Davies. London: Critical, Cultural and Communications Press. Reed., con correcciones, London: SPLASH Editions, 2017.

----- (2016a). "Sobre las categorías de santa, beata y visionaria", *Cahiers d'études hispaniques médiévales*, nº 39, pp. 183-208.

----- (2016b). "¿Era Teresa tan amiga de las imágenes? Sobre las visiones y el arte", en BORREGO GUTIÉRREZ, Esther y LOSADA, José Manuel (dirs.), *Cinco siglos de Teresa: la proyección de la vida y los escritos de Teresa de Jesús. Actas selectas del Congreso Internacional "Que muero porque no muero". Santa Teresa o la llama permanente 1515-2015*. Madrid: Fundación María Cristina Masaveu Peterson, pp. 89-107.

SANTA MARÍA, Francisco de (1644-1720). *Reforma de los Descalzos de Nuestra Señora del Carmen*. Madrid: vol. 1.

SANTA TERESA, Anastasio (1783). *Reforma de los Descalzos de Nuestra Señora del Carmen*. Madrid: Gerónimo Estrada, vol. 7.

SANTA TERESA, José de (1683). *Reforma de los Descalzos de Nuestra Señora del Carmen*. Madrid, vol. 3.

SANTA TERESA, Silverio de (1935-1952). *Historia del Carmen Descalzo en España, Portugal y América*. Burgos: Tip. Monte Carmelo, 15 vols.

SANTIAGO, Fray Gabriel de (siglo XVIII). *Vida Admirable y Portentosa de la exemplarísima Virgen la Ble. Me. Sr. Juana Úrsula de Sn. Josef.* Granada, Manuscrito, 3 vols.

SANTONJA, Pedro (2000). "Las doctrinas de los alumbrados españoles y sus posibles fuentes medievales", *Dicenda*, 18, pp. 353-392.

SANTOS MORENO, María Dolores (en prensa). "Bellas, distinguidas y encantadoras. Mujeres pintoras en la Granada del siglo XIX". En *Actas del Congreso Un siglo de estrellas fugaces. Celebrado en el Museo del Prado, Madrid, 22-24 de febrero de 2021.*

SCHNITZER, Rita (1985). *Leyendas y mitos de las flores*. Barcelona: Elfos, 3ª ed.

SCOCCHERA, Vanina (2013): "'Protege a mi Niño'. Los reposos del Divino Infante en Córdoba del Tucumán en el siglo XVIII", *Revista Sans Soleil. Estudios de la imagen*, vol. V, nº 2, pp. 176-186.

SERRANO Y SANZ, Manuel (1903-1905). *Apuntes para una biblioteca de escritoras españolas. Del año 1401 a 1833*. Madrid: Est. Tip. Suc. de Rivadeneyra, 2 vols.

SIERRA, Javier (1998). *La dama azul*. Madrid: Martínez Roca.

SIMÓN PALMER, María del Carmen (1991). *Escritoras españolas del siglo XIX*. Madrid: Editorial Castalia.

STRINATI, Claudio and POMEROY, Jordana (2007). *Italian Women Artist from Renaissance to Baroque*. Milan: Skira Editore.

SURTZ, Ronald E. (1995). *Writing Women in Late Medieval and Early Modern Spain: The Mothers of Saint Theresa of Avila*. Philadephia:

University of Pennsylvania Press.
TABUYO, María (1999). "Misticismo radical", en "Introducción", en Hadewijch de Amberes, *El lenguaje del deseo*. María Tabuyo (ed. y trad.). Madrid: Trotta, pp. 31-34.
TERESA DE JESÚS, Santa (1611). *Conceptos del amor de Dios: Sobre algunas palabras de los cantares de Salomón*. Bruselas: Roger Velpio, y Huberto Antonio, Impressores jurados, cerca de Palacio: http://bdh-rd.bne.es/viewer.vm?id=0000081844&page=1.
---- (2011). *Libro de la Vida*. Dámaso Chicharro (ed.). Madrid: Cátedra, 16ª ed.
THURSTON, Herbert (1952). *The Physical Phenomena of Mysticism*. Chicago: Henry Regnery.
TORRES LÓPEZ, Jesús (2019). *Movimiento fundacional de instituciones religiosas femeninas españolas en el siglo XIX. Pervivencias y cambios*, Tesis Doctoral, Universidad Complutense de Madrid: https://eprints.ucm.es/id/eprint/51687/1/T40955.pdf.
VALLEJO, Irene (2020). *El infinito en un junco. La invención de los libros en el mundo antiguo*. Madrid: Siruela.
VARGAS MURCIA, Laura Liliana (2019)."'Una imagen del Niño Jesús me estaba llamando'. Amor y dolor entre esculturas que cobran vida y monjas neogranadinas", en FERNÁNDEZ VALLE, María de los Ángeles, LÓPEZ CALDERÓN, Carmen y RODRÍGUEZ MOYA, Inmaculada (eds.), *Pinceles y gubias del barroco iberoamericano*. Sevilla/Santiago de Compostela: Enredars/Andavira, vol. VII, pp. 337-354.
VEGA, Tomás (1927). *Historia de otra alma*. Granada: Tip. Salvador Rodríguez.
VEGA JIMÉNEZ, María Teresa de (1984). *Imágenes exentas del Niño Jesús. Historia, iconografía, evolución. Catálogo de la provincia de Valladolid*. Valladolid: Caja de Ahorros Provincial de Valladolid.
VERDUGO DE CASTILLA, Ana (1773). *Obras poéticas de la Madre Sor Ana de San Gerónimo, Religiosa profesa del conv. del Ángel, Franciscas Descalzas de Granada. Recogidas antes, y sacadas a luz después de su muerte, por un apasionado suyo*. Córdoba: Oficina de Juan Rodríguez.
VIÑES MILLET, Cristina (1995). *Figuras granadinas*. Granada: Sierra Nevada 95/El legado andalusí.
VV. AA. (1994). *El mundo literario en la pintura del siglo XIX del Museo del Prado*. Madrid: Centro Nacional de Exposiciones y Promoción Artística del Ministerio de Cultura.
WEINSTEIN, Donald and BELL, Rudolph M. (1982). *Saints and Society: The Two Worlds of Western Christendom, 1000-1700*. Chicago:

University of Chicago Press.
WOOD, Christopher (1994). *The Pre-Raphaelites*. London: Weidenfeld and Nicolson.
ZARRI, Gabriella (1990). *Le sante vive: profezie di corte e devozione femminile tra '400 e '500*. Turín: Rosenberg & Sellier.
---- (1996). "Living Saints: A Typology of Female Sanctity in the Early Sixteenth Century", en BORNSTEIN, Daniel y RUSCONI, Roberto (eds.), *Women and religion in Medieval and Renaissance Italy*, Chicago: University of Chicago Press, pp. 219-303.
ZARRI, Gabriella y BARANDA LETURIO, Nieves (2011). *Memoria e comunità femminili: Spagna e Italia, secc. XV-XVII - Memoria y comunidades femeninas. España e Italia, siglos XV-XVII*. Firenze/Madrid: Firenze University Press/UNED.
ZAVALA, Iris M. (coord.) (1993-1996). *Breve historia feminista de la literatura española (en lengua castellana)*. Barcelona/San Juan de Puerto Rico: Anthropos/Universidad de Puerto Rico, 3 vols.
ZORRILLA, José (1991). *Don Juan Tenorio*. Madrid: Espasa Calpe, 18ª ed.

Lirios de santidad granadinos: Breve diccionario-antología (ss. XVI-XX) [1]

"¿De qué son tus pinceles,
que pintan con tan diestra sutileza
las venas de los lirios?"

Pedro de Espinosa

DICCIONARIO-ANTOLOGÍA

ARTEAGA Y FALGUERA, María Cristina de, *sor Cristina de la Cruz*
Zarauz (Guipúzcoa), 6/IX/1902 - Sevilla, 13/VII/1984

Géneros literarios: Poesía, ensayo

Hija de Joaquín de Arteaga, duque del Infantado, marqués de Santillana y una decena larga de títulos nobiliarios más, y de Isabel Falguera y Moreno, condesa de Santiago, la futura escritora vendría al mundo en el palacio familiar de Villa de Santillana, en la localidad guipuzcoana de Zarauz. Su madrina de bautismo fue la Reina Madre, y de ahí su nombre de María Cristina (aunque ella acostumbrase a prescindir del María inicial), al que, según un uso arraigado en la época, seguían en larga retahíla los de Petronia, Ignacia de Loyola, Josefa, Ramona y Joaquina del Sagrado Corazón de Jesús, tal como constan en su Partida de Bautismo. La relación con su madrina hizo que le dedicara su poemario *Sembrad...*, "A S. M. la Reina Doña María Cristina. Devotamente".

Desde muy temprana edad demostró Cristina de Arteaga gran afición por la literatura y por la historia, así como una gran capacidad intelectual. Siendo poco usual en esos años, cursó en Madrid la carrera universitaria de Filosofía y Letras, especialidad de Historia, con Premio Extraordinario y Cruz de Alfonso XII, doctorándose poco después, en 1922, igualmente

---

[1] Se ofrecen en este volumen las semblanzas bio-bibliográficas de estas treinta escritoras religiosas granadinas o estrechamente vinculadas con Granada, tan sólo como punto de partida, en espera de que cada una de ellas pueda servir de estímulo y acicate para nuevos estudios futuros.

con Premio Extraordinario. Su Tesis, titulada *El Venerable don Juan de Palafox y Mendoza, obispo de Puebla de los Ángeles y de Osma*, fue presentada en 1926, convirtiéndose así en una de las primeras mujeres españolas en alcanzar este grado académico (dicho estudio vería la luz muchos años después, tras el fallecimiento de su autora: *Una mitra sobre dos mundos, la de don Juan de Palafox y Mendoza, obispo de Puebla de los Ángeles y de Osma*. Sevilla: Gráficas Salesianas, 1985).

Pero un año antes de presentar su Tesis Doctoral, Cristina de Arteaga había publicado en Madrid, con prólogo de Antonio Maura, el ya mencionado poemario *Sembrad...* (Madrid: Editorial Saturnino Calleja, 1925), que incluye veinte láminas a color de uno de los mejores y más famosos ilustradores del momento, como es Salvador Bartolozzi (quien ejercerá también como escenógrafo, por ejemplo, para *La zapatera prodigiosa*, de Federico García Lorca). En vista de su buena acogida, el libro se reeditará al año siguiente, y nuevamente en 1928. Por último, en 1982, dos años antes de morir, la autora lleva a cabo en Sevilla otra reedición de la obra, con diversas modificaciones sobre la original. Para comprender el alcance que tuvo este libro en su momento, se puede recordar que el propio Juan Ramón Jiménez le dedicará un poema, y Joaquín Turina musicará en 1927 tres de las composiciones.

A pesar de su dinámica actividad, tanto en el ámbito intelectual (conferencias, artículos en periódicos y revistas, etc.), como en el aristocrático de su origen familiar, en *Sembrad...* se aprecia un alto grado de espiritualidad y de deseo de alejamiento del mundo, originado en lo que habría sido, al parecer, una temprana vocación religiosa. Así se aprecia en composiciones como "Soledad":

> Me han huido el Amor y la Gloria ruidosa...
> ¡Bésame, Soledad, mi amiga silenciosa!
>
> Es de noche. Partió la absurda compañía
> de los días que fueron alegres, sensuales.
> Has quedado tú sola... muy sola... ¡No sabía
> lo suave sin igual de tu melancolía!
> Convídame a la paz de tus horas claustrales.

Esa vocación religiosa y de retiro monacal que se vislumbraba ya en *Sembrad...* se concretará un año más tarde, cuando Cristina de Arteaga se recluya voluntariamente en la abadía benedictina de Solesmes, en Francia. Seis meses después enfermará gravemente, por lo que deberá pasar cerca de medio año internada en un sanatorio hasta su recuperación. Entonces regresa a España, donde escribe algunos poemas acerca de su enfermedad y convalecencia, que serán incluidos en posteriores ediciones de *Sembrad*....

Durante la República, Cristina de Arteaga lleva a cabo una profunda labor de investigación en el archivo de los Osuna-Infantado, lo que da como resultado la publicación de una obra en dos gruesos volúmenes, titulada *La Casa del Infantado y Cabeza de los Mendoza* (Madrid: 1940 y 1944).

En el año 1934 la escritora e intelectual decide por fin dar cauce definitivo a su vocación religiosa, para lo cual ingresa en el monasterio de Jerónimas de Madrid, donde profesaría en el mes de abril de 1936. Allí escribiría una biografía de la que fuera célebre maestra de Isabel la Católica y fundadora de la Concepción Jerónima, *Beatriz Galindo "La Latina"* (Madrid: Espasa-Calpe, 1975), una de las más cultas mujeres del Renacimiento humanista.

Al sorprenderla en Madrid el inicio de la Guerra Civil, Cristina de Arteaga se ve obligada a recurrir a la ayuda de la Embajada de Argentina, gracias a la cual puede salir de la ciudad y refugiarse en el convento de Santa Paula en Sevilla. Todo esto lo relatará la propia autora en su obra *La vida plural y dinámica del Marqués de Santillana, Duque del Infantado, por su hija Cristina de Arteaga* (prólogo del duque de Maura, Sevilla: Editorial Católica Española, 1948). Finalizada la contienda, regresará a Madrid para reincorporarse a su monasterio. Sin embargo, pronto volvería a Sevilla, pues el Nuncio de Su Santidad le encarga la creación de la Federación de Monjas Jerónimas. Erigida esta oficialmente en 1958, Cristina de Arteaga resulta elegida priora federal. En Sevilla transcurriría, así, el resto de su existencia, dedicada a una vida de oración y retiro espiritual, pero también de trabajo intelectual incesante, pues la activa religiosa no dejaría de escribir y publicar libros y artículos sobre diversos temas de carácter histórico y, con mucha frecuencia, religioso: *Borja* (Madrid: 1941), *Como azucena entre espinas. Vida de Consuelito Moreno* (Sevilla: 1950), *Sembrase. Vida de don Cipriano Martínez Gil* (Sevilla: 1955), además de numerosas colaboraciones en la revista religiosa sevillana *Ignis Ardens*.

Será en el año 1956 cuando se inicie su vinculación con la ciudad de Granada. En esas fechas, y según testamento de su recién fallecido padre, le corresponde a su hija en herencia el Carmen de los Mártires -propiedad marcada con una indeleble huella literaria, por haber radicado allí el convento de Carmelitas Descalzos donde san Juan de la Cruz escribió parte de su *Cántico espiritual*, y donde varios siglos después, a finales del XIX, se alojaría José Zorrilla para su solemne coronación como Poeta Nacional.

Cristina de Arteaga se presenta en Granada con la primera intención de instalar allí un convento de Jerónimas. No obstante, pronto cambiará de idea, decidiendo vender dicha histórica finca al Ayuntamiento de la ciudad en condiciones muy favorables, e invirtiendo el dinero obtenido en la restauración de la joya gótico-renacentista del monasterio de San Jerónimo, que, concebido como impresionante lugar de eterno descanso para el Gran Capitán, en esas fechas se hallaba aquejado de un notorio proceso de deterioro. La hija del duque del Infantado lo obtiene, en primer lugar, cedido temporalmente por el Estado, y de manera definitiva, por ley aprobada en Cortes, algún tiempo después. Finalmente, y después de largos años de obras, en 1974 pudo la congregación Jerónima del convento de Santa Paula trasladarse a su nueva sede.

La corporación municipal de Granada, en reconocimiento a la generosidad de Cristina de Arteaga, la nombró Hija Adoptiva y le concedió la Medalla de Oro de la ciudad en 1968, además de dedicarle una plaza con su nombre en las cercanías del Monasterio de San Jerónimo.

En ese mismo año, la Academia Sevillana de Buenas Letras la propone como miembro correspondiente, mientras que la Academia de Bellas Artes de Santa Isabel de Hungría la nombraría miembro de número en 1973. Su discurso de ingreso versó acerca de "La orden jerónima, mecenas de todas las artes y su triple proyección en Sevilla". Durante esos años y hasta la fecha de su muerte, acaecida en julio de 1984, Cristina de Arteaga continuó desarrollando sus trabajos de investigación, que se plasmaron en publicaciones como *Madre Dolores Márquez, fundadora de las Filipenses Hijas de María Dolorosa* (Sevilla: Filipenses Hijas de María Dolorosa, 1979) y otras varias que aparecieron con carácter póstumo, como *El Carmelo de San José de Guadalajara y sus tres azucenas* (Madrid: Espiritualidad, 1985). Una recopilación de varios de sus ensayos vio la luz a comienzos de la década de los noventa bajo el título de *Escritos de la Madre Cristina de la Cruz de Arteaga* (Sevilla: Guadalquivir, 1991).

Bibliografía [2]

BENEGAS, Noni y MUNÁRRIZ, Jesús (eds.) (1997). *Ellas tienen la palabra. Dos décadas de poesía española*. Madrid: Hiperión.
CASANS Y DE ARTEAGA, A. (2008). *Tras las huellas de San Jerónimo. Vida de la Madre Cristina de Arteaga*. Astorga: Akrón.

---

[2] En el apartado correspondiente a Bibliografía de cada autora, con alguna excepción muy contada, no se incluirán sus propias obras literarias o intelectuales, cuyos datos son incorporados en el cuerpo de la entrada biográfica.

CORREA RAMÓN, Amelina (2002). *Plumas femeninas en la literatura de Granada (ss. VIII-XX). Diccionario-Antología*. Granada: Editorial Universidad de Granada/Diputación de Granada, pp. 101-105.

GÓMEZ GONZÁLEZ, Juana Coronada (2019). *Mujeres escritoras de la preguerra: estudio bio-bibliográfico de Cristina de Arteaga, María Teresa Roca de Togores, Josefina Romo Arregui y Dolores Catarineu*. Tesis Doctoral. Universidad Complutense: https://eprints.ucm.es/id/eprint/59278/.

---- (2021). *Escritoras de preguerra: Cristina de Arteaga, María Teresa Roca de Togores, Josefina Romo Arregui y Dolores Catarineu*. Sevilla: Editorial Benilde.

GONZÁLEZ HABA Y GUISADO, Ignacio (2020). "Sobre la importante vida monacal de Cristina de Arteaga", *La Gacetilla de Hidalgos*, LXIII, nº 565, pp. 23-27.

GRANERO, Jesús María (1989). *La Madre Cristina de la Cruz. Ensayo de biografía espiritual*. Sevilla: Jerónimas del Monasterio de Santa Paula.

HERNÁNDEZ DÍAZ, José (1985). "Semblanza académica de Sor Cristina de la Cruz Arteaga y Falguera", *Boletín de Bellas Artes*, nº 13, pp. 273-282.

JIMÉNEZ FARO, Luzmaría (1996). *Poetisas españolas: antología general (de 1901 a 1939)*. Madrid: Ediciones Torremozas.

MADRID, Ignacio de O.S.H. "Cristina de Arteaga y Falguera", en Real Academia de la Historia, *Diccionario Biográfico Español*: http://dbe.rah.es/biografias/38712/maria-cristina-de-arteaga-y-falguera.

MÁRQUEZ PLATA Y FERRÁNDIZ, Vicenta (2020). "Cristina de Arteaga (1902-1984)", *La Gacetilla de Hidalgos*, LXIII, nº 564, pp. 5-8.

MERLO, Pepa (2010). *Peces en la tierra. Antología de mujeres poetas en torno a la Generación del 27*. Sevilla: Fundación José Manuel Lara, pp. 163-169.

---- (2022). *Con un traje de luna. Diálogo de voces femeninas de la primera mitad del siglo XX*. Sevilla: Fundación José Manuel Lara, pp. 275-296.

MIRÓ, E. (1993). "Poetisas del 27", *Ínsula*, nº 557, pp. 3-5.

MONTE-CRISTO (1926). "Escritoras aristocráticas", *Blanco y Negro*, Madrid, 25 de abril, p. 74.

MONTERO ALONSO, José (1926). "Figuras del gran mundo. Cristina de Arteaga, la hija de los duques del Infantado, publica su primer libro de versos", *La Esfera*, nº 626, 2 de enero, pp. 10-11.

MORTE ACÍN, Ana (2018). "La fama de santidad femenina en el convento de la Encarnación de Zaragoza", en SERRANO MARTÍN,

Eliseo y GASCÓN PÉREZ, Jesús (eds.), *Poder, sociedad, religión y tolerancia en el mundo hispánico, de Fernando el Católico al siglo XVIII*. Zaragoza: Institución Fernando el Católico, pp. 963-976.

NEIRA, Julio (2007). "El canon y las mujeres del 27", *Cuadernos del Lazarillo. Revista literaria y cultural*, nº 32, pp. 62-68.

NIEVA DE LA PAZ, Pilar (2006). "Voz autobiográfica e identidad profesional: las escritoras españolas de la Generación del 27", *Hispania*, vol. 89, nº 1, pp. 20-26.

OLALLA REAL, Ángela (2006). "Mujeres como sombras en la Generación del 27", en SANCHO RODRÍGUEZ, Mª I., RUIZ SOLVES, L. y GUTIÉRREZ GARCÍA, F. (coords.), *Estudios sobre lengua, literatura y mujer*. Jaén: Universidad de Jaén, pp. 181-200.

PALOMO IGLESIAS, C. O.P. (2001). *Cristina de la Cruz de Arteaga y Falguera*. Madrid: Edibesa.

RAMÍREZ GÓMEZ, Carmen (2000). *Mujeres escritoras en la prensa andaluza del siglo XX (1900-1950)*. Sevilla: Universidad de Sevilla, pp. 62-63.

RODRÍGUEZ TITOS, Juan (1998). *Mujeres de Granada*. Granada: Diputación de Granada, pp. 107-108.

VV. AA. (1979). *Gran Enciclopedia de Andalucía*. Sevilla: Promociones Culturales Andaluzas, vol. III.

Selección de textos

"Sembrad"

Sin saber quién recoge, sembrad,
    serenos, sin prisas,
las buenas palabras, acciones, sonrisas...
Sin saber quién recoge, dejad
que se lleven la siembra las brisas.

Con un gesto que ahuyente el temor
abarcad la tierra,
en ella se encierra
la gran esperanza para el sembrador.
¡Abarcad la tierra!

No os importe no ver germinar
el don de alegría;
sin melancolía

dejad al capricho del viento volar
la siembra de un día.

Las espigas dobles romperán después...
Yo abriré la mano
para echar mi grano
como una armoniosa promesa de mies
en el surco humano.

Nada vale esta ofrenda de abril:
lira dolorosa,
versos... ¡poca cosa!
mas todo el tesoro de mi juvenil
vida generosa.

No quiero que sea triste palomar.
¡Palomar vacío!
Ha de ser un río
que, al pasar cantando, sepa fecundar
el huerto baldío.

Brindará la tierra su fruto en agraz,
otros segadores
cortarán las flores...
¡Pero habré cumplido mi deber de paz,
mi misión de amores!

Sembrad... (1925)

"Invernal"

Solos por el parque,
por el parque viejo
que tenía un largo
cansancio de invierno;
tras de tantos años
volvimos a vernos.
Yo llevaba el triste
corazón enfermo,
caía en el suyo

la niebla del tedio.
¡Cuán lejos las horas
vírgenes de duelos
en que nuestras vidas
eran como versos
que a veces rimaban
casi sin saberlo...!

Me clavó sus ojos
como en otros tiempos,
mas nada me dijo
su turbado acento.
Cerré bien el arca
de mis pensamientos
porque no rasgasen
lo gris del silencio
que esfumaba un mundo
soñador arpegio...
Y con una angustia
despertada en nuevo
vaporoso acorde
dentro de mi pecho,
nos miramos como
se miran los ciegos...

Y nos separamos
para nunca vernos.

Sembrad... (1925)

"Coronas"

¿Para qué los timbres de sangre y nobleza?
Nunca los blasones
fueron lenitivo para la tristeza
de nuestras pasiones...
¡No me des corona, Señor, de grandeza!

¿Altivez? ¿Honores? ¡Torres ilusorias
que el tiempo derrumba!

¡Es coronamiento de todas las glorias
un rincón de tumba!
¡No me des siquiera coronas mortuorias!

No pido el laurel que nimba el talento,
ni las voluptuosas
guirnaldas de lujo y alborozamiento.
¡Ni mirtos ni rosas!
¡No me des coronas que se lleva el viento!

Yo quiero la joya de penas divinas
que rasga las sienes...
¡Es para las almas que Tú predestinas.
Sólo Tú la tienes!
¡Si me das corona, dámela de espinas!

Sembrad... (1925)

ÁVILA LIMINIANA, Inés de, *sor Inés de Jesús María*
Granada, inicio s. XVII - 20/X/1659

Género literario: Hagiografía

Hija de Fernán de Ávila (o Dávila, según algunos documentos), Caballero Veinticuatro de la ciudad de Granada, y de su esposa Mariana de Liminiana (o Limiñana, según algunos documentos), se desconoce la fecha de nacimiento de Inés de Ávila, pero debió de tener lugar en torno a los primeros años del siglo XVII, pues profesó en las Carmelitas Descalzas de su ciudad natal en julio de 1624 con el nombre de Inés de Jesús María, según consta en el *Libro de Profesiones* del propio convento carmelita de San José. Se tiene conocimiento, de igual modo, de que algún tiempo después, en concreto, el 1 de febrero de 1629, una de sus hermanas profesa en el convento de clarisas del Santo Ángel Custodio, con el nombre de sor Francisca de la Concepción.

Pocos datos más se conocen acerca de su vida, a excepción hecha de las virtudes consignadas en los libros sobre historia carmelitana, que recuerdan su habilidad para las labores, su facilidad para las cuentas y sus grandes valores morales. Así mismo, queda constancia por escrito de que desempeñó una ejemplar labor como priora.

De ella se conserva un único texto hagiográfico, manuscrito y con firma autógrafa, en el que Inés de Ávila relata la sucesión de milagros obrados por intercesión de la Madre Beatriz de San Miguel, religiosa carmelita del mismo convento.

Bibliografía

CORREA RAMÓN, Amelina (2002). *Plumas femeninas en la literatura de Granada (ss. VIII-XX). Diccionario-Antología*. Granada: Editorial Universidad de Granada/Diputación de Granada, pp. 105-106.

LÓPEZ-GUADALUPE MUÑOZ, Miguel Luis (2015). "Ángel triunfante y palacio de la pobreza: imagen barroca del convento granadino del Santo Ángel (s. XVII)", en IGLESIAS RODRÍGUEZ, Juan José, PÉREZ GARCÍA, Rafael M. y FERNÁNDEZ CHAVES, Manuel Francisco (eds.). *Comercio y cultura en la Edad Moderna. Actas de la XIII reunión Científica de la Fundación Española de Historia Moderna*. Sevilla: Universidad de Sevilla, vol. II, pp. 2711-2726.

---- (2018). "Mixtificación de un convento granadino y su fundadora: Las clarisas del Santo Ángel Custodio", en ATIENZA LÓPEZ, Ángela (ed.). *Autoridad y poder en el mundo religioso femenino siglos XVI-XVIII*. Madrid: Sílex Ediciones, pp. 309-334.

PURÍSIMO CORAZÓN DE MARÍA, Hermana Ángeles del (2005). *Convento de Carmelitas Descalzas de San José de Granada*. Granada: Caja Granada.

SANTA TERESA, Anastasio de (1738). *Reforma de los Descalzos de Nuestra Señora del Carmen*. Madrid: Gerónimo Estrada, vol. VII.

SANTA TERESA, Silverio de (1935-1952). *Historia del Carmen Descalzo en España, Portugal y América*. Burgos: Tipografía Monte Carmelo, vol. X.

SERRANO Y SANZ, Manuel (1903). *Apuntes para una biblioteca de escritoras españolas. Del año 1401 a 1833*. Madrid: Est. Tip. Suc. de Rivadeneyra, vol. I, p. 601.

BARRECHEGUREN GARCÍA, Concepción
Granada, 27/XI/1905 - 13/V/1927

Géneros literarios: Poesía, diario, meditaciones

Como ya se avisó al inicio de este diccionario-antología, de las treinta autoras consideradas en *Las venas de los lirios*, el caso de Concepción Barrecheguren resulta excepcional, al ser la única religiosa no enclaustrada ³, porque, tras una corta vida de salud frágil y consagración a la mortificación y espiritualidad en su domicilio familiar, teniendo como modelo el muy cercano de Santa Teresa de Lisieux, falleció de tuberculosis antes de cumplir siquiera los veintidós años. Su fama de santidad en vida, sin embargo, resultará tan abrumadora que se difundieron abundantísimas estampas y reliquias suyas, quedando como lugar histórico de peregrinación en la ciudad de Granada la casa en que vivió sus últimos días y falleció, identificada como "Carmen de Conchita" y donde se sitúa su Museo, que puede visitarse los días 13 de cada mes, organizándose, incluso, rutas guiadas.

Hija de Francisco Barrecheguren Montagut, natural de Lérida pero residente en Granada desde muy temprana edad, y de la granadina Concepción García Calvo, será bautizada en la Parroquia del Sagrario el día de la Inmaculada Concepción, recibiendo el nombre de María de la Concepción del Perpetuo Socorro Francisca de Paula Eloísa Primitiva de la Santísima Trinidad, aunque siempre será conocida como Conchita. La vida de la única hija del matrimonio será muy breve y estará marcada por la enfermedad y el dolor, llevados siempre con tal alegre resignación que sorprendería a cuantos la conocieron. Su fragilidad decidió a los progenitores a darle una educación doméstica, en lugar en ponerla en riesgo de contagio en la escuela. La niña destacaría desde el principio por una profunda y acendrada espiritualidad. Se puede destacar como curiosidad que compartiría con otro famoso niño de la época, nada menos que el poeta Federico García Lorca, la afición infantil por jugar a decir misa, destacando que ya a esa temprana edad la llamaba la afición a predicar, que más tarde transformará en palabra escrita, habiéndose conservado, entre otros textos suyos, su *Diario espiritual* (Madrid: Editorial El Perpetuo Socorro, 2008). Su costumbre de llevar un diario comienza en 1916, cuando tan sólo cuenta con once años, y también resulta precoz en la escritura de textos poéticos. Simultáneamente desarrolla su afición por la lectura, confesándose amante de los libros, si bien sus preferidos serán siempre de talante religioso: vidas de santos, devocionarios, tratados de ascética, etc. Además, mostrará una gran sensibilidad hacia la música, tocando ella

---

³ Incluso su biógrafo, el P. Dionisio de Felipe Iturbide la denomina expresamente en el capítulo XVI "Una monja sin hábito", explicando a continuación que "Se sabe con toda seguridad que tuvo deseos de ingresar en el recogimiento del Claustro [...]; pero Dios no lo quería; su salud se lo decía claro; no podía sobrellevar la vida austera de las Hijas de Santa Teresa de Jesús, a donde iban sus preferencias" (Felipe Iturbide, 1966: 64-65). De hecho, incluso pocas semanas antes de su muerte manifestó su deseo de que la enterrasen con "hábito de Carmelita" (Felipe Iturbide, 1966: 87).

misma el piano (su compositor favorito era Beethoven), y asistiendo en ocasiones a conciertos, como una de las escasísimas muestras de vida social que se permitía dentro de la austera vida de privaciones que llevaba a causa, en buena medida, de su precaria salud.

Los médicos le recomendarán, siguiendo las costumbres de la época, temporadas de baños, por lo que viajará a un buen número de balnearios célebres por sus aguas salutíferas, como Zújar y Lanjarón, en la provincia de Granada, Limpias y Ontaneda (Cantabria), San Sebastián, Málaga, pero también frecuentará lugares de peregrinación religiosa como Lourdes o Lisieux. Este último lugar está indisolublemente vinculado, claro está, con la figura de su admirada santa, la carmelita descalza Teresa de Lisieux, fallecida en 1897 con tan sólo veinticuatro años, que constituirá un modelo de vida y de imitación para Conchita. Canonizada en un tiempo récord, pues fue proclamada santa por el Papa Pío XI el 17 de mayo de 1925, Francisco Barrecheguren organiza, con gran ilusión de su hija, un viaje a Lisieux en agosto de 1926. Pero justo al regresar, la salud de Conchita se complica de gravedad con lo que resulta ser precisamente la misma enfermedad que había conducido a su admirada Teresa a tan precoz muerte: la tuberculosis, que la joven aceptará con las siguientes palabras: "He gastado mis últimas fuerzas en ir a ver a Santa Teresita, y ella me ha mandado lo mejor que ha encontrado: ¡la cruz! Cada día me alegro más de haber ido. Santa Teresita me ha dado lo que he pedido; lo que ella tuvo… No podía darme otra cosa mejor" (*apud* Pérez Riesco, 1986: 55). Aunque la familia traslada entonces su residencia a un ventilado carmen cerca de la Alhambra (el lugar donde hoy en día se encuentra su Museo), con jardines donde la joven puede respirar un aire más puro, nada detendrá el curso mortal de la dolencia, que acabará consumiéndola en poco tiempo, hasta fallecer el 13 de mayo de 1927. La asociación de su figura con la de santa Teresita del Niño Jesús, a la que invocó continuamente durante sus últimos días, no hará sino incrementarse, al morir en tan parecidas circunstancias, y habiendo mostrado un similar fervor religioso y una aceptación de su destino como muestra de entrega a la voluntad divina. De hecho, una de las primeras hagiografías que se escribirá sobre ella, pocos meses después de su fallecimiento, llevará por título el de *Historia de otra alma* (Vega, 1927 [4]), persiguiendo nítidamente el paralelismo con la obra mítica de la carmelita, *Historia de un alma*. La obra alcanzará sucesivas ediciones a lo largo de las siguientes décadas.

Sin embargo, el golpe de la pérdida de la hija es tan fuerte para su

---

[4] La edición que se ha manejado para la redacción de esta entrada ha sido la publicada en 1931 en Valencia: Tipografía del Carmen.

madre que nunca lo podrá superar, dejando en breve viudo a su padre, quien, siguiendo el ejemplo de Conchita, en 1945 ingresará en la Congregación de Misioneros Redentoristas, dándose el insólito caso de que en la actualidad se encuentran abiertas causas de beatificación tanto de la hija (iniciada en 1938), como del padre (iniciada en 1993). Intentando mantener viva la figura de quien durante varias décadas gozó de tanto predicamento, la propia Orden de los Redentoristas ha ido sacando a la luz a lo largo del tiempo hasta la actualidad varias de las obras de la joven -que nunca publicó nada en vida-, como el ya mencionado *Diario espiritual*, además de *Pensamientos escogidos de Conchita Barrecheguren, muerta en Granada en olor de santidad el 13 de mayo de 1927* (Madrid: Editorial El Perpetuo Socorro, 1947) y *Meditaciones* (Granada: Editorial El Perpetuo Socorro, 2016).

Curiosamente, el destino enlazaría la figura de Conchita Barrecheguren con otra de las religiosas incluidas en la nómina de este *Las venas de los lirios*, como es Mercedes Carreras Hitos, cuya Congregación por ella fundada, de Esclavas de la Santísima Eucaristía y de la madre de Dios, se haría cargo desde junio de 1945 del Carmen de Conchita, en el que ya había un Oratorio privado.

Bibliografía

FELIPE ITURBIDE, P. Dionisio de (1966). *Flor de Granada. Historia documentada y completa de Conchita Barrecheguren*. Madrid: Editorial El Perpetuo Socorro, 3ª ed.

JULIÁN, Rafael María de (1933). *Una flor eucarística o Conchita de Jesús, apellidada la Florecita de la Alhambra*. s.l: s.n.

MARTÍN RIBAS, P. Ramiro (2003). *Sublime itinerario. Guía inédita religiosa-hagiográfica-histórica-artística de España*. Madrid: ed. del autor.

MARTÍNEZ, P. Valentín (1981). *Caminos del corazón*. Granada: ed. del autor.

---- (1983). *Rosal de invierno: Proceso de Conchita Barrecheguren*. Granada: ed. del autor.

PÉREZ RIESCO, Juan (1986). *La sensitiva de la Alhambra; Conchita Barrecheguren García*. Escritos sobre Conchita de Francisco Barrecheguren. Granada: ed. del autor.

PÉREZ RUIZ, Lucas (1945). *La sierva de Dios María de la Concepción de Jesús (Conchita Barrecheguren)*. Madrid: Editorial El Perpetuo Socorro.

---- (1977). *La granada de Granada. Conchita Barrecheguren (Cincuenta*

años de su muerte: 1927-1957). Granada: PP. Redentoristas.
RODRÍGUEZ TITOS, Juan (1998). *Mujeres de Granada.* Granada: Diputación de Granada, pp. 112-114.
TEJERIZO LINARES, Francisco José (2005). *Conchita Barrecheguren: una parábola.* Madrid: P.S. Imp.
VEGA, Tomas (1927). *Historia de otra alma. Vida de la sierva de Dios María de la Concepción de Jesús (Conchita Barrecheguren), muerta en Granada, en olor de Santidad, el día 13 de mayo de 1927.* Granada: Tip. Salvador Rodríguez. 2ª ed. (1931): Valencia: Tipografía del Carmen.

Selección de textos

"Los Buissonnets"

Por la mañana, después de misa, fuimos a visitar los Buissonets, nido de la infancia de Santa Teresita. Está bastante lejos; pues tuvimos que atravesar varias calles, el Jardín de la Estrella y un Boulevard.

La casa está rodeada de un jardín muy bonito. Al lado izquierdo, hay una estatua de un Ángel señalando el sitio donde Teresita pidió permiso a su padre para ser Carmelita.

Detrás de la casa, hay otra magnífica estatua que representa lo mismo.

Teresita, en actitud suplicante, rogando a su buen padre la dejase consagrarse a Dios, y este, elevando al cielo su hermosa mirada, llena de santa resignación, para ofrecer a Dios el sacrificio de aquella hija tan amada. Largo rato estuve contemplando aquel grupo tan encantador y emocionante.

En el mismo jardín, se conserva, en el hueco de una roca, un altarito puesto por Santa Teresita, que representa el nacimiento; aún están los cabos de las velas, como si se acabasen de encender. También vi el cenador donde Teresita recibía los premios de su "Rey".

En el interior de la casa, se ve el comedor con los mismos muebles de la familia Martin, y la chimenea donde Teresita ponía sus zapatos la Nochebuena para recibir los regalos de su padre.

En la parte alta, está la alcoba de la Santita, convertida en primoroso oratorio; en el sitio donde tenía la cama, hay un lindo altar y un magnífico pedestal dorado, rodeado de luces y flores, una estatua de la Virgen que sonrió a Teresita cuando estuvo enferma.

Junto al cuarto de Teresita, se halla el de su padre, amueblado como él lo tenía.

Me asomé a la misma ventana donde tantas veces Teresita se asomaría para contemplar el Cielo. ¡Qué dulce paz se sentía allí! El silencio más profundo reinaba en el jardín, y los árboles, las flores, y hasta el mismo vientecillo que corría, convidaba a alabar al Criador de tanta hermosura.

Pasamos con grandes trabajos, por la mucha aglomeración de peregrinos, a otra habitación, en donde se conservan, detrás de un gran cristal, la cama de la Santa, tal como ella la tenía, todos sus juguetes, carpetas y libros de estudio, tintero, pluma y un crucifijo; todo esto está sobre la mesa, donde Teresita escribía y daba sus lecciones, y, en fin, muchas cosas más que, por no cansar, omito.

¡Cuánto da que meditar el ver todo esto! Una Santa que hace una vida casi igual a la nuestra; que vive en una rica casa, que está rodeada del cariño de su padre y hermanas, que come, que juega, que estudia, que pasea, que va a la Iglesia, que ora; pero sobre todo, que tenía su corazón abrasado de amor a Dios; todas estas cosas las hacía, por decirlo así, envueltas en amor divino.

¿Y no es esto mismo lo que hacemos nosotros? Sí, pero... ¡con qué diferencia!

La rutina, la costumbre, es lo que acompañan nuestras obras. No llevan el espíritu de Dios, porque no nos acordamos de referirlas a Él. ¿Por ventura es esto tan difícil? No; que desde hoy en adelante, me propongo hacer todas mis obras por amor a Dios, procurando en todas agradarle, y, como Teresita, no dejaré pasar ningún sacrificio, ninguna acción, sin ofrecerlas a Jesús, como flores que le embelesen y recreen.

Historia de otra alma (1931), pp. 146-148

CABRERA CARRASCO, Ángeles, *sor Ángeles de Jesús Sacramentado*
Galera (Granada), 1/X/1895 - Los Ogíjares (Granada), 6/XII/1980

Géneros literarios: Diario, poesía, ensayo

Nacida en el seno de una familia de posición social acomodada oriunda de la localidad de Galera, en el norte de la provincia de Granada, fue esta escritora hija de Germán Cabrera y de Hermógenes Carrasco. Se educó en el Colegio de Santo Domingo de la capital granadina, donde residía la familia, y en cuya Congregación religiosa estuvo a punto de profesar. Incluso en sus escritos se aprecia en diversas ocasiones la devoción hacia la mística dominica Santa Catalina de Siena, lo que, como se ha tenido ocasión de constatar, resultará habitual en otros *lirios* presentes en este volumen.

Ya desde la temprana edad de trece años acostumbraba a poner por escrito diversos pensamientos, reflexiones o el relato de los hechos de cada día. Así mismo, compuso algunos sencillos poemas, como "El cuento de los Reyes", donde se relata la melancólica historia de un pequeño que queda huérfano el día de los Reyes Magos, y, llorando la ausencia de su madre, dentro de su cuna "La muerte va a estamparle/ Un beso frío". El comienzo de la composición revela su inequívoco aire popular:

> El cuento de los reyes
> Voy a contaros
> Tal como siendo niña
> Me lo contaron.
> ¡Ay! Ya se ha muerto
> Quien a mí me contaba
> Tan triste cuento! (p. 14)

Desde niña ya manifiesta devoción hacia la Virgen del Carmen, heredada de su madre, y en compañía de sus tres hermanas preparaban cada año en su casa un altar para rendirle culto por su festividad. "Primeramente la tuvimos aquí en Granada -explica-, y después decidimos llevarla a Galera, ya que allí pasábamos los meses de verano y por consiguiente su fiesta" (p. 453). Advocación tan vinculada con la Orden Carmelita Descalza, a la que, guiada por su intensa vocación espiritual, finalmente se dirigirá para ingresar en el convento de la Sagrada Familia de Los Ogíjares (Granada), donde profesó el 8 de septiembre de 1922 con el nombre de Ángeles de Jesús Sacramentado. Poco después, tras la muerte de su padre, heredará cuantiosos bienes que dedicaría a la fundación de un colegio para niñas en su pueblo natal de Galera, concienciada con la necesidad de que pudieran tener acceso a una adecuada formación. Con motivo de su donación fue nombrada Hija Predilecta de Galera el 24 de septiembre de 1924. Debido a esta circunstancia, una Comisión Municipal, formada por el Alcalde, el Primer Teniente y el Secretario del Ayuntamiento, visitaron a su madre para hacerle entrega de un pergamino conmemorativo del nombramiento oficial, y testimoniarle su agradecimiento.

El convento al que llegó Ángeles Cabrera estaba prácticamente recién fundado, gracias a la generosidad de Emilio José Villanueva Taboada y González y María de las Mercedes Dueñas Sánchez-Morales, quienes, al haber perdido a su única hija, cedieron para la construcción un terreno conocido como "Granja María Luisa", en recuerdo del nombre de la fallecida, y por el que se sigue conociendo en la actualidad. Allí sor Ángeles de Jesús Sacramentado desarrollaría sus dotes para la música, pues había aprendido solfeo y piano durante sus años de estudio en Granada, ejerciendo como organista para la Comunidad, además de transmitir sus conocimientos a otras monjas. Quienes tuvieron la oportunidad de tratarla, como es el caso de la actual Priora del Convento, Hna. María Rosa de la Eucaristía, que convivió con ella durante veinte años, destacan su personalidad entusiasta y alegre, mostrándose siempre, al parecer, expansiva y comunicativa.

Desde su llegada al convento, Ángeles Cabrera continuaría durante décadas redactando esos personales textos que conjugaban las experiencias autobiográficas con reflexiones ensayísticas y de carácter espiritual, que ella gustaba de denominar "libretas de conciencia". De hecho, inició esta costumbre cuando contaba la temprana edad de trece años, pues los primeros apuntes conservados datan de 1908. Los últimos están fechados en 1979, es decir, un año antes de que se produjese su fallecimiento. Resulta destacable que en la entrada correspondiente al 29 de marzo de 1976 manifiesta su alegría por la recepción del carnet que la acredita como donante de córnea, probablemente sensibilizada porque ya desde niña tuvo problemas de visión.

La autora mantuvo siempre inéditos dichos textos, atravesados por constantes alusiones y referencias a la figura y la obra de los principales santos del Carmelo Descalzo, como son Teresa de Jesús y Juan de la Cruz. Sus originales se conservan "como oro en paño" a día de hoy en el convento en el que pasó el resto de su vida. No obstante, sus sobrinos la convencieron para que les permitiera llevar a cabo una edición de los mismos, lo que se produjo, en efecto, aunque ya de manera póstuma. La obra lleva por título *Escritos de sor Ángeles de Jesús Sacramentado (Ángeles Cabrera). Libretas de conciencia (1908-1979). Manuscritos de la religiosa perteneciente a la Orden Carmelita Descalza* (Paracuellos de Jarama: Editorial Doce Calles, 1998), de donde proceden los textos aquí reproducidos.

Bibliografía

CORREA RAMÓN, Amelina (2002). *Plumas femeninas en la literatura de Granada (ss. VIII-XX). Diccionario-Antología*. Granada: Editorial Universidad de Granada/Diputación de Granada, pp. 122-123.

GARCÍA RODRÍGUEZ, Jesús María, "Relaciones entre la Parroquia y el

Ayuntamiento de Galera en los siglos XVII, XVIII, XIX y XX" (I), *Boletín del Instituto de Estudios 'Pedro Suárez'. Estudios sobre las comarcas de Guadix, Baza y Huéscar*, 2002, nº 15, pp. 39-66.

Selección de textos

Día 28-III-1973. ¡Cada vez comprendo más claro que la hermosa vida sobrenatural y feliz del Carmelo, tiene por base el despego y vacío de todo lo que no es Dios, sino nos ayuda a internarnos más y más en nuestro Castillo interior, en el profundo centro del alma donde mora, esperándonos, Dios con ansias de intimidad, de compañía, de santificarnos en la verdad, en la paz, en el silencio, en la intimidad, en el amor!
[...]
Hoy ya hay sol, ya han llegado las golondrinas ¡Qué lindas son! ¡Qué puntuales en su viaje todos los años! Son mensajeras de dolor y de alegría, pues siempre nos traen recuerdos de pasión, de semana santa, por su llegada en estos tiempos, pero también con su vuelo tan veloz, tan elegante, tan suave, nos alegran y nos animan a volar alto, con ligereza de resurrección, de desprendidos de la tierra, buscando sólo las cosas de arriba, donde Jesús, resucitado y glorioso, nos llama y nos espera con amor.

Día 31-III-1973. Ayer yo suspiraba por salir de esta sequedad, frialdad y oscuridad de mi noche oscura, donde parece ando lejos de la intimidad divina pues no disfruto de ella, no me recojo con facilidad en mi interior, en esa dulce morada de mi Amor. ¿Cuándo saldrá resplandeciente y luminoso de esa mansión divina el Sol de la divinidad por el que tanto suspiro en esta mi incapacidad para recogerme, mirarle y verle? Hoy, en la Sta. Misa, mucho pedía mi vida interior y también en la oración suplicaba, mi cielo, mi intimidad con Dios, mi vida de recogimiento y de oración que es lo único que deseo y pido para mí. ¿Qué nos importa el mundo entero si no estamos de lleno en esto que es lo único que vale, lo único que nos interesa, lo único que amamos y lo único de trascendencia eterna?

Escritos de sor Ángeles de Jesús Sacramentado (Ángeles Cabrera). Libretas de conciencia (1908-1979). Manuscritos de la religiosa perteneciente a la Orden Carmelita Descalza (1998)

CARRERAS HITOS, Mercedes, *Madre Trinidad del Purísimo Corazón de María*
Monachil (Granada) 28/I/1879 - Madrid, 15/IV/1949

Géneros literarios: Epistolar, diario, ensayo

Nacida en el pequeño pueblo granadino de Monachil al que, curiosamente, y a pesar de su cercanía a la capital, pertenecen las altas cumbres de Sierra Nevada, Mercedes Carreras Hitos viviría en este entorno natural los primeros diez años de su vida. Su padre, Manuel Carreras Chamorro, natural de Martos (Jaén) conoció en Málaga a la que había de ser su esposa, Filomena Hitos Linares, cuya familia era de labradores acomodados oriundos de Monachil. Se trataba de una familia bien conocida en el pueblo, y con fama de muy religiosa, hasta el punto de que dos de las hermanas de Filomena fueron monjas, María Paz, en las clarisas de la Encarnación, y Mercedes, en las capuchinas de San Antón, ambas en la capital granadina. Además de la profunda educación religiosa, Filomena demostraría también sus cualidades para la música y la literatura, escribiendo poemas que recitaba a la familia. Tanto los dones con las letras como la intensa fe serían herencia que dejaría Filomena a su hija Mercedes (la cuarta de los once vástagos que tendría el matrimonio) al morir prematuramente a los treinta y seis años, un mes después de su último parto. Como ha quedado explicado en el estudio introductorio, antes del fallecimiento encomienda a sus hijos a la Virgen de los Dolores, y de manera muy especial, a sus dos hijas. Mercedes cuenta entonces con tan sólo nueve años, y ya poco antes, durante el relatado padecimiento de la grave enfermedad que casi acaba con ella, había experimentado una visión epifánica de la Virgen María. Al faltar la madre la situación en el hogar pronto se ve alterada por conflictos, ya que el padre pretenderá contraer matrimonio en segundas nupcias con una joven, pariente lejana, que se encontraba recogida en casa para ayudar en las faenas domésticas. Ante la oposición de sus hijos mayores, y el consiguiente clima de inestabilidad, la abuela materna decide que lo mejor para las dos niñas es que sean internadas en un convento de monjas para su educación, eligiéndose el de clarisas de Santa Inés, donde llegarán en enero de 1889. En su inocencia infantil, Mercedes, tras escuchar en las lecturas del *Año Cristiano* el milagro que San Estanislao obispo hizo al resucitar a un hombre que llevaba catorce años muerto, convenció a su hermanita de que, si ambas rezaban con fervor, Dios les podía hacer el milagro de resucitar a su madre muerta, a la que tanto extrañaban. Ya entonces ambas comenzaron a hacer penitencias y mortificaciones, como ponerse ortigas en las medias, zarzas en el pecho en forma de cruz, o sustancias amargas en la comida, sumándose así a una extensa genealogía que, como se ha visto, arranca ya desde la Edad Media.

Los cuatro años que permanece en el convento hace que vaya surgiendo en su alma la vocación religiosa que pronto se consolidará. De hecho, en el momento doloroso en que supo finalmente del matrimonio de su padre, Mercedes vivió un momento crucial en su vida, cuando sintió que la Virgen la consolaba, y que le entregaba a su Hijo con la indicación de que sería su Esposo al que otorgaría todo su amor y dedicación. Dos meses después, en agosto de 1890, Mercedes -entonces con tan sólo once años y medio- se entrega por completo a quien ya considera su único Amado:

> al llegar al antecoro, un cuadro del Sagrado Corazón que [allí] había, me pareció verlo iluminado y el Corazón entre llamas como una hoguera y sentía una abstracción tan fuerte que subiéndome sobre una silla o no sé cómo conseguí poner mis labios en aquel Corazón todo inflamado. Quedé embriagada en aquel fuego tan ardiente que me consagré a él para siempre, haciéndole voto de castidad" (Palomo Iglesias, 2000: 61).

Mercedes salió de Santa Inés a punto de cumplir los catorce años, para, tras vivir durante algunos meses en casa de su abuela materna, decidir finalmente consagrarse a Dios en el convento que tenía más fama de austeridad y observancia de toda Granada, como era el de las Clarisas Capuchinas de San Antón (que había sido fundado por Lucía Ureña en el siglo XVI), aunque lo hará con la firme oposición de su padre, quien le estaba organizando ya un matrimonio. Además del desacuerdo familiar, debió afrontar otra dificultad, derivada del hecho de que tradicionalmente dicho convento sólo permitía un número simbólico de treinta y tres religiosas, encontrándose ya cubierto en esos momentos. Sin embargo, gracias a la intervención en su favor del Provincial de los Capuchinos, se pudo salvar dicho obstáculo; aunque la Comunidad nunca la acabó de recibir de buen grado. De este modo, Mercedes comienza su postulantado el 5 de agosto de 1893, que para ella cobra especial significado por ser el día de la Virgen de las Nieves. Como quiera que la mayor parte de las monjas eran ya ancianas y en buena parte enfermas, a Mercedes le tocará desempeñar duros trabajos, a pesar de que su salud era frágil, sufriendo frecuentes quebrantos, que la acompañarían toda su vida. Ante la dificultad de las pruebas afrontadas ella siempre encuentra sus momentos de mayor consuelo ante el Sagrario. Tras denodados obstáculos tomará el hábito el 21 de noviembre de 1896, con el nombre de sor Trinidad del Purísimo Corazón de María.

Los años de vivencia religiosa en el convento le hacen cobrar conciencia de cumplir con una necesidad que para ella se convierte en vital, como es la de implantar la adoración permanente de la Eucaristía, que se acrecienta con sucesivas visiones que la asaltan entre 1912 y 1916. A pesar de que será elegida abadesa tanto en 1908 como en 1920, no consigue convencer a la Comunidad de seguirla en su propósito, finalmente, y bajo la dirección del arzobispo de Granada, Vicente Casanova y Marzol, Mercedes Carreras acabará constituyendo una nueva fundación en abril de 1925, que inicia con el número simbólico de doce religiosas, y que tendrá sus comienzos en la cercana localidad de Chauchina, para pronto extenderse al municipio almeriense de Berja. Consagrando su carisma bajo la denominación de Esclavas de las Santísima Eucaristía y de la Madre de Dios, pronto Mercedes Carreras -Madre Trinidad- decidirá dedicar una especial atención a la educación de niños y jóvenes, en atención, sobre todo, a las muchas niñas sin recursos que había en la época. Su Congregación, por tanto, conjugará adoración contemplativa y apostolado activo, basado sobre todo en la educación.

Durante la Guerra Civil, la Madre Trinidad refugia a su Congregación en Portugal, donde poco antes ha fundado una Casa en Braga, lo que potenciará la extensión de la misma por el país luso. Después vendrán las fundaciones de Italia, seguidas por otras en diversos lugares del continente americano.

Mercedes Carreras fallecería finalmente de cáncer el 15 de abril de 1949, dejando por escrito el relato de su vida, así como más de dos mil cartas. Sus discípulas recogieron los muchos textos salidos de su pluma que se han conservado, de distinta naturaleza y cronología, publicando una serie de ocho volúmenes con el sencillo título de *Escritos*, editados en Madrid, por la propia Congregación, entre los años 1993 y 2002. De este modo, y a efectos identificativos, los números 1, 2 y 3 serían 1993a, b y c; el número 4 sería 1995; 5 y 6 serían 1996a y b; el 7 sería 1999 y el 8, 2002.

Pocos años antes de morir, y como ya se anticipó en la entrada correspondiente a Concepción Barrecheguren García, el destino enlazaría las figuras de estas dos mujeres con aspiraciones espirituales en la Granada contemporánea, y así la Congregación fundada por la Madre Trinidad se haría cargo del Carmen de Conchita y su legado desde el 13 de junio de 1945.

Bibliografía

CARRERAS HITOS, Madre Trinidad (1993-2002). *Escritos*. Madrid: Esclavas de la Santísima Eucaristía y de la Madre de Dios, 8 vols.

PALOMO IGLESIAS, Crescencio (2000). *Vida y obra de la M. Trinidad del Purísimo Corazón de María Carreras Hitos: fundadora de las Esclavas de la Santísima Eucaristía y de la Madre de Dios*. Madrid: Esclavas de la Santísima Eucaristía y de la Madre de Dios. Ed. corregida: 2001.

RODRÍGUEZ TITOS, Juan (1998). *Mujeres de Granada*. Granada: Diputación de Granada, pp. 94-95.

TORRES LÓPEZ, Jesús (2019). *Movimiento fundacional de instituciones religiosas femeninas españolas en el siglo XIX. Pervivencias y cambios*, Tesis Doctoral, Universidad Complutense de Madrid: https://eprints.ucm.es/id/eprint/51687/1/T40955.pdf.

Tras los pasos de la Madre Trinidad Carreras Hitos. Fundadora de la Congregación Esclavas de la Eucaristía y de la Madre de Dios (s.f.). Madrid: Esclavas de la Eucaristía y de la Madre de Dios.

Selección de textos

Carta a sus religiosas, Lisboa, 31 de mayo de 1943

[...] En aquel segundo de cielo, pues una luz clarísima y singular que iluminó aquel templo tan obscuro (llovía mucho y la compañera salió a ver si escampaba para irnos a visitar San Damián), parecíame ver a la Santísima Trinidad con la Santísima Virgen y la seráfica madre santa Clara y padre san Francisco (a quien acabábamos de visitar en su sepulcro) con muchos santos y ángeles... se parecía la gloria inefable del Cielo, que no se puede expresar ni por escrito ni de palabra. Allí creía recibir del Espíritu Santo, que me envolvía en una nube de luz y me escondía en las llagas gloriosísimas y resplandecientes de Jesucristo... donde dentro de su divino corazón me hizo ver las innumerables almas que salvaríamos en recoger las pequeñitas abandonadas, para transformarlas en Cristo.

Carreras Hitos, *Escritos*, 1993b: 46

"Una noche en la cruz abrazada a mi Cristo"
28 de octubre de 1943

Cuando el Señor se digna visitarnos en la tribulación y en la prueba... cuando todo se ve oscuro, sumido en amargas y dolorosas pruebas, casi sin esperanzas de remedio, Jesús misericordiosísimo llega al alma, la inunda de luz clarísima que se ve la realidad de la vida presente sin sombras... el alma crece y llena de Dios, se eleva y pierde en Dios mismo como si se perdiese en él... es la gotita de tinta en el Océano. El alma se siente como si rotos los lazos de la carne volase al cielo y como entonces, Dios mío, repetimos como san Pablo: Ni el ojo vio, ni sentido humano puede comprender lo que tú Señor das a las almas que te aman y sólo en ti esperan (cf. 1 Cor 2,9).

¡Qué chica, qué pequeña me parece la tierra para el alma que vive de Dios, se asfixia y se ahoga! Es Dios *tan grande* y tan fuerte y tan divino... que cuando pasa por el alma como un relámpago, si él no la fortalece y vivifica, no podría resistir los influjos de su caridad. ¡Qué grande es el Señor nuestro Dios! ¡Qué grande se siente el alma cuando él se digna alumbrarnos y nos atrae hacia sí! El corazón tan pequeño se enferma y dentro de este saco de miseria salta de gozo y alabanza como los niños del horno de Babilonia.

Carreras Hitos, *Escritos*, 1996a: 122

"Mi entrada en el Colegio. 28 de enero 1889"

Seis o siete meses después, en el antecoro de aquel convento, un devotísimo cuadro del Sagrado Corazón de Jesús me prendió, y quedé presa para siempre. Desde entonces el mundo no tuvo para mí atractivos ninguno.

Como un dardo de fuego, que salía de aquel Corazón divino, pasó mi corazón con tanta fuerza de amor, que quedé embriagada y fuera de mí, toda abrasada de amor. Lo que entonces sintió mi pobre alma no pude expresarlo a pesar de ser interrogada por una santa y venerable religiosa que me cogió del suelo creyéndome muerta... ¡y estaba viva! Jesús dulcísimo dio a mi alma néctar dulcísimo... y con su Sangre purísima me embriagó en amores divinos que en muchos años [no] pude olvidar, siendo mi alegría y dicha el padecer y morir en cruz como el Amor de mi alma.

Carreras Hitos, *Escritos*, 1996b: 18

CASTILLO RIBERA, María del, *sor María de San Pedro*
Granada, segunda mitad s. XVI - 7/IV/1606

Género literario: Hagiografía

Hija del licenciado Gonzalo del Castillo y de Bernardina de Ribera, María del Castillo fue una de las primeras jóvenes de la época en ingresar en el recién fundado convento de San José de las Carmelitas Descalzas de Granada. Así pues, con el nombre de María de San Pedro se convirtió en julio de 1590 en la profesa número diecinueve, según consta en el *Libro de Profesiones*.

Según informa Manuel Serrano y Sanz, en la Biblioteca Nacional se han conservado dos textos manuscritos de su puño y letra y de carácter hagiográfico. El primero de ellos consiste en una relación de las virtudes y santidad de Santa Teresa de Jesús. Esta obra fue utilizada posteriormente por fray Francisco de Santa María para escribir su voluminosa *Reforma de los Descalzos de Nuestra Señora del Carmen*.

El segundo de los textos, igualmente firmado por María de San Pedro, consiste en una carta a fray Jerónimo de San José, cronista del Carmen Descalzo, acerca de la vida de San Juan de la Cruz y de sor Catalina de Jesús.

Bibliografía

CORREA RAMÓN, Amelina (2002). *Plumas femeninas en la literatura de Granada (ss. VIII-XX). Diccionario-Antología*. Granada: Editorial Universidad de Granada/Diputación de Granada, p. 152.
EQUIPO EDITORIAL (1990). *Escritoras andaluzas*. Sevilla: Editorial J.R. Castillejo, p. 86.
PURÍSIMO CORAZÓN DE MARÍA, Hermana Ángeles del (2005). *Convento de Carmelitas Descalzas de San José de Granada*. Granada: Caja Granada.
SANTA MARÍA, Francisco de (1644). *Reforma de los Descalzos de Nuestra Señora del Carmen*. Madrid: vol. I.
SERRANO Y SANZ, Manuel (1905). *Apuntes para una biblioteca de escritoras españolas. Del año 1401 a 1833*. Madrid: Est. Tip. Suc. de Rivadeneyra, vol. II, p. 357.

CÓRDOBA Y FUENTES, María de, *sor María de la Santísima Trinidad*

Granada, 29/VIII/1647- Málaga, 29/III/1729

Género literario: Poesía

Descendiente de los reyes de Castilla por línea paterna, fueron sus padres Pedro de Córdoba y Valencia y Teresa de Fuentes y Villa-Vélez, cuyo domicilio en Granada se encontraba cercano al monasterio de San José de las Carmelitas Descalzas. Allí acudía María de Córdoba a escuchar misa desde su infancia, etapa en la que sorprendía a todos con su temprano desarrollo intelectual. De este modo, a los tres años de edad ya sabía leer, provocando el asombro de cuantos la conocían a causa de sus precoces facultades.

Parece ser que, siendo aún niña, una noche tuvo un sueño que ella consideró como profético, en el cual se veía rodeada de religiosas descalzas del convento de San José de Málaga. Así pues, considerando que dicho sueño le indicaba la voluntad divina, se propuso ingresar en esta Orden, deseo que chocó frontalmente con la oposición de sus padres, que querían retener junto a sí a su única hija. A pesar de esto, cuando María de Córdoba asistía a la iglesia del cercano convento, planeaba sin cesar su huida de la casa paterna, remitiendo numerosos escritos en este sentido a las monjas carmelitas, solicitando su asilo. Las religiosas trataron de desanimarla, por lo que la niña se vio obligada a adoptar en su propia casa un régimen de vida cercano al monacal. Así, mortificaba su cuerpo y ayunaba con frecuencia, rechazando su rico lecho para dormir sobre una tabla en la habitación que le servía de voluntaria celda.

Algunos años más tarde, los padres tuvieron que trasladar el domicilio familiar a la vecina ciudad de Málaga, por lo que María de Córdoba vio un poco más cerca la consecución de lo que se le revelara en su sueño. Tras un intento de fuga que frustraron las prudentes palabras de su confesor, quien la hizo recapacitar, por fin sus padres se vieron obligados a ceder a los vehementes deseos de la joven, que profesó en su soñado convento de Carmelitas Descalzas de San José el día 12 de octubre de 1672, adoptando el nombre de María de la Santísima Trinidad.

Según el erudito malagueño Narciso Díaz de Escovar, que rescató en 1898 la figura de esta escritora granadina, "Su vida fue un conjunto de martirios y sublimidades. Su obediencia no tuvo límites, su castidad fue tanta que jamás abrigó pensamiento alguno que no fuera de absoluta pureza, su comida era tan parca que parecía increíble se alimentara con tan exiguas cantidades y su humildad no halló religiosa que le igualara. Se puso cilicios de hierro y coronas del mismo metal que apretaba sus sienes, y rellenó su jergón de piedras y pedazos de tejas" (Díaz de Escovar, 1898: I, 127).

En fecha mucho más reciente, la estudiosa Belén Molina Huete, quien ha trabajado directamente en el archivo documental del convento malagueño, se ha ocupado de la interesante figura de María de la Santísima Trinidad, revelando que, aunque la mayor parte del mismo ha quedado destruido por el paso del tiempo y por diversos avatares históricos, sin embargo, gracias al celo protector de las diversas prioras que se han ido sucediendo, se ha conservado para la posteridad el *Libro de las religiosas que mueren en este convento de nuestro padre san José de Carmelitas Descalzas de Málaga*, donde se contienen las biografías de las religiosas más notables desde la fundación hasta 1954, prestándose especial atención a las del siglo XVII. "Sobre una estructura más o menos similar a la del resto de semblanzas -con datos biográficos, enumeración de virtudes y vivencias enfocadas a la santidad, así como con otras informaciones de la vida conventual-, la biografía de la hermana María de la Santísima Trinidad ocupa, sin embargo, un lugar destacado" (Molina Huete, 2016: 210). A diferencia de otras monjas que también habían mostrado su facilidad para la literatura, escribiendo o componiendo poemas, este es el único caso de todo el Libro en que las composiciones literarias de la biografiada han sido incorporadas al texto. El carácter de modelo de la biografiada subyace claramente, puesto que "la anónima compañera del cenobio malagueño que aborda la redacción de esta vida revela una clara conciencia de la singularidad de su protagonista, planificando un texto pleno en detalles que finalmente constara de cuatro secciones bien definidas con veintiocho puntos de desarrollo. Desde las primeras líneas, y como pauta constante a lo largo de la narración, se deja evidencia del espejo en que se mira María de la Santísima Trinidad: 'viva imagen de la Minerva de la Iglesia, Santa Teresa de Jesús', se dice de ella" (Molina Huete, 2016: 211).

En 1681 fue elegida priora, dando tal ejemplo de prudencia y de observancia de la regla que su memoria parece haber perdurado durante largo tiempo.

Al fallecer su padre años después, víctima de una apoplejía, María de Córdoba donó su herencia al convento.

En el año 1708, María de Córdoba fue trasladada al convento de Vélez-Málaga, que había sido fundado en 1699 y que parecía atravesar por una etapa de crisis, con una preocupante escasez de monjas que hacía temer por su continuidad. Sin embargo, su estancia allí será sólo transitoria, pues tres años más tarde, y ante el apego que la escritora religiosa experimentaba hacia sus compañeras del convento de Málaga, le fue concedido por sus superiores regresar a aquél.

Poco tiempo después comenzará el declinar de su vida, con el desarrollo de una penosa enfermedad que le ocasionará la muerte el 29 de marzo de 1729, falleciendo por tanto a los ochenta y dos años de edad. De sus últimos años de vida ha quedado el testimonio manuscrito de una de sus compañeras, quien afirma que "Padeció grandes trabajos en los últimos años de su vida, interior y exteriormente, con tan cruda pena cual no cabe en explicación ni ponderación alguna, pues decía estar a su parecer en el infierno: pues para decir Jesús le costaba indecible trabajo y sin embargo lo repetía muchas veces, y a la religiosa que la asistía hacía que continuamente le estuviera diciendo actos amorosos, porque le ayudara a lo que no podía y así parecía que se estaba ayudando a bien morir todo el día y parte de la noche: porque aquella criatura era un compasivo dolor verla cual estaba, deshaciéndose su cuerpo y su alma, que nos causaba gran pena el verla. Ni aun podía estar un breve rato sosegada y quieta... A la enfermera le rogaba la disciplinase, ya que ella no podía hacerlo. Y en todo cuanto vimos y experimentamos, conocíamos lo acendrado de sus virtudes y la valentía de su espíritu" (*apud* Díaz de Escovar, 1898a: 128). Belén Molina Huete ofrece en su artículo interesantes datos al respecto de sus últimos momentos: "Tras muchos pesares y sufrimientos, tanto físicos como espirituales, hacia el 21 de marzo de 1729 comienza su empeoramiento y su preparación para la muerte, que para una carmelita descalza es vida ya con Cristo. Con el consuelo esperanzador de la Virgen, quien se le aparece algunos días antes, la madre María de la Santísima Trinidad despidió este mundo con los ojos clavados en un crucifijo el 29 de marzo de 1729, a los 82 años" (Molina Huete, 2016: 213).

Durante sus largos años de vida religiosa, compuso María de Córdoba numerosos poemas -la mayor parte de ellos, lamentablemente perdidos-, que reflejaban con frecuencia el gran conocimiento que, como lectora ávida y precoz, poseía de los textos bíblicos. Otros de sus poemas expresan el profundo amor divino que la había llevado al convento. Belén Molina Huete reproduce literalmente las palabras al respecto de la faceta poética de María de la Santísima Trinidad, así como su humildad en relación con sus cualidades, en un texto que ofrece suficientes indicios como para suponer que las composiciones existentes fueron mucho más numerosas que las que se han conservado: "La mayoría fueron musicados y eran cantados por sus compañeras, mientras otros eran repetidos como oraciones en las más solemnes funciones celebradas en la capilla carmelita de San José. Sentía tan altamente de los principales misterios de N[ues]tro Redentor, que en llegando sus fiestas las solemnizaba con admirables poesías de todo género de metro para que cantasen las religiosas y las correspondientes a la Capilla de la S[an]ta Iglesia cuando oficiaba en las funciones más célebres del Convento. Todas con tan elevado estilo y con tal copia de alu[s]iones a la Sagrada Escritura que claramente conocía el que las leía, si era discreto y docto, que su autora no había cursado en otra escuela que la divina. Pero era al mismo tiempo tan bajo el concepto que la sierva de Dios formaba de sí misma, que por ser obras suyas las juzgaba solo dignas del olvido y menosprecio. Y así, cuando las oía celebrar se avergonzaba y confundía tanto que sentía la alabanza, al paso que un ambicioso de honra pudiera apetecerla. Cierta religiosa dio en una ocasión a un hombre docto y gran poeta para que leyese unas cantadas del Santísimo Sacramento, que la venerable Madre había compuesto, y después que lo hubo hecho, quedó con tan alto concepto que aseguró a la religiosa no había visto ni leído cosa mejor en su vida: y tan aficionado a ver más de aquel género, que rogó a la religiosa suplicase a la Madre Trinidad extendiese más aquella obra en obsequio del Santísimo. Y como la religiosa se lo propusiese, en llegando a entender que persona de fuera había sabido era suya la poesía se mostró tan sentida, que tuvo por bien la religiosa empeñada no volverle a tocar especie que tanto le mortificaba" (*apud* Molina Huete, 2016: 213-214).

Por desgracia, debido en parte a esa acendrada modestia de María de Córdoba, sus composiciones poéticas se han perdido casi en su mayoría, conservándose tan sólo las cuatro que la autora anónima de su semblanza en el *Libro de las religiosas que mueren en este convento de nuestro padre san José de Carmelitas Descalzas de Málaga* dice haber logrado recuperar, "por que no se borre del todo su memoria" (*apud* Molina Huete, 2016: 214). Así, recoge un romance titulado "La noche del Santo Nacimiento de nuestro Redentor", una plegaria que comienza con el verso "Padre del futuro siglo", un poema dedicado a la Ascensión de Cristo y el poema "Soliloquio".

Bibliografía

CORREA RAMÓN, Amelina (2002). *Plumas femeninas en la literatura de Granada (ss. VIII-XX). Diccionario-Antología*. Granada: Editorial Universidad de Granada/Diputación de Granada, pp. 159-163.

---- (2011). "La literatura granadina del XVIII con voz de mujer: misticismo, academia y traducción", en ÁLVAREZ BARRIENTOS, Joaquín y HERRERA NAVARRO, Jerónimo (eds.), *Para Emilio Palacios Fernández. 26 estudios sobre el siglo XVIII español*. Madrid: Fundación Universitaria Española, pp. 57-78.

DIAZ DE ESCOVAR, Narciso (1898 a y b). "Granadinas ilustres. Monja poetisa I y II", *La Alhambra* (Granada), nº 7, 15 de abril de 1898, pp. 125-128 y nº 8, 30 de abril de 1898, pp. 149-153.

MOLINA HUETE, Belén (2016). "Hacia un corpus de lírica carmelitana: la poesía de la Madre María de la Santísima Trinidad (1647-1729), del Convento de San José de Málaga", en BORREGO GUTIÉRREZ, Esther y LOSADA, José Manuel (dirs.), *Cinco siglos de Teresa: la proyección de la vida y los escritos de Teresa de Jesús. Actas selectas del Congreso Internacional "Que muero porque no muero". Santa Teresa o la llama permanente 1515-2015*. Madrid: Fundación María Cristina Masaveu Peterson, pp. 209-232.

RODRÍGUEZ TITOS, Juan (1998). *Mujeres de Granada*. Granada: Diputación de Granada, p. 40.

Selección de textos

Padre del futuro siglo
te llamaron los prophetas [...].

Y así te pido, Dios mío,
que como padre, me ofrezcas
esos divinos tesoros
con que pague yo mis deudas.
Tu sangre, tu sangre pido,
que es la preciosa moneda
que en el Tribunal del Padre
únicamente liberta.
Mas, ¡ay dolor! que mis yerros
la sacaron de sus venas;
será rescatar injurias
el peso de tu fuerza.
¿Qué puedo, vil gusanillo,
y tierra de abrojos llena
si tú no me das cultivo
producir, si no es malezas?
Ya conoces la que he sido,
la que soy, lo que me espera,
si no acudes con tu mano
a detener esta piedra;
pues con rapidez mayor
que el guijarro se despeña,

me precipito en el mal,
¡si tu gracia no me enfrena!

(Fragmento)
[s.f. *apud* Díaz de Escovar, 1898b: 150-151]
"Soliloquio"

   Mi Dios, con motivos cuantos
debo ensalzar tu ser trino,
mas sin tu lengua de fuego
no es posible conseguirlo.
¡Oh, espirado [*sic*] soberano!
no me niegues este auxilio,
porque en algo corresponda
a favores tan divinos,
Padre te explica el *Poder*,
la *Sabiduría*, hijo,
Santo Espíritu el *Amor*
en solo un ser infinito.
A este entendimiento sumo
sumo término es preciso
y a esa suma voluntad
un sumo amor de continuo.
Por tu santidad empiezo:
una y mil veces repito:
tú solo Santo, Señor;
tú solo Santo, Dios mío.
Los serafines me enseñan
tres veces a repetirlo
de que infiero eres *un santo*
y en tres *personas* distinto.

     *   *   *

Si no es posible medir
del mar el seno, el guarismo
desfallece, al ver sus aguas;
que será en vos, sacro abismo.
Si de un infante el ardid
venció el saber de Augustino:

como podré vadearle
si aquél quedó sumergido?
Yo en ti creo, yo te adoro
y así toda el alma rindo,
si más quieres, Señor,
dadme que daros, bien mío.

[s.f. *apud* Díaz de Escovar, 1898b: 152]

ENCISO Y TORRES, Beatriz María de, *sor Beatriz María de Jesús*
Granada, 23/IV/1632 - 15/II/1702

Género literario: Autobiografía

Nacida en una familia de noble abolengo granadino, fueron sus padres Lorenzo de Enciso y Navarrete y Bárbara de Torres. Su bisabuelo paterno, Sebastián de Enciso y Navarrete, fue Ministro Titular del Santo Oficio, y Caballero Veinticuatro de Granada, hijo a su vez de Pedro de Enciso y Navarrete, Gentil Hombre de Cámara del rey Fernando el Católico, y embajador en la corte romana. El matrimonio tuvo seis hijos, tres varones y tres mujeres, a los que procuraron esmerada educación, y, sobre todo, transmitieron una extremada piedad religiosa, que se plasmó en que, aparte de Beatriz, uno de sus hermanos fue fraile capuchino, y dos sobrinas, hijas de sus sendas hermanas, profesaron en el mismo convento que su tía, el Monasterio del Santo Ángel Custodio, que había sido fundado en fecha reciente, en concreto, en 1626 por la aristócrata sor María de las Santísimas Llagas de Cristo Redentor, como ya se adelantó en el estudio introductorio. Según las crónicas escritas, Lorenzo de Enciso habría experimentado visiones de Jesucristo, bien en el momento de su Pasión, o bien revestido de toda su majestad. Y tres días -nuevamente, número simbólico- después de fallecer habría protagonizado una experiencia supuestamente sobrenatural, al responder con una sonrisa a las palabras de cariñosa despedida que manifestó su esposa. Pero, además, parece haber experimentado una suerte de premonición anticipatoria, ya que, teniendo la costumbre de anotar la fecha de nacimiento de cada uno de sus hijos, añadiendo siempre después "téngale Dios de su mano", sin embargo, llegado el momento de consignar el natalicio de Beatriz, agregó: "Dios la haga una Santa".

Con esta herencia, no resulta de extrañar que Beatriz comenzara desde muy joven a experimentar episodios extraordinarios, como momentos de pérdida de la consciencia, visiones de la Majestad Divina, así como manifestación en su cuerpo de los estigmas de la Pasión de Cristo, que empezó a sentir desde 1664, un año antes de entrar en religión. Las autoridades eclesiásticas, en prevención de un posible fraude o de que estos fenómenos se debieran a la imaginación de la muchacha, la sometieron a todo tipo de exámenes. Según se relata en su biografía, basada en su libro autobiográfico *Relación de su vida y favores divinos*, hoy por desgracia perdido, en dichas pruebas se demostró que, si se colocaba a Beatriz María de Enciso sobre una cruz, sus brazos se tornaban "tan inflexibles como si fueran de bronce" (Serrano y Sanz, 1903: I, 552), quedando su cuerpo todo como si fuera el de un cadáver, insensible a los estímulos, excepto a la voz de su confesor, que parecía ser el único capaz de sacarla del profundo letargo en que estaba sumida.

De igual modo, se relatan numerosos episodios de curaciones efectuadas por su intervención directa. Además, sucediéndose los episodios visionarios, con frecuencia complejos y alegóricos, tuvo una aparición de la Virgen María, que le reveló "que ya ella no vivía, porque sólo avía de vivir, y obrar en su Alma el mismo Dios. Desapareció la visión, y quedó la V. Beatriz advertida de que su vida avía de ser, no terrena, sino Celestial, y que no avía de vivir para el Mundo, sino para Dios, que vivía en ella" (Montalvo, 1719: 122).

Un año después de este episodio, cuando Beatriz María contaba la crística edad de treinta y tres años, decidió tomar el hábito de la Orden de San Francisco, ingresando el día 25 de mayo de 1665 en el ya citado convento del Ángel Custodio de Granada. El lugar y la Orden de su elección estarán intensamente vinculados con el contenido de sus visiones, ya que con mucha frecuencia se le venían apareciendo su Ángel Custodio, así como San Francisco. Dichas visitas se redoblarán una vez enclaustrada, añadiéndose también, en algunas ocasiones, una santa tan significativa para los franciscanos como Santa Clara. Así, por ejemplo, se relata cómo el 11 de agosto, víspera de su festividad en el año 1688, se le manifiestan "Nuestro Padre san Francisco con admirable gloria, y la Inclyta virgen Santa Clara, vestida de maravillosos fulgores" (Moltalvo, 1719: 357).

Pero lo cierto es que desde el mismo momento de su llegada al convento, los fenómenos y visitas sobrenaturales se sucedieron, siendo atacada en varias ocasiones (como se ha expuesto ya en el estudio introductorio) por entidades diabólicas. De este modo, siendo novicia, en la Octava del Corpus de 1665, le sucedió lo siguiente:

> permitió el Señor, que los demonios atormentasen cruelísimamente a sor Beatriz, siéndole forçoso recostarse en el

regazo de la Religiosa su asistente. Allí prosiguieron los diabólicos espíritus en su depravado intento, poniéndola en tal conflicto, que ya le parecía que espiraba. Hallándose en tan fatal congoja, se le manifestaron N. P. San Francisco, y su Santo Ángel Custodio, los quales arrojaron a los demonios, y dieron libertad a la paciente (Montalvo, 1719: 139-140).

Un año más tarde profesaría, en concreto, el 6 de junio de 1666, adoptando a partir de ese momento el nombre religioso de Beatriz María de Jesús, y multiplicándose los ya de por sí muy numerosos episodios de trances, apariciones y contactos con el Más Allá.

Según su propia declaración, la labor más notable que llevó a cabo al ingresar en el convento fue sacar del Purgatorio el alma del rey Felipe IV, que había fallecido precisamente ese año.

Su existencia en el convento durante casi cuatro décadas transcurrió entre oraciones, sucesos milagrosos y la reiteración de sus accesos de éxtasis místico. En 1699 resultó elegida abadesa, falleciendo tres años después. El pasaje sobre su muerte que encontramos en la hagiografía que, basada en su propia *Vida* documenta la llamativa trayectoria de esta religiosa granadina, ofrece significativamente, al relatar sus últimos sacramentos, unas palabras finales que parecen remitir al modelo de santidad femenina que representa, sin duda alguna, Santa Teresa de Jesús:

> Y se confessó la Sierva de Dios con grande fervor, y lágrimas, y administrándole después el Santísimo Sacramento de la Eucharistía, dixo: Es mi amado para mí, y yo toda para mi amado (Montalvo, 1719: 417).

En fecha indeterminada Beatriz María de Enciso redactó su obra autobiográfica ya citada (celosamente guardada bajo llave, que sólo entregará, como ya se explicó, a la abadesa en el momento inmediatamente anterior a su deceso), y que serviría de base para que fray Tomás de Montalvo, Lector de Teología, escribiera en 1719 el volumen hagiográfico inédito titulado *Vida prodigiosa de la extática Virgen, y Venerable Madre Sor Beatriz María de Jesús, Abadesa, que fue del convento del Ángel Custodio de la Ciudad de Granada, de Religiosas Franciscas Descalças de la más estrecha Observancia de la Primera Regla de Santa Clara: Chrónica del mismo convento, y memoria de otras Religiosas insignes en virtud*, del que proceden los datos biográficos consignados en la presente entrada.

Dicha obra incluye en su inicio un retrato de sor Beatriz María de Jesús, precisamente sentada ante una mesa con un libro, y una pluma en la mano, en actitud de escribir, aunque, por desgracia, no ha llegado hasta nosotros ninguno de sus escritos.

Como ya se ha relatado en el estudio introductorio, la muerte de Beatriz María de Enciso el 15 de febrero de 1702 alcanzó una gran repercusión, por lo que el velatorio se dispuso en el Coro Bajo del convento, a fin de que pudiera asistir el numeroso público congregado. Su entierro tuvo lugar dos días después, el 17 de ese mes, con presencia del Arzobispo Martín de Ascargorta, Cabildo Catedralicio, caballeros de la Real Chancillería, miembros de la nobleza y abundante presencia del pueblo llano. Dada la fama de santidad de que gozaba la finada, en los días y semanas posteriores se celebraron varias exequias, costeadas por instituciones como el Cabildo Catedralicio el Colegio de Abogados, el Cabildo de la Capilla Real, etc., imprimiéndose para su difusión los sermones en su memoria.

Como solía ser habitual en los conventos, la inhumación de la religiosa tuvo lugar en el interior de la clausura, en una zona contigua a la capilla mayor de la iglesia, por el lado de la Epístola, en un nicho cerrado con tres compartimentos, en cuya parte central, al parecer, se depositaron los restos morales de sor Beatriz María de Jesús.

No obstante, hay que hacer notar que el edificio sufrió graves vicisitudes a lo largo de los siglos. Para comenzar, fue ocupado por tropas francesas entre 1810 y 1812, que llevaron a cabo numerosos destrozos. Pero, además, la Comunidad sufriría otro periodo de zozobras cuando, con motivo de las obras de apertura de la calle Gran Vía de Colón entre finales del siglo XIX y primeros años del XX, les fueron expropiados parte de sus terrenos, y, de hecho, el edificio debió ser modificado en 1908 para rehacer su fachada de acuerdo a la nueva alineación de la nueva calle. El Archivo Histórico Municipal de Granada conserva la documentación según la cual el 3 de enero de 1908 la abadesa, Matilde María de la Expectación Sáenz, solicita licencia para llevar a cabo dicha obra, presentando la memoria del proyecto [5]. La obra pudo ser afrontada económicamente gracias a la ayuda del propio arquitecto, Francisco Prieto-Moreno, y de algunas personas influyentes de la ciudad. Pero finalmente la Comunidad de clarisas del convento del Santo Ángel Custodio se vio obligada a cambiar la ubicación que venían teniendo desde el siglo XVII en la céntrica calle Cárcel Baja hacia comienzos de la década de los '30, por incertidumbres de tipo

---

[5] AHMG. Leg. 2028, p. 33. 1908. Memoria del proyecto fechada el día 3 de enero de 1908.

económico y social, sumado a presiones políticas, lo que las forzó a permutar su antiguo edificio por otro que pertenecía al Banco de España en la calle de San Antón, donde encontraron su sede final y donde han permanecido ya hasta nuestros días.

Bibliografía

CORREA RAMÓN, Amelina (2002). *Plumas femeninas en la literatura de Granada (ss. VIII-XX). Diccionario-Antología*. Granada: Editorial Universidad de Granada/Diputación de Granada, pp. 174-175.

EQUIPO EDITORIAL (1990). *Escritoras andaluzas*. Sevilla: Editorial J. R. Castillejo, pp. 60-61.

LÓPEZ-GUADALUPE MUÑOZ, Miguel Luis (2018). "Mixtificación de un convento granadino y su fundadora: Las clarisas del Santo Ángel Custodio", en ATIENZA LÓPEZ, Ángela (ed.). *Autoridad y poder en el mundo religioso femenino siglos XVI-XVIII*. Madrid: Sílex Ediciones, pp. 309-334.

MONTALVO, fray Tomás (1719). *Vida prodigiosa de la extática Virgen, y Venerable Madre Sor Beatriz María de Jesús, Abadesa, que fue del convento del Angel Custodio de la Ciudad de Granada, de Religiosas Franciscas Descalças de la más estrecha Observancia de la Primera Regla de Santa Clara: Chrónica del mismo convento, y memoria de otras Religiosas insignes en virtud*. Granada: Francisco Domínguez, Impresor del Ilmo. Sr. Deán, y Cabildo de la Santa Iglesia.

Real Acuerdo de Granada (1702). *Sermones en las exequias, que el Real Acuerdo de Granada celebró en el Observantísimo Convento del Ángel Custodio de Fransciscas Descalças, a la V. M. Sor Beatriz María de Jesús, Religiosa y Abadesa que avía sido, de dicho Monasterio. El día 6 de Abril de 1702. Lo predicó el Doctor Don Rodrigo Marín*. Granada: Real Acuerdo de Granada.

RODRÍGUEZ TITOS, Juan (1998). *Mujeres de Granada*. Granada: Diputación de Granada, p. 39.

SERRANO Y SANZ, Manuel (1903). *Apuntes para una biblioteca de escritoras españolas. Del año 1401 a 1833*. Madrid: Est. Tip. Suc. de Rivadeneyra, vol. I, pp. 552-553.

GIMÉNEZ VERA, María Angustias, *sor Corazón de Jesús*
Granada, 21/VIII/1846 - Sant Baudilio de Llobregat (Barcelona), 2/VIII/1897

Género literario: Crónica/texto doctrinal, epistolar

Procedente de una familia granadina de clase media, fue bautizada en la Iglesia Parroquial de los Santos Justo y Pastor con el nombre de María Angustias del Corazón de Jesús, recibiendo una educación superior a lo habitual para las niñas de su época. De carácter dulce y delicado, y aficionada a la lectura, su vida estaría marcada (como tantas de las religiosas recogidas en el presente volumen) por la fragilidad física, el dolor y la enfermedad. Así, padecería una dolencia cardiaca que la llevaría a la tumba antes de llegar a cumplir los cincuenta y un años. No obstante, dejó un importante legado, que acometió siempre en compañía de su íntima amiga y compañera, María Josefa Recio Martín, a quien conoció en 1871, y que posteriormente quedaría viuda, por lo que ambas pudieron, así, consagrarse a un sacrificado destino de servicio. Según Juan Rodríguez Titos, "Convencida desde siempre de su vocación de fundadora, hizo verdaderos méritos de santidad. En la inquebrantable amistad con María Josefa Recio (unidas, incluso, en la misma casa de Granada), proyectando la anhelada empresa de la fundación, María Angustias era -transida de mística- el impulso arrebatador, y María Josefa, el temple, el tesón y la humilde responsabilidad" (Rodríguez Titos, 1998: 78).

Como quiera que ambas frecuentaban la basílica de San Juan de Dios, tuvieron ocasión de conocer allí al Padre Benito Menni (que luego sería canonizado), enviado por el Vaticano para restablecer la Orden Hospitalaria de San Juan de Dios. En compañía de este sacerdote van a poner finalmente en marcha su ambicioso proyecto de fundación, con la vista puesta en atender a un sector completamente marginado por la sociedad del momento, como era el de los enfermos mentales. Así, las dos abandonarían Granada el 21 de junio de 1880, camino de la localidad madrileña de Ciempozuelos, donde el propio Padre Menni había instaurado en 1876 el pronto célebre Manicomio u Hospital Psiquiátrico, a cargo de la Orden Hospitalaria de San Juan de Dios. De este modo, y con la intención de ocuparse de la sección femenina de dicha institución, atendiendo con dedicación y entrega a pacientes aquejados de enfermedades mentales, acabará surgiendo la Congregación de las Hermanas Hospitalarias del Sagrado Corazón de Jesús, que estaba destinada a extenderse pronto por otros lugares de España, y después, por distintos destinos de Europa, América, Asia y África, donde en la actualidad continúan con su labor de atención a discapacitados psíquicos y físicos.

María Angustias tomaría el hábito el 31 de mayo de 1881, con el nombre de sor Corazón de Jesús, en compañía de las primeras diez novicias de la Orden, que llevarán una vida de enorme austeridad y sacrificio. Su profesión perpetua tendría lugar en 1885, retrasándose precisamente por sus problemas crónicos de salud. Por decisión del P. Benito Menni, María Josefa Recio habría de ser la primera Superiora, recibiendo en cambio María Angustias, que siempre demostró facilidad para la escritura y buena preparación cultural, el encargo de escribir la *Relación sobre los Orígenes de la Congregación de Hermanas Hospitalarias del Sagrado Corazón de Jesús*. Cumplirá con la misión encomendada, dejando a su muerte la obra inédita y manuscrita, miscelánea entre crónica y texto doctrinal, pero en la que se percibe también un notable contenido autobiográfico, dada la estrecha e inseparable imbricación de su propia vida en la fundación, con momentos en que la autora desnuda auténticamente su alma, confesando sus fragilidades. Aunque de difícil definición, habría que incluir su obra, pues, en la segunda tipología comentada en el estudio introductorio, es decir, como "instrumento de conservación de la memoria colectiva", aunando, quizás aquí, la crónica con la reflexión doctrinal (este volumen se considera, de hecho, que contiene el fundamento teórico de la Congregación), e incluso con algún rasgo de una peculiar y sui géneris *autobiografía por mandato* (bien que de estilo, inspiración y sentido contemporáneos).

El prematuro fallecimiento de María Angustias Giménez Vera se produce el 2 de agosto de 1897 en la Casa que para esas fechas tiene ya abierta la Congregación en la localidad de Sant Baudilio de Llobregat (Barcelona), a causa de la dilatación crónica de la aorta de la que venía padeciendo toda su vida. No obstante, sus restos fueron trasladados a la Casa Madre en Ciempozuelos.

Su obra no vería la luz hasta casi un siglo después, cuando la propia Congregación la edite en Madrid en 1981, incluyendo en el interior del volumen, antecediendo al propio texto, el título que María Angustias Giménez eligió para su obra: *Sencilla explicación de la maravillosa obra de nuestra naciente Fundación de Hijas de Nuestra Señora del Sagrado Corazón de Jesús*, que firma en 25 de febrero de 1887.

Además, se ha conservado también el epistolario que mantuvo con el Padre Benito Menni. De hecho, sor Corazón de Jesús extrajo una elocuente cita de una de las cartas recibidas, "rogar, trabajar, padecer, sufrir, amar a Dios y callar", que ha quedado instituida como lema y guía de la Congregación.

Bibliografía

CÁRCEL ORTÍ, V. (1988). *Historia de la Congregación de Hermanas Hospitalarias del Sagrado Corazón de Jesús*. Ciudad del Vaticano: Tipografía Políglota Vaticana.
ESPINOSA FERNÁNDEZ, E. (1966). *Caminos del Amor*. Madrid: Imprenta de P. López.
LABORDE VALLVERDÚ, A. (1988). *La casa de las Granadas*. Granada: Anel.
MARTÍNEZ GIL, José Luis O.H. "María Angustias Giménez Vera", en Real Academia de la Historia, *Diccionario Biográfico Español*: https://dbe.rah.es/biografias/98862/maria-angustias-gimenez-vera.
RODRÍGUEZ TITOS, Juan (1998). *Mujeres de Granada*. Granada: Diputación de Granada, pp. 77-78.
TORRES LÓPEZ, Jesús (2019). *Movimiento fundacional de instituciones religiosas femeninas españolas en el siglo XIX. Pervivencias y cambios,* Tesis Doctoral, Universidad Complutense de Madrid: https://eprints.ucm.es/id/eprint/51687/1/T40955.pdf.

Selección de textos

"Del amor que Jesús me ha mostrado y de lo ingrata que he sido yo"

Por misericordia divina, desde mi más temprana edad, sentí en mi corazón dulces invitaciones de Jesús que por el excesivo amor que hacia mí tenía, constantemente me convidaba a desprender mi corazón de lo terreno; porque este mi esposo sólo quería que yo me uniese estrechamente a su divino corazón; para obtenerlo se valió su bondad de innumerables medios. Ya dándome unos padres tan virtuosos y esmerados por educar a sus hijos, que si yo hubiese imitado y seguido sus dictámenes, mucho habría aventajado en las vías del Señor. Ya me presentaba unos tan celosos y santos directores, que me horroriza el pensar lo poco que me he sabido aprovechar de sus sabias e incansables amonestaciones; ya que, excitados por el amor que en el Señor me tenían, con caridad me han enseñado el camino por el que yo debía caminar; y para colmo de estas gracias, me presentó mi Jesús el resorte del que se quería valer para conquistarme; siendo esta la estrella de mi amada Madre fundadora, en cuya época tenía suma necesidad de hallar a tan fiel amiga. Según recuerdo, sería el año 1871 cuando nos conocimos.

Es tal la rusticidad de mi pobre inteligencia, que jamás me ha dado lugar a conocer la grandeza del amor, que hacia mí, tan miserable, tenía mi dulce Dueño. Habiéndomelo probado por la abundante lluvia de gracias que sobre mi corazón infiel ha derramado. Me confundo al considerar que cuando mi amado Jesús se dignaba ilustrar mi entendimiento para del todo atraerme hacia sí, instigada por el demonio de todo me quise olvidar, dejándome llevar del ímpetu de mis pasiones. Por los juicios de Dios permitió el Señor que fuese yo violentamente combatida y que con furia sintiese los atractivos de mis depravados apetitos.

Me espanto al ver lo frágil del corazón humano cuando se desvía un poquito de su verdadero centro; parece que este se ciega dejándose enlodazar de sus viles y míseras inclinaciones; pues bien, acosada yo por estas sugestiones, luchaba la parte superior con la inferior, dejándome llevar en cierto modo de mis torcidas inclinaciones. Abandoné la oración mental, único refugio para no perderse. Después me juzgaba indigna de frecuentar los sacramentos, cuya fatal idea me la sugirió el demonio, para apartarme del camino de perfección.

Toda vez que la frecuente comunión es la que nos retrae de cometer faltas. Por lo cual se me fue introduciendo amor a las vanidades e inclinación a las cosas transitorias. En fin, aquel pensamiento que yo tenía por agradar a mi Dios, pienso se iba en pos de las criaturas. Estando distraída con tan indignas vagatelas [sic], la infinita bondad de Dios no quiso por mucho tiempo dejarme en tan lamentable oscuridad, por lo que se dignó hacerme ver mi ceguedad, dando a la puerta de mi corazón una fuerte aldabada para que comprendiese lo mucho que Él se apiadaba de mí, que tan débil e inconstante soy en la práctica del bien.

Relación sobre los Orígenes de la Congregación de Hermanas Hospitalarias del Sagrado Corazón de Jesús (1981: 40-41)

GRANADA ALTAMIRANO, Luisa de, *sor Luisa de San José*
Granada, h. 1582 - 8/VIII/1638 [6]

Género literario: Poesía, hagiografía

---

[6] Aunque Viñes Millet, 1995, da como fecha de su fallecimiento el 24 de agosto (lo que repite en la entrada que hace para el *Diccionario Biográfico Español*), la Hna. Ángeles del Purísimo Corazón de María, en su estudio sobre el convento granadino, ofrece como fecha la del 8 de agosto, basándose en los datos contenidos en el archivo conventual (Purísimo Corazón de María, 2005: 425).

Hija de los marqueses de Campotéjar, Jerónimo de Granada Rengifo y María de Altamirano, su linaje es muy ilustre, pues fue descendiente de los reyes nazaríes por vía paterna, y de los Altamirano, originarios de Trujillo, por la materna. La joven se enfrentó a la voluntad paterna, rechazando el matrimonio que ya le habían concertado, para seguir una vocación religiosa que sentía arraigada. Por ello ingresó en el convento de Carmelitas Descalzas de su ciudad natal en 1599, a los diecisiete años, profesando en el mes de abril de 1600, por lo que hacía la número veintisiete de las profesas en la nueva Orden, según consta en el *Libro de Profesiones* que se ha conservado en su archivo (Purísimo Corazón de María, 2005: 187-188). Diecisiete años más tarde sería elegida priora de la comunidad religiosa, construyéndose bajo su mandato la iglesia del convento que hoy se conserva, así como otras varias dependencias anexas. Su fuerte personalidad, su prudencia y sabiduría la llevarán a ser demandada por caballeros venidos incluso desde la corte, hasta la que trascendió su fama, en busca de consejo y orientación. Al parecer, una vez finalizada la iglesia conventual, quedaba una importante cantidad pendiente de pago, estando las arcas de las religiosas vacías. Su priora no demuestra alterarse ante esta situación, y enseguida un caballero deposita en el torno del convento una importante suma, remitida en agradecimiento por un hidalgo de Madrid, lo que basta para abonar las deudas. Sor Luisa de San José parece así tener premoniciones y revelaciones del futuro.

Como tantas de sus compañeras en el presente volumen, Luisa de Granada Altamirano llevó una vida austera, marcada por los prolongados ayunos, así como extremadas penitencias, que culminaron los cuarenta días antes de su muerte, pasados por su propia voluntad, llena de llagas y de dolores, sobre una dura tabla de madera, hasta que llegó el momento de su tránsito.

Su obra literaria se encuadra en dos géneros bien diferenciados: por un lado, poesía (en concreto, escribirá versos para ser cantados) y por otro, hagiografía, tan habitual en la época. En cuanto al primero, el carmelita Manuel de San Jerónimo, a comienzos del siglo XVIII, dará interesantes datos al respecto, incluyendo un fragmento de uno de sus poemas musicados: "desahogaba esta dulzura en canciones amorosas. Unas hacía a la Magdalena, de cuyo amor estaba santamente envidiosa. Otras a Santa Gertrudes, cuya oración y fidelidad con Dios la enamoraban, y otras al Señor suyo y de todas, de que refieren las relaciones una copla que debía ser más común en la V. madre, y dice así: Hagamos las paces hoy/ ofendido pastor mío,/ que no vive gusto en mí/ si yo en tu gracia no vivo" (San Jerónimo, 1706: 438-441).

En el interesante proyecto documental sobre la música en Sevilla y en Granada, que, bajo el título de "Paisajes sonoros históricos (c. 1200 - c. 1800)", fue puesto en marcha por Juan Ruiz Jiménez e Ignacio José Lizarán Rus, el primero firma una entrada, "Canciones en el convento de San José", donde da testimonio de las contrafactas a lo divino compuestas por Luisa de San José, que probablemente se cantaran con música de origen popular.

En cuanto al género hagiográfico, fue autora de la narración de las vidas piadosas de varias carmelitas fundadoras, entre ellas, la de la Madre Mariana de Jesús o la de la Madre Beatriz de San Miguel, obra esta última cuyo manuscrito autógrafo (que consta de tan sólo ocho hojas) se conserva en la Biblioteca Nacional y en la que se relata la historia de esta monja toledana, que se enfrentó a la voluntad de su familia por seguir a Teresa de Jesús y a la que sucedieron diversos prodigios que recoge su biógrafa.

Bibliografía

CORREA RAMÓN, Amelina (2002). *Plumas femeninas en la literatura de Granada (ss. VIII-XX). Diccionario-Antología*. Granada: Editorial Universidad de Granada/Diputación de Granada, pp. 106-108.

PRESENTACIÓN, A. de la (1638). *Sermón en las honras de la Venerable Madre Luisa de San Josef, en nuestras Madres Descalzas Carmelitas*. Granada: Imprenta Real.

PURÍSIMO CORAZÓN DE MARÍA, Hermana Ángeles del (2005). *Convento de Carmelitas Descalzas de San José de Granada*. Granada: Caja Granada.

RODRÍGUEZ TITOS, Juan (1998). *Mujeres de Granada*. Granada: Diputación de Granada, p. 38.

RUIZ JIMÉNEZ, Juan (2015). "Canciones en el convento de San José", en RUIZ JIMÉNEZ, Juan y LIZARÁN RUS, Ignacio José, "Paisajes sonoros históricos (c. 1200 - c. 1800)": http://www.historicalsoundscapes.com/evento/146/granada/es.

SAN JERÓNIMO, Manuel de (1706). *Reforma de los Descalzos de Nuestra Señora del Carmen*. Madrid: Gerónimo Estrada, vol. V, pp. 438-441.

SANTA TERESA, Silverio de (1935-1952). *Historia del Carmen Descalzo en España, Portugal y América*. Burgos: Tipografía Monte Carmelo, vol. IX.

SERRANO Y SANZ, Manuel (1905). *Apuntes para una biblioteca de escritoras españolas. Del año 1401 a 1833*. Madrid: Est. Tip. Suc. de Rivadeneyra, vol. II, pp. 332-333.

VIÑES MILLET, Cristina (1995). *Figuras granadinas*. Granada: Sierra

Nevada 95/El legado andalusí, pp. 114-117.

---- "Luisa Granada Altamirano", en Real Academia de la Historia, *Diccionario Biográfico Español*: https://dbe.rah.es/biografias/85779/luisa-granada-altamirano.

Selección de textos

Comenzó el dominio [demonio], de rabia que tenía con ella, apedrear la casa por todas quatro partes, que parece la quería hundir, no lloviendo ni haciendo nublado en toda la ciudad, ni en otra casa, i eran las piedras tan grandes que quiriendo una criada pasar por el patio se cubrió con una caldera y la abollaron las piedras, que eran como huebos, y duró esto hasta la oración.

Deseaba mucho ser monja en una bida de gran retiro, i como oió decir que nuestra santa madre Theresa fundaba conbentos de tanta perfeción deseábala ver; notablemente llebóla Dios a Toledo donde pasó para ir a otra fundación, i como lo supo procuró en una ilesia hablarla i díjole sus deseos, i nuestra santa madre se contentó tanto della que le dijo: si quiere irse conmigo io la llebaré; respondióle que ni sus padres ni sus deudos la dejarían ir; que ella de buena gana lo hiciera; a lo qual respondió nuestra santa madre: pues espéreme, que Dios me trairá a Toledo y la recibiré. Quedo con esto gozosísima.

Bolbió nuestra santa madre a fundar a Toledo, i al punto que lo supo se fue hurtada, i estaba nuestra santa madre aquel día dando traza para hacer unos canchiles de agua en la portería, porque no entrasen los aguadores dentro del conbento a llebar el agua. Como la bido i la conoció alegróse mucho, y ella le dijo benía a tomar el ábito. Respondióle nuestra santa: norabuena bengo, hija, que io la estaba esperando; con esto la tomó de la mano i la entró i le dio el ábito.

Recién profesa fue nuestra santa madre a fundar á Beas i díjole si quería irse con ella, porque siempre la quiso mucho. Respondióle que de mui buena gana. Diciéndole nuestra santa madre que llamarían a sus padres y deudos, le respondió: no, madre, que habrá gran ruido i sentimientos; más bale irnos sin que lo sepan. Estimó mucho esto nuestra santa madre; tratábala con gran amor y estimación; estubo en su compañía siete años, i quiriendo nuestra santa madre benir á fundar a Granada se ofreció llamarla á Burgos, i así fue a fundar allá, i enbió a esta fundación de Granada a nuestra madre Anna de Jesús, la que ha fundado todo eso de Francia y Flandes, que son más de treinta i tres conbentos, y abrá seis años que murió... Pidióle á nuestra madre santa Theresa que le diese a nuestra madre Beatriz de San Miguel, i aunque lo sintió, por no mortificarla se la dio, y binieron seis a fundar este conbento.

Vida de la Madre Beatriz de San Miguel, siglo XVII
(*apud* Serrano y Sanz, 1905: II, 333)

JESÚS, sor Ana de
Granada?, final s. XVI - d. 1629

Género literario: Hagiografía

Casi ningún dato se conserva hoy acerca de esta escritora religiosa de la Orden de Franciscanas Clarisas y profesa en el monasterio de Nuestra Señora de la Encarnación de Granada, en cuya sede se ha conservado un cuadro que muestra su retrato. Sin embargo, toda la documentación referente a la época de profesión de sor Ana de Jesús -en torno al primer cuarto del siglo XVII- se perdió en el pasado siglo con la desamortización de Mendizábal, y la consecuente exclaustración de las monjas y su traslado provisional al también granadino monasterio de Santa Isabel la Real.

El monasterio de la Encarnación fue fundado en los primeros años del siglo XVII por Isabel de Ávalos, hermana del Arzobispo de Granada. Precisamente será una biografía de esta fundadora, junto con otras monjas significativas, lo que escriba sor Ana de Jesús, publicándose la obra en 1629. El libro llevó por título *Nacimiento y criança de Dª Ysabel de Avalos, y por otro nombre Ysabel de la Cruz, Abadessa, y fundadora que fue deste Monasterio de la Encarnación de Granada. Con algunas vidas de otras Religiosas del mismo Convento. Compuesto por una Religiosa de la misma Casa. A las Señoras Religiosas que oy son, o fueren deste Monasterio* (Granada: Francisco Heylan Impressor de la Real Chancillería, 1629).

Manuel Serrano y Sanz señala como lo más significativo del libro el pasaje dedicado a la biografía de Marien, una mujer de procedencia árabe convertida a la religión cristiana que profesó en el convento en 1608, falleciendo cuatro años más tarde. Serrano constata que el relato guarda muchas semejanzas con el episodio de Zoraida contenido en el *Quijote*. Así mismo, indica que el cronista franciscano Padre Alonso de Torres copia el relato de la vida de Marien, sin señalar su fuente, incluyéndolo en su *Chrónica de la santa Provincia de Granada, de la regular observancia de N. Seráfico Padre San Francisco* (Madrid: Juan García Infançon, 1683).

Bibliografía

CORREA RAMÓN, Amelina (2002). *Plumas femeninas en la literatura de Granada (ss. VIII-XX). Diccionario-Antología*. Granada: Editorial Universidad de Granada/Diputación de Granada, pp. 231-237.

SERRANO Y SANZ, Manuel (1903). *Apuntes para una biblioteca de escritoras españolas. Del año 1401 a 1833*. Madrid: Est. Tip. Suc. de Rivadeneyra, vol. I, pp. 546-550.

Selección de textos

"[Vida de Sor] María de la Concepción, mora que fue y natural de Totay y del Reyno de Fez, y se vino al Peñón, donde se conuirtió a nuestra santa fe, y fue monja en esta Casa"

María de la Concepción y San Pedro (que antes que recibiesse agua de bautismo se llamaua Marien) fue natural de vn lugar llamado Totay; sus padres eran moros principales y ricos en aquella tierra; su padre se llamaua Hiharha, y su madre Fátima; y esta su madre tenía vn hermano, Gouernador de aquella tierra, llamado Abdibala, y su padre tenía cierto cargo y oficio en la casa del Rey de Fez, que siempre assistía en su presencia y andaua en su compañía; tenía el assiento de su casa en Totay, donde assistían de ordinario su muger y hijos, y a temporadas yua a ella el dicho Hiharha su marido. En este lugar nació y se crio María de la Concepción hasta edad de diez y siete o diez y ocho años; su madre la mostraua con cuydado la guarda de su ley, la qual se le imprimió muy poco; y quando ayunauan los de su casa, madre, y hermanos, criados, y esclauos, que eran muchos los que tenían de los negros, que ellos imponen en sus ceremonias de moros, no obstante las grandes penas con que castigan a los que no guardan estos ayunos, ella no los guardaua, ni hazía caso de no hazerlo.

Sucedió que en este tiempo, poco más de vn año antes que saliesse de su tierra Marien, se vino al Peñón cierta mora, muger de mal viuir, y estuvo allí vnos meses, después de los quales se boluió á Totay, y buelta estaua algunas vezes en casa de los padres de María de la Concepción, y contaua muchas cosas de las que en el Peñón auía visto, y del modo de viuir y proceder de los christianos en la iglesia, y en la Missa, y de todo ello hazía grande mofa y escarnio. Marien estaua muy atenta oyendo lo que aquella muger dezía, y no solo no le parecía mal, sino que le dio mucho desseo de verlo, y ayudó a este desseo vn Capuchino sacerdote que su padre tenía en casa, a quien también oyó dezir algunas cosas cerca de la ley de Christo nuestro Señor y sus Mandamientos. Aficionóse de manera de oyr y entender lo que le dezían, que en todo el discurso de vn año no durmió, ni comió a gusto, y lloraua mucha parte del tiempo, sin que su madre, que estaua muy afligida de verla tan triste y melancólica, y a vezes con tantas lágrimas, que dudando que fuesse la causa de semejante sentimiento y tristeza y continuo llorar, le preguntó vn día sospechosa si a caso lo hazía por verse la menor de tres hermanas que tenía, y que por esta causa se dilataría su estado auiendo de correr tras las mayores, y le dixo: "Ven, acá hija, ¿lloras por ventura porque tu casamiento llegará tarde después de tus dos hermanas? Dímelo, que yo te doy mi palabra de remediarlo, como verás, que yo daré orden como ponerte en estado con mucha breuedad, casándote muy a gusto"; y la buena Marien respondió que no la tratasse desto; la madre se amohinaua, y enojada de uer que no aceptaua consuelo, por maldezirla le dezía: "En tierra de christianos te vea yo"; y ella respondía, entre sí: "Esa maldición me alcance".

Passando vn año en la forma dicha, determinó Marien de salirse de casa de su padre e yrse al Peñón, que está nueue leguas adelante de Totay, su tierra, cuyo camino ella no sabía, ni otra cosa que la pudiesse alentar a esta jornada; y otra dificultad se le ofrecía, y era que vna esclaua negra, de las más antiguas de su casa, tenía cargo de cerrar la puerta de la calle, y ponía las llaves debaxo de la cabecera de su cama; y vna noche aguardóla, y vido el lugar donde las ponía, y en estando todos los de su casa quietos y durmiendo, se leuantó sin que la sintiessen sus tres hermanas que dormían en el mismo aposento, y se vistió solo lo que acostumbraua vestir y traer en su casa, y sin tomar otra cosa alguna de comida, ni beuida para el camino, sino solas las llaues que tomó sin que la esclava lo sintiesse, se fue luego, y abriendo con ellas la puerta salió de casa de sus padres, día de la Natiuidad de Nuestro Señor, año de seyscientos y cinco, y de su edad diez y ocho años; parecióle que serían como las dos, o las tres de la noche quando començó a caminar por las calles y camino no sabido; y aunque la noche obscura, proueyóla Dios de vna guía, que fue una luz que manifiestamente le mostraua el camino con tanta claridad y distinción como la luz del día; y esta luz no se estendió a más de lo que le era necessario para ver por donde yua. Saliendo al campo fue caminando en la misma forma hasta que con la luz del día desapareció la que le guiaua, mas no por esso cessó de andar, sin que en mucha parte del camino viesse, ni encontrasse persona alguna, hombre, ni muger; y estando en vn llano donde no auía árbol, ni otra cosa alguna que la encubriesse, vido venir vn moro a cauallo, de que recibió grandíssimo temor, porque viéndola el moro era fuerça defraudarse sus esperanzas y el intento que lleuaua, por tener por cierto que si el dicho moro la viera le impidiera su camino sin duda, y la bolviera a casa de sus padres, cuya yra y castigo temía grandemente; y en esta aflicción tomó por vltimo remedio ponerse en las manos de Dios, que la auían sacado de las de sus padres, y la auían guiado hasta allí. Encomendóse a él muy de veras, y confiada en su fauor sentóse en aquel campo raso, y la Diuina Magestad viendo la grande aflicción de quien desseaua ser tan suya, su aferuorado intento, la grande necessidad de remedio, y el peligro grande que corría el alma de no ponerlo, y que ya no estaua el remedio en manos de criaturas, sino en las suyas, por ser caso tan desamparado y desafuciado dellas, hizo como Criador, y verdadero Esposo de las almas, librándola deste peligro, pues acercándose a ella el dicho moro, y estando sentada en raso sin sombra, ni defensa alguna, passó adelante sin verla totalmente, y agradecida la buena Marien de tal merced como Dios la auía hecho, se leuantó con nueua deuoción y aliento, dando gracias a Dios porque la huuiesse librado de tan gran peligro, y prosiguió su camino, aunque muy cansada, y casi para desfallecer, assí de desmayo, porque no auía comido bocado en todo aquel día, como de sed, causada por lo mucho que auía caminado hasta entonces, y del calor grande del sol, con que yua tan oprimida y molestada, que lleuaua la boca y lengua, de puro secas, llenas de vegigas y llagas, estendiéndose este mismo daño a los pies por ser tan delicados, y los çapatos muy delgados, y ni ellos, ni su dueña acostumbrados a caminar cosa alguna, que los lleuaua ya llenos de sangre y heridas, ayudando para ello los ordinarios tropezones que en las piedras daua como tan nueua caminante, y aunque como tal, con el ayuda del Cielo caminó este día nueue leguas con el trauajo excessiuo que se puede imaginar y entender de vna donzella criada en tanto regalo y descanso como tenía en casa de los dichos sus padres. Y rematando su jornada y llegando ya cerca del Peñón, le descubrió y alcançó a ver, y conoció, sin jamás auerle visto que era el, y por yr tan alcançada de fuerças cortó vna rama de vn árbol, y haziendo della vna vara se subió con ella sobre vna peña, y le ató su misma toca, quedando pendiente en forma de vanderilla, y començó á rebolearla hazia el dicho Peñón, para que viendo la seña desde alla viniessen por ella; y Dios que todo lo prouee, y la auía traydo hasta allí, prouéyó de quien viesse la seña desde el Peñón, que era la centinela que en la torre de la fortaleza auía, la qual entendiendo y sospechando lo que podía ser, avisó al Capitán, o Alcayde, el qual mandó luego que fuesse en vn barco por ella; en el qual la truxeron con grande alegría y música de ministriles: mas como no sabía hablar, y con el encogimiento y recato de donzella, ni aun por señas pudo dar a entender la sed y desmayo que tenía, aunque passado espacio de vna hora le dieron de cenar y comió algunos bocados con mucho trabajo.

Luego que la echaron menos en su casa, su madre y tío el Gouernador Abdibala la buscaron con grande diligencia por toda la tierra, y no auiéndola hallado sospecharon podría auerse ydo al Peñón, y assí escriuieron al Capitán o Alcayde, diziendo les auisasse si estaua allí, que darían por ella lo que pidiessen. El Capitán la negó, y porque temió que por tiempo se podría saber su estada allí, dió traza como embiarla a Málaga, y también porque ella desseaua alexarse más de su tierra. Lleuáronla, pues, con compañía decente, y dieron noticia del caso al señor Obispo de Málaga, que lo era entonces el señor don Iuan Alonso de Moscoso, y él la mandó depositar en casa de vn Racionero de aquella Iglesia, que tenía vna hermana Religiosa, donde estuuo cuatro meses, sin otros dos que auía estado en el Peñón; y todo el tiempo que estuuo en esta casa le mandó dar ración el dicho señor Obispo, y la persiguieron en ella muchos moros y moras de los libres, que auía muchos en aquella ciudad, procurándola todos diuertir de aquel buen propósito, ya diziéndole que eran sus parientes, o conocidos, poniendo estos títulos para que siquiera les dexassen hablar; mas ella quanto más le persuadían a que se boluiesse a su tierra, o que se casasse con alguno dellos y no prosiguiesse con su intento, tanto más se confirmaua en el de ser christiana; y assí a vnos con buenas palabras, y a otros con cierto desdén les respondía, arrojándoles a todos de sí con vn cuerdo sentimiento y mofa que dellos hazía; y no obstante esto bramauan vnos con otros, haziéndose vnos leones, considerando el caso, y sabiendo que ella misma se auía venido a boluer christiana; y con toda la pesquisa y inquisición que hizieron con ella y entre sí jamás supieron quien fuesse, ni ella se dio a conocer. Estando las cosas en este estado, sucedió que vn Ventiquatro de Granada llamado Pedro de los Reyes tuuo necessidad de yr a Málaga a vnos negocios suyos, y auiéndole dado allí algunas personas noticia del sucesso y venida de Marien a aquella ciudad y su tan buen desseo de ser christiana, y como los moros de la ciudad la perseguían y persuadían a que no lo fuesse, ya por bien, ya por amenazas, determinó traerla consigo a Granada; y pidiendo licencia al señor Obispo, secretamente, sin que los moros lo entendiessen, la traxo después de auer estado en Málaga quatro meses, y dos en el Peñón, que son seys, y auiendo estado otros seys meses en Granada, en que la catechizaron y enseñaron más ampliamente las cosas de la Fe, porque las oraciones y doctrina christiana ya las sabia y auía aprendido en el Peñón en solos quinze días, tratósse de bautizarla, porque ella lo pedía con mucha instancia, y assí se hizo y la bautizaron el mismo día que auía salido de casa de su padre, cumplido vn año (que fue como dicho es) el de la Natiuidad de nuestra Señora [la primera vez se dice que era el día de la Natividad de Nuestro Señor]; y no dexa de tener misterio auerlo Dios assí ordenado. Bautizósse en la parroquia de la Madalena desta ciudad de Granada, y fue su padrino el Licenciado don Pedro de Molina, canónigo que era desta santa Iglesia y aora de presente es Prior en ella; pusiéronle por nombre María de San Pedro; hízole muy grande fiesta este mismo día el dicho Ventiquatro Pedro de los Reyes, que la auía traydo de Málaga, en que concurrió mucha gente de la más principal de Granada.

No se puede encarecer quanto fue su consuelo desta nueua christiana, que tanto tiempo lo auía desseado. Y porque su virtud fuesse más prouada, algunos de su nación, ya conuertidos, teniendo noticia de como esta sierua de Dios era persona tan principal en su tierra, trataron casarse con ella, y vno destos importunando mucho al dicho Ventiquatro, le obligó a embiarla a llamar, y auiendo venido a su presencia y del que la pretendía y otros que venían con él, le dixo el Ventiquatro la causa de auerla llamado, diziéndole que no se auía atrevido a tratar nada hasta saber su parecer cerca de tomar aquel estado. Y ella respondió sonriéndose: "Espántome, Señor, de vuestro buen entendimiento, por tratarme de cosa semejante, auiendo tan pocos días que me despossé con Dios por el agua del Bautismo; no permita su Magestad que yo tome otro esposo sino es a el"; y diziendo esto bolvió las espaldas y fuesse, dexando admirados a todos los que la oyeron, y mucho más al Ventiquatro; el qual desde este día hazía más estima della, y la regalauan y hazían muy buen tratamiento él y su muger. Estuuo en esta casa y modo de vida dos años, en los quales hizo grandes penitencias y ayunó media Quaresma a pan y agua, y otros ayunos de entre año. Traía vna cadena ceñida al cuerpo y otros silicios casi ordinarios; hazía cada día vna recia disciplina, y algunas de sangre en el mes. Mas auiendo tenido noticia de como auía monasterios donde se recogían las mugeres que querían dexar del todo el mundo, començó a dessear entrarse en vno dellos.

Nacimiento y criança de Dª Ysabel de Avalos, y por otro nombre Ysabel de la Cruz, Abadessa, y fundadora que fue deste Monasterio de la Encarnación de Granada. Con algunas vidas de otras Religiosas del mismo Convento (1629)
(apud Serrano y Sanz, 1903: I, 547-550)

JESÚS, sor Luciana de
Granada, s. XVII

Géneros literarios: Poesía, autobiografía, ensayo

Prácticamente todo se desconoce hoy en día acerca de esta escritora religiosa, de la que se ha perdido incluso su nombre en el siglo, pues no constan sus apellidos en el *Libro de profesiones* del convento de monjas Capuchinas de Granada donde profesó a comienzos del siglo XVII.

Esta fundación de Capuchinas fue de hecho la primera que tuvo lugar en España, realizada por Lucía de Ureña (luego Lucía de Jesús), la cual obtuvo la bula fundacional en Roma por parte del Papa Sixto V en el año 1587. Con el nombre de monasterio de Jesús y María Desierto de Penitencia de Monjas Capuchinas, su primera ubicación estuvo en la granadina calle Elvira, entre las parroquias de Santiago y San Andrés, para trasladarse en 1623 a las Casas de Rolando Levanto, situadas frente al pie de la Torre de la Catedral, motivo por el que recibe precisamente su nombre la calle Capuchinas que allí se inicia. Con posterioridad, y cuando se proyectaron ya en el siglo XIX las obras de remodelación de la zona, las monjas desalojaron el convento, que les fue canjeado por el monasterio de San Antón, cuyo edificio había pertenecido a los frailes franciscanos de San Antonio Abad hasta que fueron expulsados por la Desamortización de Mendizábal.

Allí se conservan hoy en día dos textos de Luciana de Jesús, que permiten conocer algunos datos biográficos suyos, como es el hecho de que esta monja fue la fundadora de un convento de Capuchinas en la localidad de Cocentaina (Alicante). Ambas obras fueron escritas en el primer cuarto del siglo XVII y se encuentran manuscritas y autógrafas. Se trata, en primer lugar, del escrito titulado *Vida interior de la Venerable Sor Luciana de Jesús Capuchina del Monasterio de Jesús María de Granada, y fundadora del religiosíssimo Convento de Concentaina, llamado del Milagro*, compuesto por más de trescientas páginas donde se narra su trayectoria biográfica desde que ingresa en el monasterio de Granada hasta la fundación de Cocentaina. El texto contiene también sus pensamientos, oraciones, así como varios poemas por ella compuestos.

Además, se ha conservado también un conjunto de cuadernos con paginación independiente y número de páginas variable, que, encuadernados globalmente bajo el título de *Principio de la devoción de las Llagas de Jesús. Cuadernos de las Venerables Úrsula de San Diego y Luciana de Jesús*, recogen los pensamientos místicos de esta escritora, así como de su compañera de convento, y coetánea, Úrsula de San Diego.

Bibliografía

CORREA RAMÓN, Amelina (2002). *Plumas femeninas en la literatura de Granada (ss. VIII-XX). Diccionario-Antología*. Granada: Editorial Universidad de Granada/Diputación de Granada, pp. 238-239.

GARCÍA VALVERDE, María Luisa (1998). *Inventario de los fondos documentales monacales femeninos de Granada desde la Reconquista hasta la Desamortización de Mendizábal*. Tesis Doctoral. Edición en microfichas. Granada: Universidad de Granada.

LEWANDOWSKA, Julia (2019). *Escritoras monjas. Autoridad y autoría en la escritura conventual femenina de los Siglos de Oro*. Madrid/Frankfurt am Main: Iberoamericana/Vervuert.

MACHUCA DE HARO, María, *sor María de la Cruz*
Granada, 8/IX/1563 - Úbeda (Jaén), I?/1638

Géneros literarios: Poesía, ensayo, autobiografía, hagiografía

Hija del licenciado Francisco Machuca, abogado de la Chancillería de Granada, y de Isabel de Haro (Alfaro, según Serrano y Sanz, 1903: II, 299, aunque "Haro" es el dato que ofrece la propia autora en su texto autobiográfico), María fue la décima de una numerosísima familia de trece hijos, de los cuales sólo dos llegarían a la edad adulta. Con seis años quedó huérfana de padre, por lo que su madre tuvo que trasladarse a vivir a casa de su hermana, casada a su vez con un hermano del difunto Francisco Machuca. En casa de sus tíos María tuvo ocasión de aprender latín y gramática y de leer a los clásicos (Tácito, Séneca, etc.), además de familiarizarse con las Sagradas Escrituras. La religiosidad de la familia propició una temprana actitud de recogimiento y fervor en ella, que motivó que posteriormente escribiera en su libro autobiográfico *Vida*: "Yo, desde muy niña, era inclinada a ser monja y amiga de soledad y silençio. Las oraçiones y doctrina christiana las deprendí muy tenprano, tanto que no me acuerdo quando no las supe, porque sienpre me pareçe que las tuve en la memoria" (*apud* Morales Borrero, 1994: II, 27).

En 1584, víctima de una epidemia que asoló Granada, muere su madre. Por entonces, ella ya tiene claro que desea ingresar en un convento pero, a pesar de proceder de una familia ilustre, la falta de medios económicos dificulta grandemente su admisión como religiosa, por imposibilidad de entregar la dote necesaria. Todo ello se solventará gracias a la intervención directa de Juan de la Cruz, entonces prior en el convento granadino de los Mártires, al que la joven acude en busca de consejo. Este hablará personalmente con la priora del recién fundado convento de San José de Carmelitas Descalzas, que finalmente aceptará a María, recibiendo la joven en 1585 el hábito de manos del propio autor del *Cántico espiritual*. Un año más tarde profesará con el nombre de María de la Cruz, que elegirá por devoción hacia su protector.

En 1595, María Machuca partirá hacia Úbeda para participar en la fundación del convento carmelita de aquella ciudad. Allí transcurrirá todo el resto de su vida y desempeñará diversos cargos, como maestra de novicias y priora hasta por cuatro veces. Allí también desarrollará una completa y profusa producción literaria. De este modo, entre los años 1614 y 1635 escribió trece libros: uno de ellos de poesía; otro, con la biografía de una notable religiosa que falleció muy joven en aquel mismo convento; otro de carácter autobiográfico; y los diez restantes, de contenido doctrinal y ascético-místico.

La misma María Machuca declarará en el ya mencionado *Vida* su gran aprecio por el género literario de la poesía. Según relata, la inclinación hacia la lírica surgió con ocasión de haber estado gravemente enferma y al borde de la muerte. Fue, al parecer, durante la convalecencia cuando la joven religiosa se dedicó a escribir sus versos a lo divino: "hiçe no sé quántas coplillas espirituales, y después otras octavas en que dava graçias a nuestro Señor por los pasos y misterios de su sacratísima vida, muerte y pasión, resurrección y lo demás hasta el iuyçio, y sobre algunos versos de psalmos, de suerte que vine a haçer un librico entero todo de poesías espirituales, y otras cosas de metro, todo espiritual" (*apud* Morales Borrero, 1995: I, 605).

Tras enseñarle los poemas a su confesor, este la alentó a escribir sus reflexiones y pensamientos en prosa. Así surgió un importante *corpus* de tratados doctrinales de carácter místico. Sus elocuentes títulos son los siguientes: *Cofre de dones*, *Espejo del alma esposa*, *Jardín o Ramillete de varias y diversas flores*, *Manogico de mirra*, *Estanpa biba y muestra clara de los amores de Jesu Christo Dios y honbre verdadero para con las almas* y *Suspiros del coraçón enamorado de la çelestial Ierusalén*.

Por desgracia, su obra poética y estos seis libros se han perdido definitivamente. La propia María Machuca relata apenada en su *Vida* que, al visitar el Padre Provincial el convento, ella misma le entregó las obras para conocer su opinión. Y esta vino expresada de la manera más contundente posible: el sacerdote ordenó quemar los libros, que desaparecieron así, víctimas de un mal entendido celo religioso. Además, prohibió a la monja que escribiera una sola página más. Años después, María Machuca, que había mantenido la obediencia debida, a pesar de su afición por la literatura y sus deseos vehementes de escribir, consultó el asunto con una autoridad eclesiástica, que la autorizó a continuar con su interrumpida labor. Así mismo, le informó de que los libros que ella creía quemados, estaban en realidad guardados y que "Cosa mala no la tenía; que si la tuviera ya uvieran venido a deçirlo" (apud Morales Borrero, 1995: I, 610).

Quemadas o depositadas en algún ignoto archivo, lo cierto es que estas obras de la Madre María de la Cruz se encuentran en el presente perdidas.

Una vez conseguido el permiso para volver a escribir, la primera obra que acometió María Machuca fue la redacción de la biografía de Catalina María de Jesús, una joven religiosa compañera suya, que había muerto tempranamente a causa de tisis y a la que la escritora denomina "ángel de mi alma". Fueron la madre y el hermano de la difunta, también carmelitas, los que alentaron a María a reflejar sus virtudes en un libro. Esta obra, titulada *Vida de Catalina María de Jesús*, se consideró perdida durante bastante tiempo, hasta que el especialista en la figura de María de la Cruz, Manuel Morales Borrero, logró encontrar el manuscrito en el Archivo Histórico Nacional, procediendo a su cuidadosa edición en 2001, con un muy amplio estudio introductorio.

Sí que se han conservado, sin embargo, de entre toda la importante producción literaria de la monja granadina, varias obras manuscritas en el convento de Úbeda, redactadas con posterioridad a los hechos referidos. Se trata de las siguientes: *Del amor y riquezas de Dios, De la sabiduría y sciencia de Dios, De los siete tabernáculos o moradas, De las aguas que están sobre los cielos*, y la citada *Vida*, contando en la actualidad con una edición de estas dos últimas a cargo de Manuel Morales Borrero (Morales Borrero, 1995: II).

Por orden cronológico, el contenido de sus obras conservadas es el siguiente: *Del amor y riquezas de Dios* (1631) es un tratado místico-doctrinal, que manifiesta efusivamente la capacidad de gozo y de asombro de su autora ante la grandeza de la Creación.

De la sabiduría y sciencia de Dios (1631-1632), continuación, de alguna manera, de la obra anterior en cuanto a su carácter místico-doctrinal.

De las aguas que están sobre los cielos (1633-1634) condensa en sus páginas lo más elevado de la doctrina mística desarrollada por María Machuca, partiendo del salmo 148 y de un pasaje bíblico del capítulo 3 del profeta *Daniel*, además de tomar como punto de inicio el capítulo primero del *Génesis*. En este libro expone lo que representa la unión de amor, o mística teología, que consiste, según explica Manuel Morales, "en el más perfecto acto de contemplación que se da en este mundo a las almas escogidas y ya purificadas" (Morales Borrero, 1995: I, 564).

De los siete tabernáculos o moradas (1634-1635) consiste en un tratado de contenido más ascético y doctrinal que místico, que guarda, a pesar de lo que se pudiera pensar, pocas conexiones con la obra casi homónima de Teresa de Jesús.

Vida de la Venerable Madre María de la Cruz, escrita toda de su mano (1634) es la obra menos extensa de las que se han conservado, y fue escrita en etapa de ancianidad, en un estado muy precario de salud, a instancias de su confesor (circunstancias ambas que detalla pormenorizadamente), y completada en apenas unos pocos meses, ya que ella misma declara iniciarla el día de Santa Ana, es decir, 26 de julio de 1634, para terminar: "Acabóse este discurso oy, 18 de septiembre de 1634, a gloria y honra de Dios nuestro Señor Jesu Christo y de su Madre Sanctísima a quien lo ofrezco y pongo en sus manos, y a mí con ello". No obstante, como informa su editor contemporáneo, Manuel Morales Borrero, después de dar por acabada la obra y de su colofón final, María de la Cruz incorporó entre 1636 y 1637 otros veintiún folios, en que añade diversas experiencias interiores que ha ido recordando y poniendo por escrito. El último de estos apéndices lleva la fecha de 21 de junio de 1637, produciéndose siete meses después la muerte de su autora.

En esta obra, además de ofrecer datos biográficos y relatar el devenir de su existencia, da también cuenta de las visiones y revelaciones espirituales que tuvo, no demasiado numerosas si se comparan con los textos de otras escritoras religiosas de clausura de la época. Se trata, en la mayoría de los casos, de visiones interiores -intelectuales- o de sueños: "Abrá seis o siete meses que subiendo la escalera venía mala y quejándome, neçesitada de sustento y alivio. Eran las onçe del día o algo más. Veníame quejando y suspirando, mas pareçióme al cabo de la escalera, en lo más alto, en el tránsito, estar nuestro Señor Jesu Christo con la cruz acuestas, fatigadísimo. Y como le viese, dióme confusión, y agora la tengo de ver cómo no padezco nada por este Señor mío que tanto padeçió por nosotros [...]. Ase de advertir que todo esto es interior, que con los ojos del cuerpo no e visto nunca nada, sino con los del alma más clara mente que se ve el sol de medio día" (*apud* Morales Borrero, 1995: II, 79-80).

Según Manuel Morales Borrero, especialista en la escritora, "María de la Cruz se remonta con frecuencia a las mayores alturas de la mística cristiana que con tanto encendimiento experimentó en lo más hondo de su alma. Posee una dicción limpia con la que sabe exponer una doctrina sólida y atrayente. [...] Nada más añadiré aquí de sus calidades de escritora que nacieron de una inmensa capacidad de asimilación de los libros santos, y de la profunda vena de un espíritu curtido por continuas renuncias que la llevaron finalmente a saborear esa gracia que dejó gotear en sus escritos" (Morales Borrero, 1995: I, 612-613). Y significativamente,

Silverio de Santa Teresa la considera una de las carmelitas descalzas más santas y dotadas de inteligencia de toda la historia, afirmando literalmente que fue "la pluma femenina más fecunda que ha tenido la descalzez en España" (Santa Teresa, 1940: 721).

Los últimos años de su vida los pasó María Machuca aquejada de grandes dolores, enferma de disnea y con el vientre hinchado por la hidropesía, hasta su fallecimiento sucedido a comienzos del año 1638 en el convento ubetense donde había pasado los últimos cuarenta y tres años de su existencia.

Bibliografía

CORREA RAMÓN, Amelina (2002). *Plumas femeninas en la literatura de Granada (ss. VIII-XX). Diccionario-Antología*. Granada: Editorial Universidad de Granada/Diputación de Granada, pp. 290-298.

---- (2015). "«Vivo sin vivir en mí». Tres monjas carmelitas descalzas de Granada tras las huellas de sus fundadores (Úbeda-Baeza, siglos XVI y XVII)", en MEDINA ARJONA, Encarnación y GÓMEZ MORENO, Paz (eds.). *Escritura y vida cotidiana de las mujeres en los siglos XVI y XVII (Contexto mediterráneo)*. Sevilla: Editorial Alfar, pp. 17-46.

HERPOEL, Sonja (1999). *A la zaga de Santa Teresa: Autobiografías por mandato*. Amsterdam: Rodopi.

LEWANDOWSKA, Julia (2019). *Escritoras monjas. Autoridad y autoría en la escritura conventual femenina de los Siglos de Oro*. Madrid/Frankfurt am Main: Iberoamericana/Vervuert.

MORALES BORRERO, Manuel (1993). "El convento de Carmelitas Descalzas de Úbeda y noticia de sus manuscritos", *Boletín del Instituto de Estudios Giennenses*, 147, pp. 7-60.

---- (1995). *El Convento de Carmelitas Descalzas de Úbeda y el Carmelo Femenino en Jaén. María de la Cruz, O.C.D. Su vida y obra*. 2 vols. Jaén: Instituto de Estudios Giennenses. [El segundo volumen contiene la primera edición impresa de la *Vida de la Venerable Madre María de la Cruz, escrita toda de su mano*].

---- (2001). "Estudio introductorio", en CRUZ, María de la O.C.D., *Vida y virtudes de Catalina María de Jesús (Mendoza)*. Jaén: Instituto de Estudios Giennenses, pp. 7-118.

PURÍSIMO CORAZÓN DE MARÍA, Hermana Ángeles del (2005). *Convento de Carmelitas Descalzas de San José de Granada*. Granada: Caja Granada.

RODRÍGUEZ PEREGRINA, José Manuel (1993-1994). "Mujer, humanismo y sociedad en la Granada del XVI", *Florentia Iliberritana*.

Revista de Estudios de Antigüedad Clásica, 4-5, pp. 487-507.

RODRÍGUEZ TITOS, Juan (1998). *Mujeres de Granada*. Granada: Diputación de Granada, p. 37.

SAN JERÓNIMO, Manuel de (1706). *Reforma de los Descalzos de Nuestra Señora del Carmen*. Madrid: Gerónimo Estrada, vol. V.

SANTA TERESA, Silverio de (1940). *Historia del Carmen Descalzo*. Burgos: Monte Carmelo, tomo IX.

SERRANO Y SANZ, Manuel (1903). *Apuntes para una biblioteca de escritoras españolas. Del año 1401 a 1833*. Madrid: Est. Tip. Suc. de Rivadeneyra, vol. I, pp. 299-300.

VV. AA. (1979). *Gran Enciclopedia de Andalucía*. Sevilla: Promociones Culturales Andaluzas, vol. III.

Selección de textos

Oy día de la gloriosa sancta Anna, madre de nuestra Señora la Virgen María y agüela nuestra, y fidelísima abogada delante de nuestro Señor Jesu Christo, nieto suyo y Dios nuestro, 26 de iulio de 1634, se comiença esta obediençia a cunplir; la qual obediençia no sé cómo a de ser pusible ni aun pensarla, quanto más tratar de ella por tener yo, vilísima, gran repugnançia en escrivir lo que se me manda, y la falta de salud tan continua que de día y de noche no tengo rato ni aun de media ora seguro, sino con gran sobre salto por el achaque tan contino que me atormenta, que aun el oyr misa es con grande travajo, gastando parte de ella en pedir a nuestro Señor se sirva dejarme acabar de oyrla; y como este achaque me lleva casi todo el tienpo y aun la vida, no le tengo para nada, ni puedo nada porque la edad es mucha, los dolores y achaques continos, las fuerças acabadas, y muy inperfecta y llena de pecados, sin acordarme de otra cosa sino de mi gran vileça, desagradecimiento a mi Dios y muchos pecados. Y así no sé cómo a de ser esto que se me manda si nuestro Señor no abre camino para ello, a quien suplico humilmente lo haga, como a hecho otras muchas cosas y obrado en esta su indigna esclava que nada mereçe sino el infierno. Mas para gloria de su sancto nonbre pido yo, vilísima, me faborezca si a de ser para gloria suya; y si no, tanbién suplico no permita yo lo haga, sino que me quite las fuerças de todo punto y la memoria, de suerte que no pueda cosa alguna, y esto lo suplico humil mente a mi Señor Jesu Christo que bibe y reyna con su eterno Padre y el Spíritu Sancto en los siglos de los siglos, amén [...].

Vida de la Venerable Madre María de la Cruz, escrita toda de su mano (1634) (*apud* Morales Borrero, 1995: II, 21)

> "Quienes fueron mis padres, y de la niñez
> hasta tener edad de comulgar"

[...] Mis padres fueron, por la bondad de Dios, buenos christianos, naturales de Granada. Mi padre se llamó el liçinçiado Françisco Machuca, y mi madre doña Ysabel de Haro. Mi padre era devotísimo de la pasión de nuestro Señor Jesu Christo, y todos los viernes reçava la pasió[n] como la escrive sant Juan; y esto haçía con la mayor reverencia que podía. Murió de modorra fría más tenprano que la edad pedía, y aviendo estado quatro días sin sentido, después de aver reçibido los sanctos sacramentos, al cabo de los quatro días le bolbió nuestro Señor el juiçio muy entero para morirse. Y trayéndole la vela ençendida para este efecto, dijo: aún no es ora; y quitaron la vela. Y después de un rato, dijo: ya es ora, traygan la vela. Y tryda, dio su alma a Dios. Mi madre era muy sancta, humilde por estremo, dotada de charidad, prudençia y sufrimiento, alma de oración y de particular trato con Dios, grande ayunadora y penitente. Bibió desde la muerte de mi padre hasta la suya diez y seis años; en todos ellos no se quitó çiliçio y particular mente una cadena muy gruesa de hierro atada al cuerpo hasta la última enfermedad de que murió. Dejó nonbre de sancta. Era devotísima del Sanctísimo Sacramento y de nuestra Señora en estremo. Tenía gran cuydado con la criança de sus hijos, y de darles buen exenplo en todo, haçiéndoles reçar el rosario de la Virgen y ayunar, confesar a menudo y reçibir el Sanctísimo Sacramento. Y ella lo haçía todos los domingos y fiestas de guardar. Gran travajadora, veladora y madrugadora para ganar la comida que nos avía de dar, porque éramos pobres. Oya todos los días misa y tenía sus ratos particulares de oración en extremo callada. Y si uviera de deçir virtudes de mi madre, no acabara tan presto. Mas déjolo aquí.

De mi padre no pude tener tanta notiçia porque quando murió quedé yo de seis años y era la mayor de mis hermanos. Fuymos treçe, y los nueve se avían muerto quando yo naçí, y después de mí uvo dos varones y una niña. El uno destos dos murió de edad de diez y siete años, gran estudiante y tan virtuoso que el día que murió dijo su confesor a mi madre: señora, dad graçias a Dios que oy tenemos un sancto más en el çielo que ruegue por nosotros a Dios. Este fue el modo con que le dio el pésame. Antes de la muerte de mi madre murió la niña que dige avía naçido después de los dos varones; murió de catorçe años y dejó también nonbre de sancta. Después el menor de mis hermanos murió frayle nuestro, como después veremos.

Después de la muerte destos nueve que digo, naçí yo, y como era después de tantos que se avían ydo al çielo, porque todos murieron en edad que no se puede creer otra cosa, no sé si entró en éstos uno que no reçibió agua de bautismo, no lo sé de çierto y así no lo afirmo. Sólo sé que quando naçí, como faltavan tantos, no f[u]i yo tan mal reçibida como ordinaria mente lo son las hijas, que aun hasta esto devo más a mi Dios, y así me lo deçía haçiéndome cargo de ello para que fuese buena y no apeteçiese estado contrario a lo que era, más darse del todo a la pureça virginal, y así me crio a mí y a mis hermanos con todo cuydado.

Yo, desde muy niña, era inclinada a ser monja y amiga de soledad y silençio. Las oraçiones y doctrina christiana las deprendí muy tenprano, tanto que no me acuerdo quando no las supe, porque sienpre me pareçe que las tuve en la memoria. Amiga en estremo de leer y cantar lo que se canta en la yglesia, aun quando no sabía qué era por ser tan chiquita. Quando yva a la miga, todas las veçes a mañana y tarde, entrava en la yglesia de Nuestra Señora de la Cabeça, que era junto a ella la casa de la amiga donde me enseñavan, porque no podía dejar de ver a nuestra Señora. Y hartas veçes entrava en otra yglesia que avía en el camino; tanbién porque el ir a la iglesia era mi consuelo. Aun sin tener uso de raçón, la tenía para esto y para no jugar, que no era amiga de ello, sino de quietud desde esta edad, y huya de las que jugavan. No era esto virtud, sino una inclinaçión boba; que preçiava yo más estar callando que quantos juegos avía. Y así era pocas veçes las que por fuerça me haçían entrar en algún juego aunque fuese bueno, que malo ninguno avía, y la casa era tan recogida y recatada como un convento.

El día que murió mi padre un tío mío, hermano suyo, llevó a mi madre a su casa y estuvimos en ella los diez y seis años que bibió; y luego, hasta salir de ella a tomar estado, no uvo división. Su muger y mi madre, hermanas; y él y mi padre, hermanos.

Mi tío tuvo sienpre gran respecto a mi madre, y mi madre jamás tuvo una palabra ni encuentro con él, y así bibieron con grande paz y quietud, y con aver de una parte y de otra hijos, nunca uvo sino -entre señores, hijos y la demás gente de casa- paz, amor y sosiego. Y por ser mi tío tan buen christiano tenía su casa como un monasterio; a las abemarías avían todos de estar dentro de casa y se avía de cerrar la puerta. Nadie avía de deçir mentira y, si la deçía, lo avía de pagar con grande castigo hasta deçir la verdad.

Pues como mi tío era letrado y sus hijos estudiantes y mis dos hermanos tanbién, de ay vine yo a tomar gran amor a las letras. Yo sabía leer desde muy niña y como hablavan muchas veçes mis hermanos y primos en latín, yo tenía gran memoria y quedávanseme algunas cosas en ella; y de ay y de leer los libros de *Espejo de*

Consolaçión que entonçes corrían, vine a tener parte de la Sagrada Escriptura de memoria, y leya muchas veçes en la Blibia [sic] el Evangelio y otras cosas, de suerte que aunque entendía poco, era aquello todo mi entretenimiento y consuelo, porque tomé gran amor al reçado y a los psalmos buscando modo y manera como pudiera yo tener conmigo todo el reçado y lo que en la yglesia se canta, de suerte que vine a tener mucha parte de memoria de los psalmos y de todo el reçado, porque lo amava en gran manera. Y en la yglesia estava hartas veçes, quando se reçaba, atentísima con el amor grande que le tenía. Aunque otras, como ruin, estava distryda y con hartas cosas que me davan conbate y distrayan como después diré.

Vida de la Venerable Madre María de la Cruz, escrita toda de su mano (1634) (*apud* Morales Borrero, 1995: II, 25-28)

MALDONADO, Juana
Granada?, segunda mitad s. XVII - ?, primera mitad s. XVIII

Género literario: Poesía

Manuel Serrano y Sanz, en su obra *Apuntes para una biblioteca de escritoras españolas. Del año 1401 a 1833* (1905) da noticia de esta autora, de la que se desconoce, en realidad, si era oriunda o no de Granada. Lo que sí consta en la única fuente disponible, el libro *Triunfales fiestas que a la canonización de San Juan de Dios...*, del que parte Serrano y Sanz, es que participó con un poema en el homenaje que la ciudad rindió en 1692 al entonces todavía beato Juan de Dios (que no sería canonizado hasta siete años más tarde, pero que ya gozaba fama de santidad en toda Granada). En el momento del homenaje, según consta en el propio libro, Juana Maldonado supuestamente pertenecería a la comunidad de religiosas del convento de Santa Catalina de Siena, que había sido fundado en 1530 por el duque de Arcos en el barrio granadino del Realejo.

El poema de Juana Maldonado consistía en unas "Seguidillas" jocosas que comenzaban por los siguientes versos: "Agua bendita quiero,/ porque imagino/ que es vejamen al diablo...". El volumen en el que se incluyeron, junto a otros numerosos poemas de autores diversos, lleva por título completo *Triunfales fiestas que a la canonización de San Juan de Dios consagró la muy noble, leal y gran ciudad de Granada cuyo Cabildo las dedica a la Magestad Católica de D. Carlos Segundo N. S. que Dios guarde, Rey de las Españas* (Granada: Imprenta de Francisco de Ochoa,

1692) [7], siendo su autor Sebastián Antonio de Gadea y Oviedo.

No obstante, y puesto que el nombre de esta religiosa no aparece mencionado en ninguna otra fuente, ni se conoce ningún otro tipo de dato adicional, cabría plantear la posibilidad que de que tratara de un personaje ficticio incorporado por Sebastián Antonio de Gadea y Oviedo.

Bibliografía

CORREA RAMÓN, Amelina (2002). *Plumas femeninas en la literatura de Granada (ss. VIII-XX). Diccionario-Antología*. Granada: Editorial Universidad de Granada/Diputación de Granada, pp. 298-299.

---- (2011). "La literatura granadina del XVIII con voz de mujer: misticismo, academia y traducción", en ÁLVAREZ BARRIENTOS, Joaquín y HERRERA NAVARRO, Jerónimo (eds.), *Para Emilio Palacios Fernández. 26 estudios sobre el siglo XVIII español*. Madrid: Fundación Universitaria Española, pp. 57-78.

GADEA Y OVIEDO, Sebastián Antonio (1692). *Triunfales fiestas que a la canonización de San Juan de Dios consagró la muy noble, leal y gran ciudad de Granada cuyo Cabildo las dedica a la Magestad Católica de D. Carlos Segundo N. S. que Dios guarde, Rey de las Españas*. Granada: Imprenta de Francisco de Ochoa, pp. 217-219.

LÓPEZ-HUERTAS PÉREZ, María José (1997). *Bibliografía de impresos granadinos de los siglos XVII y XVIII*. Granada: Editorial Universidad de Granada, vol. II.

SERRANO Y SANZ, Manuel (1905). *Apuntes para una biblioteca de escritoras españolas. Del año 1401 a 1833*. Madrid: Est. Tip. Suc. de Rivadeneyra, vol. II, p. 24.

Selección de textos

> Agua bendita quiero,
>   porque imagino,
>   que es vejamen al diablo
>   como exorcismo.
> La pileta, supongo,
>   que agua bendita
>   es nombre, que lo tiene
>   desde la pila.

---

[7] Dicha obra se encuentra actualmente accesible mediante digitalización a través del Repositorio DIGIBUG, Fondo Antiguo de la Universidad de Granada, https://digibug.ugr.es/handle/10481/11910.

> Porque el diablo en un puerco
>   oy se transforma,
>   de Juan contra la fama,
>   lleve en la trompa.
> Trompa ha de ser, no Lyra,
>   la que le entone
>   el vejamen, y cruja
>   sobre él mi açote.
> Ven acá diablo tonto,
>   puerco te hazes;
>   y ese engaño pretendes
>   que te lo passen.
> No engañarás con esto,
>   puerco maldito,
>   ni a S. Antón el viejo,
>   ni a su cochino.

(Fragmento) "Redondilla", en Gadea y Oviedo, *Triunfales fiestas que a la canonización de San Juan de Dios consagró la muy noble, leal y gran ciudad de Granada* (1692), pp. 217-219

MARTÍNEZ DEL HOYO TELLADO, María Gertrudis, *sor María Gertrudis del Corazón de Jesús*
Granada, 16/IX/1750 - 13/I/1801

Género literario: Autobiografía, epistolar

Los datos que sobre esta escritora religiosa del siglo XVIII conocemos hoy en día los debemos precisamente a la redacción de su propia autobiografía, que María Gertrudis Luisa Cipriana Martínez del Hoyo acometió a instancias de su confesor, el padre Alcober e Higueras, abad de la Colegiata del Salvador de Granada, en el barrio del Albaicín, donde ella misma había nacido (en concreto, en la Parroquia de San José, construida en el siglo XVI sobre una de las más antiguas mezquitas de la ciudad, que databa de entre los siglos VIII-XI, y cuyo alminar quedó incorporado como torre del templo cristiano). Por esta obra, titulada sencillamente *Vida*, sabemos que fue hija de Francisco Martínez del Hoyo, natural de Guadix y relator de la Chancillería de Granada, y de su segunda mujer, Leonor Tellado. Del primer matrimonio de su padre tuvo María Gertrudis varios hermanos, entre ellos su hermana Micaela, que la acompañaría en su decisión de ingresar en el monasterio de la Concepción, situado igualmente en el barrio del Albaicín. De las segundas nupcias tuvo dos hermanos mayores, Francisco y Teresa, fallecida esta última a corta edad, y siendo ella la benjamina de la familia.

En su infancia se manifestaría como una niña enfermiza y de salud frágil, de carácter reservado y espiritual, desapegada de las diversiones y entretenimientos propios de la niñez y aficionada a la lectura de libros piadosos. De inteligencia despierta y viva imaginación, María Gertrudis aprendería a leer con el maestro de su hermano.

A muy temprana edad ya tuvo clara su vocación religiosa: "Desde los seis años, siempre mi inclinación fue a ser monja en el convento de Santa Isabel la Real de esta ciudad, y a no ser en éste, en el del Ángel, o Capuchinas". Sin embargo, por razones desconocidas, acabaría ingresando finalmente a los veinte años en el Monasterio franciscano de la Concepción, uno de los más antiguos de Granada, ya que había sido fundado en 1518. Tres años antes de tomar esta decisión, María Gertrudis había perdido a su padre, hecho que la había afectado profundamente, además de ocasionar marcadas consecuencias sobre la posición económica y social de la familia.

Así pues, el día 16 de abril de 1770, María Gertrudis y su hermana mayor, Micaela, toman el hábito en dicho convento, uniéndoseles poco tiempo después su madre (recordemos que Micaela era hija del primer matrimonio de su padre), decidida a recluir su viudez en la clausura religiosa. Su nuevo nombre será a partir de su profesión, que tuvo lugar el día 24 de septiembre de 1771, el de María Gertrudis del Corazón de Jesús, conservando el nombre de pila que evoca la promesa a la mística medieval Santa Gertrudis la Magna que su madre hiciera a la benedictina del Monasterio de Helfta pidiendo su intercesión para llevar a buen fin un complicado embarazo, y añadiendo, además, la devoción al Sagrado Corazón de Jesús, del que la religiosa alemana fue precursora pionera.

No resultaron fáciles sus primeros tiempos de vida religiosa. Durante la etapa de noviciado su salud sufrirá continuos quebrantos. También, por lo que relata en su libro autobiográfico, padeció dolencias de índole espiritual. Todo ello dificultaba su participación en las tareas colectivas realizadas en el convento, agravándose el íntimo malestar de María Gertrudis por el convencimiento de representar un estorbo para el resto de la comunidad. La joven comenzará muy pronto a percibir manifestaciones de comunicación con Dios. Con su peculiar estilo sencillo y elocuente, afirmaría que "con más facilidad que con mi hermana hablaba con el Señor". Estas experiencias místicas serán acogidas en un principio con un cierto recelo por parte de sus hermanas, lo que aumentará aún más su sensación de desasosiego y dolor moral.

A las palabras de su confesor, que la describe como de "estatura de dos varas cumplidas, el aire del cuerpo naturalmente gallardo y muy modesto, pelo negro, ojos grandes y negros con viveza, nariz derecha y labios delgados", parece corresponder la única imagen plástica que se ha conservado de María Gertrudis Martínez del Hoyo. Se trata de un cuadro que la retrata vestida con hábito, de rasgos juveniles, regulares y finos, ojos bajos con expresión de humildad y rostro agraciado.

Su comunicación mística con Dios se volverá cada vez más frecuente e intensa, como lo reflejan las páginas de su autobiografía, donde revelará sin reservas las interioridades de su alma, habitualmente recatada hacia el exterior. Estas experiencias constituyen el único consuelo frente a sus continuas penalidades y sufrimientos físicos.

Nombrada sacristana del convento, tendrá ocasión durante la Cuaresma del año 1779 de conocer al predicador fray Diego José de Cádiz -quien sería posteriormente beatificado-, que se encuentra en Granada cumpliendo su misión de combatir lo que él denominaba "las doctrinas del siglo", es decir, el racionalismo dieciochesco. Durante su visita a la ciudad, además de predicar incansablemente por iglesias, instituciones y plazas públicas, obtiene fray Diego José de Cádiz permiso especial para entrar en la clausura del convento de la Concepción, conociendo entonces a sor María Gertrudis, que con el tiempo, y tras una intensa y abundante relación epistolar, se acabaría convirtiendo en su consejera espiritual.

La precaria salud que en ella era habitual se agravaría con posterioridad cuando su cuerpo comience a manifestar los estigmas de la Pasión, especialmente durante el tiempo de Cuaresma. De manera simultánea, recibirá mensajes y revelaciones de origen sobrenatural, entablando con Dios comunicaciones cada vez "más frecuentes, más finas y más imperceptibles". La gravedad de sus dolencias la llevarían varias veces al borde de la muerte, hasta el punto de recibir en diversas ocasiones los últimos sacramentos. Pero la hora de su muerte le iba a ser igualmente revelada, y así, en diciembre de 1800 tendrá la escritora mística la primera visión de su próximo fallecimiento, que efectivamente tendría lugar días después, el 13 de enero de 1801, a las dos y media de la tarde. Contaba María Gertrudis Martínez del Hoyo cincuenta años y cuatro meses cuando murió en loor de santidad, habiendo cumplido treinta de vida religiosa. Curiosamente, su estrecho corresponsal fray Diego José de Cádiz apenas si la sobrevivirá poco más de dos meses, pues la muerte lo alcanza en Ronda el 24 de marzo de ese mismo año.

Algún tiempo después de su desaparición, su confesor, el Padre Alcober e Higueras, llevó a cabo una copia de su manuscrito autobiográfico, incorporando las últimas notas referentes a la enfermedad final y muerte. Este texto, titulado ahora *Vida que por mandato de su*

Director espiritual escribió la Madre María Gertrudis del Corazón de Jesús, es el que se ha conservado hasta la fecha en el propio Monasterio de la Concepción, habiéndose perdido por desagracia el manuscrito original. De igual modo se conserva parcialmente el epistolario que mantuvo con fray Diego José de Cádiz.

Bibliografía

CORREA RAMÓN, Amelina (2002). *Plumas femeninas en la literatura de Granada (ss. VIII-XX). Diccionario-Antología*. Granada: Editorial Universidad de Granada/Diputación de Granada, pp. 316-320.

---- (2011). "La literatura granadina del XVIII con voz de mujer: misticismo, academia y traducción", en ÁLVAREZ BARRIENTOS, Joaquín y HERRERA NAVARRO, Jerónimo (eds.), *Para Emilio Palacios Fernández. 26 estudios sobre el siglo XVIII español*. Madrid: Fundación Universitaria Española, pp. 57-78.

GALLEGO MORELL, Antonio. "Una escritora mística del siglo XVIII: la Madre María Gertrudis", *Revista Bibliográfica y Documental* (Madrid), V, 1951, pp. 47-99.

---- (1970). *Sesenta escritores granadinos con sus partidas de bautismo*. Granada: Caja de Ahorros de Granada, p. 85.

ORTEGA, José y MORAL, Celia del (1991). *Diccionario de escritores granadinos (siglos VIII-XX)*. Granada: Universidad de Granada/Diputación de Granada, pp. 152-153.

RODRÍGUEZ TITOS, Juan (1998). *Mujeres de Granada*. Granada: Diputación de Granada, p. 50.

VIÑES MILLET, Cristina (1995). *Figuras granadinas*. Granada: Sierra Nevada 95/El legado andalusí, pp. 202-205.

Selección de textos

Antes de nacer se temía mi madre alguna desgracia por lo cargada que se sentía, y para excusar esta, se encomendó a Santa Gertrudis, ofreciendo ponerle su nombre a la criatura que diese a luz. Fue, en efecto, con felicidad y, llegado el caso del señalamiento de los nombres, mis abuelos insistieron habían de ponérseme los nombres de María Gertrudis, como se verificó, disponiéndolo Dios, como después lo conocí, porque le agradaban estos nombres y por ellos les hacía grandes favores a los que los tenían. [...]

Otro día, movida de la curiosidad de una maceta de claveles en que estaba abriéndose uno de ellos y todos lo celebraban, esperé que no me vieran, me subí como pude y cogí el clavel para verlo de cerca, y lo quebré. Yo así que me quedé con la bellota en la mano, clamé a Dios, y confiada lo puse, asiendo el palo cortado y juntándolo con los dedos, y el Señor, como yo le rogaba la unión a su sitio, tan verdaderamente, que abrió el clavel como si no hubiera sucedido nada. [...]

Me estrechaba a que acabara de enseñarme a leer, y mi Padre lo mismo, y por no querer yo Maestro, me concedió mi Padre esta petición, y conociendo mi cortedad, dispuso que el Licenciado de mi hermano cuidara de darme lección. Este, lo hacía, pero castigándome diciéndome: la letra, con sangre entra; y a poder de tirones de orejas quería lo aprendiera. Un día fue tal que me hizo sangre. Mi padre, como me vio triste y las orejas lastimadas, me mandó le dijera lo que era aquello. Se lo dije y me respondió estaba bien hecho, pero a solas le riñó a él mucho. [...]

Desde los seis años, siempre mi inclinación fue a ser monja en el convento de Santa Isabel la Real de esta ciudad, y a no ser en éste, en el del Ángel, o Capuchinas; y esto no por amistad en estos conventos; pero como me reconocía con la falta de salud, siempre estaba en el primer pensamiento, pero decía se cumpliera la voluntad de Dios, y fuera donde el Señor gustara. [...]

[...] después de la Sagrada Comunión me enseñó el Señor un modo de poder explicarme y fue así: como cuando a un pájaro le atan un hilo y el que tiene este hilo sujeto le suelta y le da vuelo que va el pájaro a volar con toda velocidad sin saber si le tienen asido, así que va a querer ir a su esfera le atajan el vuelo y se halla el que no vive si no en el aire, en el suelo, cercado de todos los gatos de la casa y de la vecindad; todos cazadores y con muchos meneos, todos embisten, él revolotea, pero las uñas las hincan en él; estando así el que tiene el hilo tira de él, pero el avecilla está que no le falta más que morir; no conoce ella que la tienen ni siente más que está sujeta y los gatos no la tiren tantas garfadas, pero como no la dejen libre no sabe el corazón de la palpitación que todo lo dicho le causa. Estos gatos son tantas cosas que cercan esta pobre alma.

Vida que por mandato de su Director espiritual escribió la Madre María Gertrudis del Corazón de Jesús (primeros años del s. XIX [8])

---

[8] Como se indicó en el estudio introductorio, ha resultado imposible acceder de manera directa al traslado de la obra de María Gertrudis Martínez del Hoyo Tellado, de la que las responsables del monasterio en el que vivió hasta su muerte me han facilitado tan sólo estos cuantos fragmentos aislados que aquí se

MENDOZA, Catalina de
Granada, 5/II/1542 - Alcalá de Henares (Madrid), 15/II/1602

Género literario: Poesía

Hija natural de Iñigo López de Mendoza, marqués de Mondéjar, Catalina de Mendoza se crio desde la edad de tres años en la casa de sus abuelos paternos, Luis Hurtado de Mendoza, presidente del Consejo Real y hermano del célebre escritor Diego Hurtado de Mendoza, y Catalina de Mendoza y Pacheco, cuya virtud le otorgó fama de santidad. Aficionada a la lectura, siendo muy niña ya demostró su interés por los libros de caballería y por las obras piadosas, en especial, por los escritos de fray Luis de Granada. Además, dominó seis idiomas, y disciplinas como las matemáticas, la cosmografía, la filosofía y la teología, puesto que recibió una educación extremadamente esmerada.

Muy joven aún, fue nombrada camarera de honor de Juana de Austria, hermana del rey Felipe II. Su enorme belleza atrajo a numerosos pretendientes. Casada por poderes a la edad de quince años con Diego de Ayala y Rojas, conde de la Gomera, Catalina de Mendoza se vio obligada a solicitar de Roma la anulación de su matrimonio, debido a la manifiesta infidelidad de su marido, que ni siquiera llegó nunca a consumar el matrimonio. Alegando esta no consumación de la unión marital, consiguió la sentencia de nulidad, aunque el proceso se dilató por espacio de casi dos décadas. Además, formuló Catalina voluntariamente voto de castidad, con motivo de lo cual compuso su única obra que se ha conservado, *Coloquio que tuvo con nuestro Señor el día que hizo los votos*, que permaneció inédita hasta más de treinta años después de su muerte, en que el P. Gerónimo de Perea le dedica en 1635 su atención en el volumen *Vida y elogio de doña Catalina de Mendoza, Fundadora del Colegio de la Compañía de Jesús de Alcalá de Henares. Escrita por el Padre Gerónimo de Perea de la misma Compañía de Iesvs. Dedícala a la Excelent.ma Señora Doña Isabel de Sandoual, Duquesa de Ossuna, Condesa de Ureña* (Madrid: Imprenta Real), donde incluye la composición de la religiosa. Además, se sabe que escribió poesía, así como que compuso varios motetes y cantatas religiosas, dadas sus excelentes dotes para la música. Conviene destacar, así mismo, su faceta como pintora, especializándose en flores y bodegones (temáticas consideradas tradicionalmente *adecuadas* para las féminas), aunque realizaría también algún retrato, como el de su marido,

reproducen, mecanografiados por ellas mismas, y sin paginación ni dato identificativo alguno.

el Conde de la Gomera, o el del pintor holandés Godfried Schalcken.

De igual modo, se sabe que, cuando el rey Felipe II nombró en 1775 al marqués de Mondéjar Virrey del reino de Nápoles, Catalina se hizo cargo con enorme eficacia del gobierno de las posesiones de su padre en España. Ese mismo año ella se consagró a una vida de oración y penitencia, viviendo con enorme humildad y adoptando hábito de beata.

En la década de los años setenta Catalina de Mendoza fundó en Alcalá de Henares el Colegio de la Compañía de Jesús al que alude el P. Gerónimo de Perea en su biografía, Orden de cuyo Padre General llevaba tiempo suplicando aceptase la renuncia de todos sus bienes, así como formular votos religiosos solemnes, lo que consiguió en 1600, convirtiéndose de este modo en la única mujer profesa en la Compañía de Jesús.

Catalina de Mendoza falleció a comienzos de 1602, siendo enterrada en el muro lateral de la Capilla Mayor de la iglesia del Colegio por ella fundado en Alcalá de Henares.

Bibliografía

CORREA RAMÓN, Amelina (2002). *Plumas femeninas en la literatura de Granada (ss. VIII-XX). Diccionario-Antología*. Granada: Editorial Universidad de Granada/Diputación de Granada, pp. 322-323.
EQUIPO EDITORIAL (1990). *Escritoras andaluzas*. Sevilla: Editorial J. R. Castillejo, pp. 72-73.
GILA MEDINA, Lázaro (2012). "Obras selectas del patrimonio granadino relativas a la navidad en la Edad Moderna (Siglos XVI-XVIII), en Gila Medina, Lázaro (comisario), *"Et in Terra Pax". La Navidad en el arte granadino de la Edad Moderna (siglos XVI-XVIII)*. Granada: Diputación de Granada, pp. 23-53.
HIDALGO OGÁYAR, J. (2002). *Los Mendoza y Alcalá de Henares. Su patronazgo durante los siglos XVI y XVII*. Alcalá de Henares: Universidad de Alcalá de Henares.
MÁRQUEZ DE LA PLATA FERRÁNDIZ, Vicenta María (2018). *Mujeres creadoras entre el Renacimiento y el Barroco. Mecenas, poetisas, escultoras, filósofas y pintoras*. Madrid: Ediciones Casiopea.
---- (2018). "Doña Catalina de Mendoza (1542-1602). Una pintora culta y religiosa", *La Gacetilla de Hidalgos*, LX, nº 553, pp. 11-15.
MARTÍNEZ, Cándida, PASTOR, Reina, PASCUA, María José de la y TAVERA, Susana (dirs.) (2000). *Mujeres en la historia de España. Enciclopedia biográfica*. Barcelona: Planeta, pp. 309-310.
MARTÍNEZ DE LA ESCALERA, José. "Catalina de Mendoza", en Real Academia de la Historia, *Diccionario Biográfico Español*:

https://dbe.rah.es/biografias/26892/catalina-de-mendoza.

MOREL-FATIO, A. (1907). "Una mondaine contemplative au XVI siècle. Doña Catalina de Mendoza", *Bulletin Hispanique*, 9, pp. 131-153 y 238-262.

PARADA Y SANTÍN, José (1904). "Pintoras granadinas", *La Alhambra* (Granada). T. VII, n° 147, 30 de abril, pp. 65-67.

PEREA, Gerónimo de (1635). *Vida y elogio de doña Catalina de Mendoza, Fundadora del Colegio de la Compañía de Jesús de Alcalá de Henares. Escrita por el Padre Gerónimo de Perea de la misma Compañía de Iesvs. Dedícala a la Excelent.^{ma} Señora Doña Isabel de Sandoual, Duquesa de Ossuna, Condesa de Ureña*. Madrid: Imprenta Real.

RODRÍGUEZ TITOS, Juan (1998). *Mujeres de Granada*. Granada: Diputación de Granada, pp. 36-37.

SAINZ DE ROBLES, Federico Carlos (1959). *Ensayo de un diccionario de mujeres célebres*. Madrid: Aguilar.

SERRANO Y SANZ, Manuel (1905). *Apuntes para una biblioteca de escritoras españolas. Del año 1401 a 1833*. Madrid: Est. Tip. Suc. de Rivadeneyra, vol. II, pp. 52-53.

MORALES DE TOLEDO ZAPATA, Catalina Antonia, *sor Catalina de Jesús María*
Madrid, 2/VI/1624 - Granada, 30/VI/1670

Género literario: Ensayo

Hija de Cristóbal Morales de Toledo y de Leonor Zapata Portocarrero, su nombre aparece en ocasiones como "Catalina Solís Zapata y Portocarrero", anteponiéndole "Solís", que era el tercer apellido de su madre. Sus padres eran parientes cercanos de los Duques de Alba y poseedores del Señorío de las Alpujarras. Tras su nacimiento en Madrid y cuando contaba siete meses escasos, Catalina Antonia Morales fue llevada junto con sus hermanos a Nápoles, por haber sido destinado su padre a aquella ciudad italiana. El regreso a España se produciría años después, motivado por el fallecimiento del progenitor. Fue entonces cuando Catalina Antonia Morales decidirá ingresar en el convento de Carmelitas Descalzas de Granada, profesando en el mes de julio de 1646 con el nombre de Catalina de Jesús María, según consta, junto con sus datos biográficos, en el *Libro de Profesiones* del propio convento.

El Padre Silverio de Santa Teresa, en el volumen X de su *Historia del*

Carmen Descalzo, recuerda algunas características personales de Catalina de Jesús María, como su formación cultural, sus manos primorosas para las labores, su ingenio chispeante y un talante amable y piadoso.

Como escritora, habría que destacar la redacción de "varios tratados espirituales, que se conservaban en el convento del Carmen Descalzo de Madrid" (Serrano y Sanz, 1903: I, 601), citando Manuel Serrano y Sanz como fuente de este dato la obra *Bibliotheca scriptorum Carmelitarum Excalceatorum*, de Marcial de San Juan Bautista.

Nombrada priora del convento granadino a comienzos de junio de 1670, fallecería pocas semanas después, sin haber cumplido siquiera un mes en su cargo.

Bibliografía

CORREA RAMÓN, Amelina (2002). *Plumas femeninas en la literatura de Granada (ss. VIII-XX). Diccionario-Antología*. Granada: Editorial Universidad de Granada/Diputación de Granada, pp. 340-341.
PURÍSIMO CORAZÓN DE MARÍA, Hermana Ángeles del (2005). *Convento de Carmelitas Descalzas de San José de Granada*. Granada: Caja Granada.
SANTA TERESA, Silverio de (1935-1952). *Historia del Carmen Descalzo en España, Portugal y América*. Burgos: Tipografía Monte Carmelo, vol. X.
SERRANO Y SANZ, Manuel (1903). *Apuntes para una biblioteca de escritoras españolas. Del año 1401 a 1833*. Madrid: Est. Tip. Suc. de Rivadeneyra, vol. I, p. 601.

POZA Y MURIEL, Martina, *sor Martina de la Misericordia*
Granada, 1846 - Alhama de Granada (Granada), primer tercio siglo XX

Género literario: Poesía

A pesar de la relativa cercanía cronológica de esta escritora religiosa natural de Granada, son muy pocos los datos que en torno a ella se han conservado. De hecho, en mi estudio del año 2002 *Plumas femeninas en la literatura de Granada (ss. VIII-XX)* fue la primera vez que salió a la luz su nombre en el siglo, que era Martina Poza y Muriel, el cual pudo ser establecido únicamente tras la consulta de la documentación conservada en el convento de la Purísima Concepción de religiosas de Santa Clara, de Alhama de Granada, donde profesó. Además, la localización "Santa Clara de Alhama (Granada)" que figura en la publicación de su único poema conocido ha inducido con frecuencia a error, y así, los escasos estudios que habían recogido el nombre de esta escritora la habían considerado natural de una hipotética localidad llamada Santa Clara de Alhama, haciendo alusión, en realidad, al convento donde transcurrió su vida, que había sido fundado en 1612.

Gracias a la amabilidad de las religiosas, pude obtener a finales de la década de los '90 del pasado siglo XX una valiosa información, desconocida hasta el momento, en torno a esta escritora religiosa. Así, según la información contenida en el *Libro de Profesiones* y otros documentos, Martina Poza había nacido en la capital granadina en torno al año 1846, y era hija legítima de Hermenegildo de la Poza Rodríguez, médico de profesión, y de su esposa. Según consta en la documentación procedente de distintos archivos, consultada gracias a la página web de FamilySearch, estos habían contraído matrimonio en la Iglesia Parroquial de San Matías, en la capital granadina, el 28 de julio de 1841, siendo el novio, de 23 años, natural de Granada, y la novia, llamada María de los Dolores Muriel Amador, de 22 años, oriunda de Cádiz. La pareja, domiciliada en la calle San Isidro, de Granada, tendrá varios hijos, aunque no se ha podido localizar en concreto la Partida de Bautismo de Martina, quien ingresó en el convento el día 8 de julio de 1876, donde principió su etapa de noviciado y donde habría de residir hasta la fecha de su muerte. Profesó el 17 de julio de 1878. Desde ese momento, Martina Poza se integró totalmente en la comunidad de religiosas, desempeñando diversos cargos en el convento, como el de secretaria en el año 1892, o el de abadesa, puesto que ocupó entre 1902 y 1908.

Cultivó la poesía, aunque en el convento no se ha conservado ninguna muestra de sus textos, desconociendo incluso esta faceta de su antecesora en el momento en que yo tuve la ocasión de consultar con ellas. Sin embargo, publicó diversas composiciones en la prensa de la época, como el poema dedicado a la Virgen María en la Presentación del Niño en el Templo aparecido en el año 1895 en la revista madrileña *La Ilustración Católica*, o el titulado "Venid y vamos todos", en *La Victoria. Semanario de Béjar* (XVI; 24 de diciembre de 1909, p. 1). Sus composiciones se encuentran incluso en periódicos y revistas de fuera de las fronteras españolas, como el *Boletín Antoniano*, editado en la localidad boliviana de Tarija, donde el 30 de marzo de 1897 se publica su poema titulado "La pasionaria" (Año I, nº 7, p. 3), o como *La Guinea Española*, publicado en Santa Isabel (actual Malabo), en la que colaborará el 25 de diciembre de 1910 (p. 10).

Durante su periodo de estancia en el convento, coincidió Martina Poza con otra monja igualmente dotada para la poesía, Emilia Julia Sánchez López (recogida también en el presente volumen), aunque esta última falleciera de manera prematura. De hecho, la actividad literaria de ambas las llevó a que sus composiciones fueran incluidas en un volumen titulado *Colección de poesías religiosas escogidas entre las que se publicaron en la revista "El Eco Franciscano" de Santiago de Compostela* (Barcelona: Giró, 1905), que el periódico *El Eco de Santiago* reseñó de manera muy elogiosa en un artículo firmado por El Bachiller Juan de Sar, publicado en la portada del mismo el día 31 de enero de 1905, donde indica que el volumen contiene tres hermosas "poesías de Sor Martina de la Misericordia".

Bibliografía

BACHILLER JUAN DE SAR, El (1905). "Notas críticas", *El Eco de Santiago. Diario de la Tarde* (Santiago de Compostela), 31 de enero, p. 1.
CARMONA GONZÁLEZ, Ángeles (1999). *Escritoras andaluzas en la prensa de Andalucía del siglo XIX*. Cádiz: Universidad de Cádiz/Instituto Andaluz de la Mujer, p. 185.
CORREA RAMÓN, Amelina (2002). *Plumas femeninas en la literatura de Granada (ss. VIII-XX). Diccionario-Antología*. Granada: Editorial Universidad de Granada/Diputación de Granada, pp. 369-370.
SIMÓN PALMER, María del Carmen (1991). *Escritoras españolas del siglo XIX*. Madrid: Editorial Castalia, p. 421.

Selección de textos

"La pasionaria"

Ya Jesús en la Cruz es inmolado
Y entre el cielo y la tierra suspendido,
Ha su misión divina consumado,
Y aún su pecho exhaló triste gemido.

Dirije [sic] su mirada dolorosa
Al mudo cielo, dando tiernas quejas
Y de muerte entre angustias horrorosas
Exclama: ¡Oh Padre! por qué así me dejas?

Una lágrima ardiente y silenciosa
Surcando su mejilla ensangrentada,

Bajó al suelo, rodando presurosa.
Por la roca de sangre matizada.

Pero al humedecer después la tierra,
De esta brotó una planta y dio una flor:
La pasionaria que en su centro encierra,
Místico emblema de aquel gran dolor.

¿Quién al ver esa flor tan misteriosa,
No recuerda de un Dios el triste llanto;
Y no piensa en la muerte dolorosa,
Ni en el amor de Aquel que le amó tanto?

Alma fiel, si esa flor en tu camino
Alguna vez por dicha, has encontrado,
No viste en ella impreso algo divino...
Y un ósculo en su cáliz no has dejado?

Sí, bella flor, en ti grabada veo
La historia del amor de los amores,
Llevando tu corola por trofeo
Clavos, espinas, cáliz y dolores.

Al exhalar su esencia embriagadora
Lleva con ella al Dios tres veces santo,
Que es el supremo ser que el alma adora
Los himnos de mi amor en dulce canto.

Y tú también, oh celestial María,
Flor pasionaria al pie del fiel madero,
Mi corazón a Dios en este día
Presenta en holocausto verdadero.

"La pasionaria", *Boletín Antoniano*, 30 de marzo de 1897,
I, nº 7, p. 3

PUEBLA MÉNDEZ, Isabel de, *sor Isabel de la Encarnación*
Granada, X/1563 - Jaén, 3/VI/1634

Género literario: Hagiografía

Aunque Manuel Serrano y Sanz afirme en su libro *Apuntes para una biblioteca de escritoras españolas* que Isabel de Puebla había nacido en el año 1582 (dato que, siguiendo a Serrano, reproduce el libro *Escritoras andaluzas*), el presente volumen establece por vez primera una fecha casi exacta del momento de su nacimiento, dado que ha sido encontrado el dato fehaciente de que su bautizo se produjo el 5 de octubre de 1563 [9], por lo que debió de nacer muy pocos días antes.

Sin embargo, en los archivos de la Orden de Carmelitas Descalzas consta como fecha de profesión de la joven el día 14 de junio de 1584, figurando, por error, que ingresó en el convento a los diecinueve años de edad, aunque tendría ya veinte cumplidos.

Hija del licenciado Fernando de Puebla y de Leonor Méndez, fue prometida en su primera juventud por sus padres, ansiosos de perpetuar el linaje familiar. El matrimonio fue concertado con Pedro de Pisa, noble y rico mayorazgo, que falleció antes de poder celebrarse la boda, con lo que Isabel quedó en libertad de consagrarse a la vida religiosa, como era su deseo. De este modo, y venciendo la fuerte resistencia de sus padres, ingresó en el convento de San José de Carmelitas Descalzas de Granada, que había sido fundado en fecha reciente por la Venerable Madre Ana de Jesús, que ejercía como priora, y que la acogió con extremo agrado "por sus buenísimas disposiciones". La joven profesó con el nombre de Isabel de la Encarnación.

Tuvo la suerte de disfrutar como director espiritual y confesor a Juan de la Cruz, que era en esos momentos el padre prior del convento de Carmelitas Descalzos de los Mártires y que causó un profundo impacto en el ánimo de la joven. De hecho, y según declararía posteriormente Isabel de Puebla en 1617, en el curso del proceso de beatificación de éste, a ella se debía la existencia de uno de los dos únicos retratos realizados en vida del Santo, quien siempre se había negado a dejarse retratar. Pero según Isabel de Puebla: "por esta estima y veneración que yo tenía de él, de hombre santo, acabé con un pintor que una vez, sin que el Santo lo viese lo retratase, porque quedase retrato de persona tan santa después de muerto. Y el pintor lo hizo, y yo le hice añadir estas palabras que el santo solía traer en la boca de ordinario: *Deus, vitam meam annuntiavi tibi, posuisti*

---

[9] "España, bautismos, 1502-1940", database, *FamilySearch*: https://familysearch.org/ark:/61903/1:1:H8PH-BX3Z, 16 February 2020, Ysabel Puebla Mendes, 1563.

lacrimas meas in conspectu tuo" [10].

Tradicionalmente se ha venido sosteniendo que ese retrato, pintado en vida de Juan de la Cruz por encargo de Isabel de Puebla y que refleja la verdadera efigie del santo, sería el que se conserva en el convento carmelita de Úbeda, argumentando que sería la propia religiosa quien habría llevado allí el cuadro, cuando se alojó en ese convento camino de Baeza. En Úbeda tendría lugar un milagro no especificado, en agradecimiento por el cual Isabel de Puebla regaló el lienzo a la comunidad carmelita. No obstante, en la actualidad parece atribuirse poca fiabilidad a esta creencia secular, fechándose el cuadro aproximadamente un siglo después de la muerte del santo. De hecho, Fernando Moreno Cuadro, en un estudio monográfico sobre el origen andaluz de la *Vera Effigies* de san Juan de la Cruz, sostiene que el retrato original se perdió en fecha desconocida, pero que fue copiado reiteradas veces, y que de él desciende el retrato ubetense (Moreno Cuadro, 2013: 349-350).

Otro eslabón que relaciona directamente a Isabel de Puebla con Juan de la Cruz viene dado por el códice de la segunda redacción del *Cántico espiritual* que ella recibió de manos de Ana de Jesús, depositaria del texto por deseo expreso del escritor. Así, cuando en 1592 Isabel sea trasladada al convento de Sevilla, llevaría consigo el preciado texto. En Sevilla permanecería durante varios años, en el curso de los cuales fue nombrada subpriora y luego priora. Después, pasó a Baeza, donde fue la fundadora del convento de carmelitas descalzas de dicha localidad y donde permanecería por espacio de once años. Tras esto, llegó por fin a Jaén, donde habría de pasar la última etapa de su vida. En todos estos desplazamientos, siempre viajó Isabel de Puebla acompañada por el valioso texto del *Cántico*, que permanecería en el convento de Santa Teresa de Jaén a su muerte y hasta la fecha.

La muerte de Isabel de Puebla acaeció el día tres de junio de 1634 después de una larga enfermedad y tras haber sido priora en el convento de Jaén durante trece años. Sus virtudes y cualidades son recordadas en el Necrologio de la comunidad con las siguientes palabras: "Era sujeto muy capaz, dotado de muchas gracias, de gran prudencia, muy religiosa, dada a la oración y ejercicios santos. Fue siempre muy amada y estimada de sus monjas. Tenía grande ánimo. Ofreciéronsele trabajos y llavábalos con mucho valor y sufrimiento; de la misma manera las enfermedades. Fue la

---

[10] Los textos de Isabel de Puebla Méndez, al igual que los datos procedentes del Necrologio de la Comunidad me fueron facilitados por las religiosas del Convento de Santa Teresa de Jesús de Carmelitas Descalzas de Jaén, a las que reitero mi agradecimiento.

de su muerte, larga, y en ella mostró el tesoro de su paciencia y de otras muchas virtudes y conformidad con la voluntad de Dios. Recibió con gran devoción todos los sacramentos y dejó edificadas a las religiosas con esto, y su grande paz y sosiego con que fue al cielo".

Como ya se ha dicho, participó Isabel de Puebla en 1617 en el proceso de la beatificación de Juan de la Cruz, habiéndose conservado el texto escrito en primera persona con sus declaraciones, que tienen, por su personal implicación, un carácter marcadamente autobiográfico.

Por otro lado, se conservan, al parecer también de su puño y letra, dos textos de carácter hagiográfico, depositados en la Biblioteca Nacional (al menos, así lo informaba Manuel Serrano y Sanz, 1903: I, 352). El primero de ellos consiste en una "Carta a Fr. José de Jesús María, en la que habla de la vida de San Juan de la Cruz", fechada en Baeza, a 2 de abril de 1602. El segundo, *Quadernos de cosas de la hermana Bernadina de Jesus, religiosa de nuestro convento de Baeza, por obediencia escripto*, que escribió tomando los datos directamente al dictado de Bernardina de Jesús, se encuentra sin fechar, aunque debe datar de una fecha cercana a la anterior, puesto que ambos documentos pertenecen a su etapa de Baeza. Este último texto, escrito, como era muy frecuente, por obediencia a su director espiritual, presenta una aclaración de la autora en ese mismo sentido: "Nuestro padre fray Bernardo de la Concepción, probincial desta probincia del Ángel de descalzos carmelitas, me mandó examinara el espíritu de una religiosa deste convento de descalzas carmelitas de Baeza y las mercedes que de nuestro señor recebía el alma desta sierva suya, y cunpliendo esta obediencia ella en dar cuenta y yo en tomársela, halle por la relación que me fue dando en estos cuadernos" (*apud* Serrano y Sanz, 1903: I, 352). Está claro que Serrano y Sanz pudo consultar en los inicios del siglo XX esta obra, pero Manuel Borrero Morales afirmaba ya en 1994 que la obra se encuentra actualmente en paradero desconocido (Morales Borrero, 1994: 1044).

Manuel Serrano y Sanz presenta como escrita por Isabel de Puebla una obra sobre la vida de Santa Teresa de Jesús, titulada *Declaración de la madre Isabel de la Encarnación, priora en Daimiel, en las informaciones de dicha villa*. No obstante, y dado lo frecuente del nombre "Isabel de la Encarnación" entre escritoras religiosas, habría que decir que se trata de una atribución errónea y que debe de tratarse de otra Isabel de la Encarnación distinta, y no de Isabel de Puebla, que nunca estuvo en el convento de Daimiel.

Bibliografía

CORREA RAMÓN, Amelina (2002). *Plumas femeninas en la literatura de Granada (ss. VIII-XX). Diccionario-Antología*. Granada: Editorial Universidad de Granada/Diputación de Granada, pp. 370-375.
---- (2015). "«Vivo sin vivir en mí». Tres monjas carmelitas descalzas de Granada tras las huellas de sus fundadores (Úbeda-Baeza, siglos XVI y XVII)", en MEDINA ARJONA, Encarnación y GÓMEZ MORENO, Paz (eds.). *Escritura y vida cotidiana de las mujeres en los siglos XVI y XVII (Contexto mediterráneo)*, Sevilla: Editorial Alfar, pp. 17-46.
EQUIPO EDITORIAL (1990). *Escritoras andaluzas*. Sevilla: Editorial J. R. Castillejo, p. 36.
MORALES BORRERO, Manuel (1994). "El convento de Carmelitas Descalzas de la Encarnación, de Baeza (1599)", *Boletín del Instituto de Estudios Giennenses*, 153, 2, pp. 1041-1070.
---- (1995). *El Convento de Carmelitas Descalzas de Úbeda y el Carmelo Femenino en Jaén*. Jaén: Instituto de Estudios Giennenses, vol. I.
MORENO CUADRO, Fernando (2013). "Origen andaluz de la *Vera Effigies* de San Juan de la Cruz y su repercusión en Flandes y México", *Laboratorio de Arte*, 25, 1, pp. 347-370.
PURÍSIMO CORAZÓN DE MARÍA, Hermana Ángeles del (2005). *Convento de Carmelitas Descalzas de San José de Granada*. Granada: Caja Granada.
RODRÍGUEZ PEREGRINA, José Manuel (1993-1994). "Mujer, humanismo y sociedad en la Granada del XVI", *Florentia Iliberritana. Revista de Estudios de Antigüedad Clásica*, 4-5, pp. 487-507.
SERRANO Y SANZ, Manuel (1903). *Apuntes para una biblioteca de escritoras españolas. Del año 1401 a 1833*. Madrid: Est. Tip. Suc. de Rivadeneyra, vol. I, p. 352.

Selección de textos

Juan de la Cruz hablaba altamente de Dios y tales palabras decía de nuestro Señor y sus cosas que cuando yo le oía me parecía me facilitaba y aclaraba en mi interior las cosas de nuestro Dios y Señor y me parecía que salía renovada y animosa, aunque yo era bien mala, y en las cosas de nuestro Señor, muchas veces le oía explicar algunos lugares de la Eucaristía y declararlos tan altamente y con tanto amor que en esto mostraba tener a Dios, que parecía se suspendía y salía de sí y yo con haber oído muchos sermones y pláticas espirituales nunca he visto persona que tan levantadamente y con tal sentimiento hablase de nuestro Señor, ni ninguno que con sus palabras tanto moviese mi alma al deseo de agradar a Dios, entendí de él ser devotísimo del Stmo. Sacramento y mucho de la Virgen Stma. Ntra. Sra. esto lo digo por lo que le vi al santo hablar del Stmo. Sacramento y de nuestra Sra.

A las doce preguntas digo que de lo que a mí y a otros religiosos decía el Santo Padre Fray Juan, me parece vi yo la mucha confianza que el Santo tenía en Dios porque con sus razones en nuestros aprietos nos enseñaba grandemente a confiar en nuestro Señor y me acuerdo que en Granada nos enviaba a las religiosas algunas veces algunas cosas para comer la Comunidad como es pescado y legumbres y cosas así porque padecíamos necesidad y me quiero acordar que solían decir las religiosas: Dios se lo pague a nuestro Padre, que como es santo, Dios se lo envía para su convento y para el nuestro.

A las trece preguntas digo que en el mucho tiempo que pasé cerca del Santo Padre Fray Juan a lo que acá se puede entender conocí que amaba a Dios entrañablemente y tanto que parecía en cosa criada no tenía gusto ni otro fin sino amar y más amar a Dios, sus pláticas eran siempre de su divina Majestad y decía cosas tan altas y tan admirables de Dios y tiernas y con tal sentimiento que daba con ellas calor en el corazón y deseo de amar a Dios a los que se las oíamos, yo aunque tibia y fría digo de mí que de oírle así hablar me parecía se me quería salir del cuerpo que apenas lo podía sufrir, tanto era lo que se encendía en sentimientos de amor a nuestro Señor y amor de su cruz y me daban así más ansias de buscar la soledad y aún si pudiera padecer martirio por amor de nuestro Señor, cuando algunas veces estando así tratando con las monjas estas cosas espirituales, que su trato con ellas este era, enseñándonos cómo Dios sería más servido y con qué medios llegarían a amarle, en estas pláticas algunas veces decía estas palabras: "mis hijas, alto a vida eterna", con que echaba yo de ver que el Santo cuando decía aquello, en lo exterior mostraba suspenderse y tener el corazón llevado de algún grande amor de nuestro Señor y veía yo que a nosotras las religiosas con aquello que así había dicho nos llevaba los corazones a ponerlos en Dios, en mí sé que pasaba así y lo mismo supe de otras religiosas, y aun algunas veía yo que se quedaban como suspensas. Procuraba ponernos a todas en trato de oración, porque cuanto yo entendí del Santo, jamás se apartaba de la presencia de Dios y continua oración y esto lo digo porque en todas las oraciones le veía estar como atento a nuestro Señor cuando no hablaba y cuando hablaba las palabras celestiales que decía y el afecto con que los decía lo mostraban, aunque en algunas ocasiones explicando algunas de ellas de la Escritura o tratando algunas cosas muy altas de nuestro

Señor, le vi como engolfado y encendido en amor de Ntro. Señor, y que se quedaba como suspenso y arrebatado, una entre otras me acuerdo que fue que se puso a explicar aquellas palabras *"fluminis mipetus laetificat civitatem Dei"* y fueron tan levantadas las cosas que dijo y los sentimientos que lo exterior mostraba tener en el alma que quedaba entonces suspenso y arrebatado sin hablar porque había sido esto de la fuerza del amor de Dios que así le había traspuesto item ---- digo que he oído a muchas almas santas y doctas hablar altamente de nuestro Señor mas nunca he visto persona que tan levantadamente y tan al alma hablase de nuestro Señor y persona que tanto mostrase amarle y así le tenía por un varón castísimo y que amaba mucho a Dios y por esta estima y veneración que yo tenía de él de hombre santo, acabé con un pintor que una vez, sin que el Santo lo viese lo retratase, porque quedase retrato de persona tan santa después de muerto. Y el pintor lo hizo, y yo le hice añadir estas palabras que el santo solía traer en la boca de ordinario: *"Deus, vitam meam annuntiavi tibi, posuisti lacrimas meas in conspectu tuo"* y este amor encendido que digo mostraba tener a Dios declaran bien los libros que dejó escritos y varias canciones que en diversos versos que estaba encendido o llevado mucho del amor de Dios compuso, en las cuales declara este afecto o amor de Dios, nuestro Señor y en muchas fiestas he oído a religiosos decir que le crecía este amor tanto que eran grandes sus muestras y este amor y fuego que tenía allá en su alma algunas veces me parecía se echaba de ver en el aspecto y algunas veces veía yo echaba del rostro como resplandor sobrenatural particularmente cuando suspendido de alguna cosa que había hablado de nuestro Señor se quedaba en aquel alto silencio y otras veces diciendo Misa.

A las catorce preguntas digo que cuanto mostraba y se veía en el aspecto y palabras de nuestro Padre Fray Juan todo predicaba pureza por el amor que mostraba tener a nuestro Señor tan perseverante (y su grande modestia y mortificación que en el ver yo decía esa alma pura) y el no le haber oído yo jamás en cuatro años que le traté muy de ordinario una palabra que yo pudiese decir claramente ociosa, sino antes ver en todo un varón santo y de veras por lo dicho entendí era alma de muchísima pureza y cuanto a lo que por mí pasó así en el tiempo que dije como en otros tiempos que le comuniqué más de tarde en tarde porque era Vicario Provincial de este tiempo y en el 1º Prior de Granada puedo afirmar de mí que su trato era de Dios y del Cielo, me pegaba pureza y olvido de todo lo del mundo y me acontecía con este concepto que yo tenía del santo de alma purísima y santa cuando entraba en el Convento a visitar la clausura o cosa semejante arrojarme a besarle los pies o la mano y me parecía cuando así se los besaba me olían a una cosa más que a los olores de acá que parecía me recogía interiormente.

A las quince preguntas digo que por cosas que yo he oído y me han pasado he entendido que el Santo Fray Juan tenía muchas ilustraciones y comunicaciones de nuestro Señor porque estando yo en Granada me sucedió algunas veces decirme el Santo cosas interiores de mi alma ocultas que yo sola sabía y otras veces cosas de mi conciencia que yo misma no entendía y todo sin se lo decir yo ni darle principio para saberlo porque se supo que le dio Dios a entender en su celda una apretura en que yo estaba, interior y haciendo a la portera que me llamase me dijo: "hija ¿qué tiene? digámelo" y no sabiendo yo darle cuenta me dijo todo lo que yo sentía como si lo viese con sus ojos de que yo quedé muy confortada y alentada; esto me pasaba muchas veces con el Santo y en otra ocasión con el gran deseo que tenía de mi perfección y aprovechamiento que mostró el Santo en cuanto vivió, mucho, y estando ausente en Segovia me escribió una carta a Granada en que me decía un trabajo muy grande el cual me sucedió en el tiempo que el santo me señaló [11].

Declaración que la Venerable Isabel de la Encarnación fundadora del Monasterio de Jaén hizo para el proceso de beatificación de nuestro Santo Padre (1617)

RIQUELME Y ZAYAS FERNÁNDEZ DE CÓRDOBA, María Emilia, *sor María de Jesús*
Granada, 5/VIII/1847- 10/XII/1940

Géneros literarios: Ensayo, epistolar, poesía, diario

Al llegar a María Emilia Riquelme nos encontramos con el último caso de beatificación de una religiosa granadina, que ha tenido lugar, además, en fecha muy reciente, el 9 de noviembre de 2019, culminándose así de manera exitosa un largo proceso que se inició en julio de 1980. Tres años después, en 1983, se recibía la aprobación desde Roma de la apertura del proceso para la beatificación, por lo que el entonces arzobispo de Granada, Don José Méndez Asensio, preside una Eucaristía donde se lee

---

[11] Como ya he adelantado, se trata de un texto facilitado por las religiosas del Convento de Santa Teresa de Jesús de Carmelitas Descalzas, de Jaén.

el proceso de introducción a la causa. El 28 de abril de 1991 se da por clausurado el proceso diocesano de Canonización, entregándose en 1996 en Roma la Positio, en la que finalmente sería aprobada por la Comisión de Teólogos, Cardenales y Obispos en 2011.

En el muy solemne acto de beatificación, celebrado en loor de multitudes en la Catedral de Granada, intervino con su testimonio el colombiano Nelson Yepes, agente de importancia fundamental en la causa, puesto que se alega que habría experimentado la curación milagrosa de una gravísima pancreatitis severa que padecía por intercesión de la ya nueva beata granadina. Como ha quedado expuesto en el estudio introductorio, la Congregación de las Misioneras del Santísimo Sacramento y María Inmaculada fundada por María Emilia Riquelme ha conservado el cuerpo incorrupto de su fundadora, que, dentro de una hermosa urna barroca dorada que perteneciera a su familia (originalmente, al parecer custodiando en su interior una imagen de la Virgen) presidió los actos de beatificación, siendo posteriormente trasladado de nuevo a la Casa Madre en gloriosa procesión, que fue acompañada de numerosísimo público en las calles de la capital andaluza.

Nacida en una familia de antiguo abolengo, María Emilia Riquelme cuenta entre las ramas de su frondoso árbol genealógico con nombres señeros de místicos y visionarios, como Santa Beatriz de Silva o su hermano, el Beato Amadeo de Silva; guerreros y conquistadores, como Gonzalo Fernández de Córdoba, el *Gran Capitán*; o escritores, como su sobrino segundo, Antonio de Zayas-Fernández de Córdoba y Beaumont, quien sería un destacado poeta del modernismo en su vertiente parnasiana, siendo íntimo amigo de los hermanos Machado, con quienes intercambiaría libros de versos y dedicatorias. Un linaje ilustre que daría numerosos frutos, de entre los que destacará hacia la segunda mitad del siglo XIX y las primeras décadas del XX María Emilia, quien parece haber heredado los genes de su lejana antepasada Beatriz de Silva, fundadora en la Toledo del siglo XV de una Orden religiosa dedicada a la Inmaculada Concepción, tras una epifanía de la Virgen María, y con hábito blanco y azul -las similitudes entre ambos casos resultan verdaderamente abrumadoras, traspasando una distancia de cuatro siglos-. Pero también revela la fundadora granadina los dones con la pluma que otorgaron un nombre en el Parnaso a su mencionado sobrino. En cuanto a su vinculación con el Gran Capitán, resulta cuanto menos curioso constatar que la fundación de su Congregación de Misioneras del Santísimo Sacramento y María Inmaculada (que vestirían en su origen de igual modo hábito azul y blanco, tal y como se refleja en las fotografías de María Emilia Riquelme conservadas) tiene lugar con la edificación de la Casa Madre sobre unos terrenos heredados de su progenitor en lo que se conocía como Huerta de San Jerónimo, por proceder, en efecto, de unas huertas que los Reyes Católicos habían donado al vecino Monasterio de San Jerónimo (s. XVI), tumba precisamente de los restos mortales de Gonzalo Fernández de Córdoba y de su esposa.

Y toda la enorme riqueza genealógica que atesora el linaje de María Emilia Riquelme y Zayas-Fernández de Córdoba va a salir a la luz justamente también con motivo de su beatificación, cuando Javier Sorribes Gracia (estudioso de la familia de la religiosa) publica el minucioso volumen *La familia de María Emilia Riquelme y Zayas desde el siglo II a. C.* (2019).

María Emilia sería la hija primogénita de Joaquín Riquelme y Gómez, militar de alta graduación en el arma de infantería, que llegaría a alcanzar el grado de general, y de María Emilia Zayas-Fernández de Córdoba y de la Vega. Nacida en Granada el 5 de agosto, día de la Virgen de las Nieves, bajo su protección se la colocaría también en el momento del bautizo, recibiendo como nombres de pila los de Emilia Joaquina Rosario Josefa Nieves de la Santísima Trinidad.

La niña recibió la educación esmerada propia de las familias acomodadas de la época, y su madre la instruyó con fervor en la fe católica durante sus primeros años de vida, dejándola huérfana antes de cumplir siquiera los ocho años, víctima en 1855 de una mortífera epidemia de cólera que asoló el país. Junto con Joaquín, el único hermano que le quedaba vivo (puesto que otros dos habían muerto casi recién nacidos, como reflejo de la elevadísima mortalidad infantil de la época), se traslada a casa de los abuelos maternos. Y poco después de perder a su madre será cuando experimente la consoladora epifanía de la visión de la Virgen, a la que posteriormente consagrará su virginidad. Tras un periplo familiar que los lleva a Madrid, seguido de Canarias y Sevilla, estos dos últimos destinos intentando buscar una mejoría en la salud de su hermano Joaquín, que padece una grave enfermedad pulmonar, finalmente padre e hija quedarán solos en mayo de 1866 por el fallecimiento del joven. Su padre nunca se acabará de reponer de la pérdida y estrechará aún más sus lazos de afecto con la que ya es su única hija, hasta el punto de que cuando, destinado en La Coruña como Capitán General de la VIII Región Militar, esta le confiese su deseo de entrar en religión, se encontrará con una oposición tajante por no querer renunciar a su compañía. A causa de la negativa paterna, la joven decidirá llevar un régimen de oración y entrega a Jesucristo y a la Virgen María desde su propio domicilio, con especial devoción a una imagen de la Inmaculada que se venera en casa y a la que María Emilia se consagra.

En 1875 Joaquín Riquelme será nombrado Capitán General de Andalucía, por lo que se trasladarán a Sevilla, donde ya habían residido un tiempo durante la infancia de María Emilia. Allí, además de colaborar en actividades como las llevadas a cabo por las Conferencias de San Vicente de Paúl, entabla una estrecha relación con sor Ángela de la Cruz (canonizada en 2003), reciente fundadora de la Orden de la Compañía de las Hermanas de la Cruz, dedicada a prestar auxilio a enfermos y necesitados, que llevaba casi desde niña una vida de mortificación y renuncias, además de atribuírsele episodios de levitación, arrobos místicos y apariciones de la Virgen, así como diversos milagros, pues en boca del pueblo se trata, sin duda, de una auténtica *santa viva*; milagros que se acrecentarían después de su fallecimiento. María Emilia, admirada por el carisma de sor Ángela, frecuentará su compañía, ayudándola económicamente y con su apoyo a todos los efectos, figurando, de hecho, el nombre de la granadina en abundante documentación de la Orden de las Hermanas de la Cruz. De hecho, muchos años después ella será testigo en su proceso de beatificación de Ángela de la Cruz.

En febrero de 1885, y tras un desafortunado accidente con su carruaje, fallece su padre, con lo que María Emilia, atribulada con su pérdida, queda en disposición de ingresar en un convento, como deseaba fervientemente desde hacía tantos años. Sin embargo, aunque probará suerte en varias congregaciones, su constitución delicada y diversas circunstancias harán que no acabe de encontrar en ellas su destino.

Tras años de búsquedas y vacilaciones, por fin en 1892 decide acometer su propia fundación, teniendo como objeto central la permanente adoración de Jesús Sacramentado, en los ya mencionados terrenos heredados de su padre. La empresa se encontrará con no pocos obstáculos, que ella afrontará con valentía y una fe decidida. Ella misma afirmará reiteradamente que "Pude seguir el impulso divino que me apremiaba, despreciando el humano respeto y perdiendo mi pobre nada en Dios, que fue siempre mi todo" (Riquelme, 2019: 21). Y es que "Nada" será una palabra muy frecuente en el vocabulario de María Emilia Riquelme, quien, ya a una avanzada edad, proclamaría insistente: "Yo quisiera se llamara nuestro instituto Congregación última, Misioneras del no ser... ¡Qué feliz si yo de verdad me creyera Nada!" (Ros, 2010: 171). Lo que nos lleva a recordar una certera reflexión de Michel de Certeau, en su obra *La fábula mística (siglos XVI-XVIII),* cuando explica que "el sujeto espiritual surge de un retiro o de un retraso de los objetos del mundo. Nace de un exilio. Se forma de no querer *nada* y de ser sólo el garante del puro significante 'Dios' o 'Yahveh' cuya sigla, desde la zarza ardiente, es el acto de quemar todos los signos" (Certeau, 2006: 177).

Así, finalmente en marzo de 1896 tiene lugar la imposición de hábitos a las siete primeras religiosas, y su profesión perpetua, como Madre Fundadora, con el nombre de sor María de Jesús. Muy activa y emprendedora, pronto abre un colegio para niñas, al que sigue la segunda fundación, en Barcelona en esta ocasión. En 1909 viajará personalmente a Roma para conseguir el decreto del Papa Pío X, que certifique el nuevo Instituto con derecho pontificio. Dos años más tarde, se abre Casa en Madrid; y en abril de 1936, en Portugal Así, a pesar de numerosos problemas de toda índole, y de oposiciones denodadas, cuando llegue el último momento de María Emilia, el 10 de diciembre de 1940, tras unos años finales de dolencias y enfermedades llevadas con gran resignación, puede morir con la satisfacción de dejar una Congregación sólidamente arraigada, que se extenderá también por el continente americano. A su fallecimiento deja no sólo ese importante legado espiritual, sino también toda una serie de escritos que plasman su pensamiento, sus vivencias y su sentir: cuadernos espirituales, epistolario, poemas, etc.

Bibliografía

AIZCORBE IRIARTE, Inmaculada (1981). *Monte arriba. Emilia Riquelme 1847-1940*. Barcelona: Editorial Herder.

---- (2012). *Emilia Riquelme*. Barcelona: Editorial Herder, 2ª ed.

---- (2017). *Cumbre y sendero*. Madrid: Letras de Autor.

BROCOS FERNÁNDEZ, José Martín. "María Emilia Riquelme y Zayas-Fernández de Córdoba", en Real Academia de la Historia, *Diccionario Biográfico Español*: http://dbe.rah.es/biografias/110364/maria-emilia-riquelme-y-zayas-fernandez-de-cordoba.

CERTEAU, Michel de (2006). *La fábula mística (siglos XVI-XVIII)*. Madrid: Siruela.

DELGADO SÁNCHEZ, Yolanda (s.f.). *Cuadernos espirituales. María Emilia Riquelme. Guía de lectura*. Granada: Misioneras del Santísimo Sacramento y María Inmaculada.

MARTÍN RIBAS, P. Ramiro (2003). *Sublime itinerario. Guía inédita religiosa-hagiográfica-histórica-artística de España*. Madrid: ed. del autor.

RIQUELME, María Emilia (2019). *Pensamientos de María Emilia Riquelme*. Granada: Misioneras del Santísimo Sacramento y María Inmaculada, 5ª ed. aumentada.

RODRÍGUEZ TITOS, Juan (1998). *Mujeres de Granada*. Granada: Diputación de Granada, pp. 76-77.

ROS, Carlos (2010). *Vida de María Emilia Riquelme*. Madrid: Ediciones

San Pablo.
SORRIBES GRACIA, Javier (2019). *La familia de María Emilia Riquelme y Zayas desde el siglo II a. C.* Madrid: Letras de Autor.
---- (2021). *Hemeroteca de María Emilia Riquelme y Zayas*, 3 vols.: I: *1782-1862*, II: *1863-1879* y III: *1880-1892*. Madrid: El Salto Editorial.
---- (2021). *Joaquín Riquelme y Gómez*. Madrid: Editorial La Rueca.
TORRES LÓPEZ, Jesús (2019). Movimiento fundacional de instituciones religiosas femeninas españolas en el siglo XIX. Pervivencias y cambios, Tesis Doctoral, Universidad Complutense de Madrid: https://eprints.ucm.es/id/eprint/51687/1/T40955.pdf.

Selección de textos

Yo quisiera se llamara nuestro instituto Congregación última, Misioneras del no ser... ¡Qué feliz si yo de verdad me creyera Nada!

(Ros, 2010: 171)

No quieras más que amar a Dios y hacerlo todo por agradarle; esto sí que es la alquimia que todo lo vuelve oro fino. [...]
Pude seguir el impulso divino que me apremiaba, despreciando el humano respeto y perdiendo mi pobre nada en Dios, que fue siempre mi todo. [...]
En la sagrada Comunión es donde mejor conoce el alma a Jesús; bebe allí, por decirlo así, la dicha inmensa de la transformación eucarística; ya no respira el alma más que en Jesús, por Jesús, para Jesús; allí siente su amor, y crece en su amor, y lo ama cada vez más y más; y en su amor se abrasa, consume y quema, con ese fuego divino que vino a traer a la tierra; y del cual Él mismo dice: ¡y qué quiero sino que arda! [..]
Amemos a Jesús Sacramentado víctima del amor. Abismada el alma en este Sacramento de Amor está dispuesta a todo sacrificio.
¡Cómo están los ángeles ante el Señor! Deberíamos emular a esos mismos espíritus angélicos; puesto que, no por ellos, sino por nosotros se quedó el Señor en la Sagrada Eucaristía. [...]
Ama de obras, entre espinas y llamas. Esto es amor. [...]
El silencio es la respiración del alma. Sin recogimiento es imposible vivir nuestra vocación. Jesús quiere mucho silencio para hablarnos al corazón [...].
Guarda silencio exterior e interior, y serás alma unida con Jesús e inspirada por Jesús.

Qué hermosa es la paz y la obediencia.
¡Oh! el silencio, cuánto vale; él trae la unión del alma con Dios.

Riquelme, 2019: 19, 21, 40, 41,56, 112 y 113

8 de Agosto de 1922: Yo cada día más encerrada, más en mi **sitio**, la nada en manos de Dios, ¡qué lindísimo encuentro el ser nada!, siento es esto una gran dicha (*apud* Delgado, s.f.: 45).

23 de Agosto de 1922: Esta noche he tenido una consoladora visita espiritual, **alguien bueno** echaba ramas floridas de almendro creo sobre mi cama, las flores blanquísimas, hermosas, luego más y más, comprendí algo bueno, comprendí era alma agradecida, no quien, luego me lo dijo, me dijo era él la causa de **tanto** (afirmó la palabra), como había sufrido yo, que ahora quería resarcirlo, estas eran las flores blancas que echaba, y tallos que brotaban a mi lado, todo florido; añadió: **Ya se acabaron los peligros, los sufrimientos, ya gozo de Dios, soy tal, me dijo su nombre**. Ciertísimo cuanto él dijo de mí, pobrecito mío qué agradecidos son los del Cielo, ¡qué poquito los de la tierra! (*apud* Delgado, s.f.: 54).

ROBLES, Ana de
Granada, primer tercio del s. XVII- ?

Género literario: Poesía

A finales del mes junio de 1650 el Real Convento de San Francisco, de Granada, convocó una celebración en honor de la Inmaculada Concepción (que aún no había sido, claro está, declarado dogma por la Iglesia). Dicha celebración tuvo un carácter eminentemente literario, pues además de incluir los habituales sermones religiosos, tuvo lugar la representación de piezas dramáticas, así como un certamen poético en el que participaron abundantes autores, destacando la presencia de diversas autoras religiosas, como Antonia de los Ríos, del convento de la Santa Cruz de Córdoba, María de Pernia, del convento de Santa Clara de Vélez Málaga, o Ana de Robles, "religiosa de Santa Isabel de Baza", quien participó en el volumen con un soneto, que "escriviólo fuera de justa, sólo por devoción", según se aclara en el volumen titulado *Elogios a María Santíssima. Consagrólos en suntuosas celebridades devotamente Granada a la limpieça pura de su Conçepción. Dedícalos a la Mag. Católica de Philipo IIII Rey I S.N. Gregorio de la Peñuela Méndez, Jurado de la misma ciudad. Dispúsolos D. Luis de Paracuellos Cabeça de Vaca* (Granada: Francisco Sánchez y Baltasar de Bolíbar, 1651), que un año más tarde, recogió el contenido de dicha celebración.

El convento de religiosas clarisas de Santa Isabel de los Ángeles había sido fundado en Baza, en el Norte de la provincia de Granada, en fecha muy temprana, dentro de la política de re-cristianización propia de los Reyes Católicos. Así, se conoce de su funcionamiento ya desde 1491, tan sólo año y medio después de efectuada la reconquista de esta localidad. Poco después se colocaría bajo el patronazgo de la influyente familia Enríquez, desempeñando un importante papel como lugar de refugio de las hijas de las más importantes familias de la comarca (entre las que probablemente se encontrara Ana de Robles, de la que nada más se sabe), hasta su desaparición en fecha indeterminada del siglo XIX. Aunque el edificio ha sufrido numerosas transformaciones, siendo en la actualidad sede de un colegio, conserva todavía impresionantes elementos arquitectónicos como huella de su pasado esplendor, destacando una magnífica armadura y alfarje mudéjar.

Bibliografía

Bieses. Bibliografía de escritoras españolas: https://www.bieses.net/elogios-a-maria-santissima-consagrolos-en-suntuosas-celebridades-devotamente-granada-1651/.

CORREA RAMÓN, Amelina (2002). *Plumas femeninas en la literatura de Granada (ss. VIII-XX). Diccionario-Antología*. Granada: Editorial Universidad de Granada/Diputación de Granada, pp. 377-378.

LÓPEZ-HUERTAS PÉREZ, María José (1997). *Bibliografía de impresos granadinos de los siglos XVII y XVIII*. Granada: Editorial Universidad de Granada, vol. II.

SEGURA FERRER, Juan Manuel y VALERO SEGURA, César (2017). "La techumbre de la enfermería del convento de Santa Isabel de los Ángeles de Baza (Granada)", *Boletín del Centro de Estudios Pedro Suárez: Estudios sobre las comarcas de Guadix, Baza y Huéscar*, nº 30, pp. 13-30.

Selección de textos

Con tanta claridad ha defendido
el Escoto sutil la Inmaculada
que al oírlo la imagen celebrada
hasta el mármol se dio por entendido.

> Dixo, si con el cuello comedido,
> y como pudo, dio por assentada,
> verdad la concepción previlegiada,
> que haze Escoto evidencias al sentido.
> Sin duda vencerá en el sacro duelo
> Escoto con tan claras evidencias,
> las piedras son parte de su zelo.
> Si una imagen de piedra en experiencias
> benignas se le inclina, ¿qué hará el cielo
> y María con sus asistencias?

Soneto sin título, *Elogios a María Santísima*, 1651, f. 291v

SÁENZ DE TEJADA TORRES, Victorina, *sor María de los Ángeles, Una Hija de María, Una religiosa del Convento del Sancti Spiritus de Sevilla*

Granada, 28/IV/1841 - Sevilla, 30/XII/1909

Géneros literarios: Poesía, teatro, narrativa, ensayo

Durante algún tiempo se había pensado que Victorina Sáenz de Tejada fue una escritora malagueña. Así lo afirmaban Francisco Cuenca, en su *Biblioteca de autores andaluces modernos y contemporáneos*, y Narciso Díaz de Escovar, en *Galería de malagueñas*, quien la suponía nacida en Antequera, ciudad donde residió a partir de los once años y en su primera juventud, y donde inició sus pasos en el mundo de las letras.

Sin embargo, la completa biografía de esta escritora que llevó a cabo Manuel Carrera en 1946 dejó de manifiesto que en realidad había nacido en Granada en 1841, en concreto, el día 28 de abril (y no junio o julio, como afirmaban algunas fuentes), hija de José Sáenz de Tejada y Moreno y María de los Dolores Torres. Su padre era Mariscal de Campo y fallecería el 13 de septiembre de 1877 en Santiago de Cuba, donde ejercía el cargo de Gobernador Militar, tras una prestigiosa carrera, habiendo recibido incluso destacadas insignias, como la Gran Cruz de San Hermenegildo y la Gran Cruz al Mérito Militar por servicios de guerra.

Una tragedia familiar de naturaleza desconocida hizo que la adolescencia de Victorina Sáenz de Tejada fuera desgraciada y que pasara de una posición social acomodada a tener que ganarse la vida como costurera. Manuel Carrera recuerda en este sentido las palabras de quien luego sería su amiga, la también escritora Isabel Cheix: "Cuando apenas tocaba los umbrales de la adolescencia, el fausto de su posición se trocó en pobreza, el esplendor en el silencio de honrado y modesto hogar, el aprecio y cariño en abandono y olvido, y todo por complicaciones de circunstancias que le [sic] hacían víctima de inmerecidas desdichas. Cuantas tristezas y desencantos pueden reunirse para abatir una existencia, le [sic] rodearon" (Carrera Sanabria, 1946: 230).

Tras una infancia feliz en Granada, que recordaría a menudo en sus versos, Victorina Sáenz de Tejada pasa a vivir a partir de 1852, como se ha comentado, en Antequera. Allí comenzará a dar muestras de su precoz ingenio poético desde los trece años, componiendo incluso poemas que llamaron la atención en los recitales del Liceo local. Fue por consejo del escritor malagueño Trinidad Rojas, quien luego prologaría su primer libro, que la joven se dedicó a leer y estudiar a los clásicos, así como nociones de retórica y poética, que antes desconocía, pues escribía sus composiciones de manera espontánea.

En 1865 aparece publicado su primer libro, titulado sencillamente *Poesías* (Granada: Imprenta de Otero y Compañía) [12], prologado, como se ha adelantado, por el escritor Trinidad Rojas, quien presenta la obra como "un manojo de flores silvestres, cogidas en un campo casi siempre cubierto de nubes, amenazado de tormenta, abandonado a su propia vida e ignorado del mundo, que, no pudiendo comprender su feracidad, no pudo pensar en su cultivo... Victorina, sin libros, sin estudios, sin conocimientos, sin dirección, lanza hoy al mundo esos cantos armoniosos que tantas bellezas encierran" (Rojas, 1865: XII). Hay que hacer notar el hecho de que una gran parte de los poemas contenidos en este volumen desarrollan una temática religiosa ("Himno a la Natividad de Jesucristo", "Amor divino", "A la Inmaculada Concepción. Himno", "El Nazareno de Calle Nueva", "Plegaria a la Virgen María", etc.), y que, significativamente, su prologuista la denomina "la inmortal cantora de Santa Teresa" (Rojas, 1865: III). Incidiendo en esta línea, pocas décadas después, José Cascales y Muñoz la considerará "Digna emuladora de Santa Teresa" (Cascales y Muñoz, 1896: 229).

Según Narciso Díaz de Escovar, Victorina Sáenz de Tejada conoció el amor en Antequera, para luego sufrir una desilusión amorosa, que tal vez reflejen sus poemas titulados expresivamente "El corazón herido", "Desaliento" y "Desengaño", dedicado este último a alguien cuyo nombre

---

[12] Dicha obra está disponible en la actualidad en la Biblioteca Virtual de Andalucía, que la ha digitalizado, pudiéndose consultar en el siguiente enlace: http://www.bibliotecavirtualdeandalucia.es/catalogo/es/catalogo_imagenes/grupo.do?path=89686.

elude la poeta ("A..."). También se aprecia palpablemente en sus versos el lamento de la escritora por la diferencia de oportunidades de que gozan hombres y mujeres, así como por el silencio impuesto por la sociedad a estas últimas. Esta novedosa idea reivindicativa se manifiesta, por ejemplo, en el poema titulado "A una tórtola":

> ¿Por qué en su amoroso éxtasis
> no ha de exclamar "yo te adoro"
> y por qué ocultar el lloro
> de una perdida ilusión?
> ¡A un pajarillo conceden
> sentimientos de ternura,
> y a la mujer dulce y pura
> la niegan [sic] un corazón!
>
> Mas ¡ay de mí! yo deliro.
> Sigan las aves cantando,
> y la mujer ocultando
> su desdicha o su placer;
> que tal vez el cielo ordena
> la sujeción que me espanta,
> pues ¿quién comprende, si canta,
> el cantar de la mujer?

En el año 1866 obtuvo un accésit en el certamen anual de la Academia Mariana de Lérida, con su composición "Nuestra Señora de Covadonga. Leyenda".

Un año después escribe un largo poema titulado "Glorias de Antequera", que fue leído en una velada literaria celebrada en el Colegio de San Luis Gonzaga, de dicha localidad, recibiendo grandes elogios y el obsequio de una Lira de Oro. Este canto fue editado íntegramente por primera vez en 1896, incluido en la obra de José Cascales *Sevilla intelectual. Sus escritores y artistas contemporáneos*.

Durante sus años de estancia en Antequera colaboró asiduamente con la revista *Lope de Vega* (Málaga) y, de manera ocasional, en *El Eco de Antequera*.

En el año 1869, Victorina Sáenz de Tejada se traslada a vivir a Sevilla, ciudad en la que permanecerá hasta su muerte. Desde allí comenzó pronto a colaborar con revistas y periódicos, preferentemente religiosos, como *La Verdad Católica*, *Las Hijas de Sol* (dirigido, según José Cascales, por la también granadina Emilia Serrano, Baronesa de Wilson), o, más tarde, con los locales *Sevilla Mariana, Revista sevillana* o *El Oriente*, cuyo lema, "Religión, Patria y Rey" resulta bien elocuente de la ideología que guiaba su edición. Publicará indistintamente poemas, relatos o artículos diversos, que aparecerán también en revistas y periódicos de alcance nacional, como *El Correo de la Moda* (Madrid) o el *Pequeño semanario ilustrado* (Barcelona).

Entablará igualmente relación la joven autora con escritores sevillanos, en especial con sus compañeras en el mundo de las letras Antonia Díaz de Lamarque o la ya citada Isabel Cheix.

También participa durante sus primeros años de estancia en Sevilla en la Asociación de Señoras o Conferencias de San Vicente de Paúl -en las que también participaría por estas fechas María Emilia Riquelme Zayas, incluida en el presente volumen-, promoviendo actividades de caridad.

El día 23 de abril de 1873, en el Certamen convocado por la Real Academia Sevillana de Buenas Letras para conmemorar la muerte de Cervantes, obtiene Victorina Sáenz de Tejada la Rosa de Oro, por una extensa composición poética titulada *D. Miguel de Mañara. Leyenda*, que sería publicada por la propia institución (Sevilla: Imp. de Gironés y Orduña, 1873).

Sus profundos sentimientos religiosos motivarán el que, dos años más tarde, la joven decida ingresar en el convento de las Comendadoras del Espíritu Santo, radicado en la céntrica calle Dueñas, esquina a las del Espíritu Santo y de San Juan de la Palma. Se trata de un edificio del siglo XVII que acoge a una orden fundada en el siglo XII por el Beato Guido de Montpellier, bajo la regla de San Agustín, y que en Sevilla se estableció a partir de 1538 por la ilustre Doña María de Aguilar. Victorina toma el hábito el día 3 de octubre de 1875, profesando un año después, con el nombre de María de los Ángeles, con el que firmará a partir de ese momento muchas de sus creaciones literarias, alternándolo con otros seudónimos, como "Una Hija de María" o "Una religiosa del Convento del Sancti Spiritus de Sevilla".

Una vez en el convento, Victorina fue asignada a la enseñanza en el Colegio de Niñas Nobles que las religiosas tenían instituido desde 1715. Sin embargo, a pesar de consagrar la mayor parte de su tiempo a la oración y al trabajo, aún encontraba el momento para continuar escribiendo. Así, numerosísimos poemas de circunstancias o con motivos devocionales, e incluso novelas por entregas -como la titulada *La víctima del deber*- vieron la luz en estos años.

Habrá que esperar hasta el año 1888 para que aparezca el que será segundo libro publicado por la prolífica escritora. Se trata del poemario *El Rey del Dolor* (Sevilla: Imp. y Lib. de los Sres. Izquierdo y Sobrino), que emplea variedad de metros para una temática exclusivamente religiosa, que será la habitual en sus obras desde su ingreso en el convento. El libro está dedicado "A su Emma. Reverendísima el Señor cardenal D. Fr. Ceferino González, Arzobispo de Sevilla".

Tres años después aparece su obra *Día de amor divino, o sea, Reloj de la Pasión* (Sevilla: Imp. y Lib. de los Sres. Izquierdo y Sobrino, 1891), un conjunto de veinticuatro décimas, dedicadas a cada hora del día, al que seguirá *Azucena entre espinas* (Sevilla: Imp. de E. Rasco, 1893), otro poemario de temática religiosa, consagrado en esta ocasión a la figura central de la Virgen María, y que ya se comentó en el estudio introductorio del presente volumen.

En los años siguientes publicará la escritora una serie de pequeños folletos de carácter ensayístico y devocional, entre los que se podrían recordar dos, ambos dedicados a una imagen de gran devoción en Sevilla, conocida como el Niño Jesús Milagroso, que, debido a una donación anónima, permanece custodiado en la clausura del convento, exponiéndose tan sólo al culto público en la iglesia el día 2 de enero, festividad del Dulce Nombre de Jesús, el Domingo de Pentecostés, así como el primer domingo de cada mes. Las obritas que le dedica Victorina Sáenz de Tejada son las tituladas *Breve noticia acerca de la Sagrada Imagen del Divino Niño Jesús Milagroso* (Sevilla: Imprenta y Librería de Izquierdo y Cía., 1894) y *Novena al Divino Niño Milagroso* (Sevilla: Imprenta y Librería de Izquierdo y Cía., 1895). Esta última llegó a alcanzar tal popularidad, unida a la leyenda de la imagen, que ha sido reproducida en diversas ocasiones, pudiéndose destacar su inclusión en los libros *El Monasterio del Espíritu Santo y el Niño Jesús Milagroso* (Passolas Jáuregui, 2009: 221-224) y *Niño Jesús Milagroso. Breve historia* (López 'El Boticario', 1999: 115-123). El autor de este último reproduce, además, el "Prólogo" que Victorina Sáenz de Tejada escribiera en su momento, explicando que compuso la Novena "Instada por mis hermanas de Religión [...] a honra del Divino Niño Milagroso que se venera dentro de nuestra clausura" (López 'El Boticario', 1999: 115).

Además de ello, explica que ha utilizado la *Breve noticia acerca de la Sagrada Imagen del Divino Niño Jesús Milagroso* (1894) de Sáenz de Tejada para componer buena parte de su propia obra (López 'El Boticario', 1999: 19-49), incluyendo también un retrato de la escritora.

El Padrón oficial de habitantes de Sevilla (Distrito Municipal: Parroquia de san Juan Bautista) correspondiente a 1895 la registra como viviendo en la capital hispalense, en la calle San Juan de la Palma, nº 19, Convento del Espíritu Santo; pero consigna su segundo apellido como "Moreno" -que, según se indicó más arriba, era el segundo apellido de su progenitor-, y la da como natural de Antequera (Málaga). El resto de datos que ofrece al respecto son los siguientes: hija de José y de Dolores; Estado Civil: Soltera; y Profesión, arte u oficio: Religiosa [13].

A partir de 1896 la escritora se iniciará en un nuevo género literario: el teatro. De hecho, parece ser que había ido escribiendo una serie de obras dramáticas con destino a ser representadas por las alumnas del colegio, de las cuales sólo una mínima parte llegó a ser publicada. Se conocen hoy tres de ellas, escritas en verso y divididas en tres actos: *El mártir de la eucaristía* (Madrid: Imprenta de San Francisco de Sales, 1896), que cuenta la historia del mártir San Tarsicio, que murió por defender las hostias consagradas que llevaba ocultas en el pecho para entregar a los cristianos presos en la cárcel Mamertina; *El triunfo de la Gracia* (Madrid: Imprenta de San Francisco de Sales, 1897), acerca de la conversión de San Agustín; y *La azucena del Tíber* (Madrid: Imprenta de San Francisco de Sales, 1897), que relata la vida de Santa Inés, una joven patricia romana convertida al Cristianismo, que no renuncia a su fe ni siquiera ante la muerte.

Desde la fecha de estas últimas publicaciones, la escritora fue aquejada de lo que su biógrafo Manuel Carrera denomina "una gravísima enfermedad" (Carrera Sanabria, 1946: 8), mientras que en la obra *Escritoras españolas del siglo XIX* se apunta que padeció "épocas de locura". Lo cierto es que transcurrió trece años postrada sin poder escribir, hasta su fallecimiento, sucedido el día 30 de diciembre de 1909, a los sesenta y nueve años de edad y a consecuencia de una hemorragia.

En el convento donde vivió durante la mitad de su vida dejó abundantes obras inéditas, la mayoría sin fechar, y entre ellas, las obras dramáticas *La Hermana Leona, Santa Escolástica, Martirio de Santas Justa y Rufina, Tarsicio, Las siete coronas, La conversión de Santa Jacinta de Mariscott, La conversión de María Magdalena*, además de los juguetes cómicos *Tía Cruz, vieja y sorda, Amor propio, Hay tiempo para todo, Felicitación de gitanas* y *Dos Hermanas, una Duquesa y la otra Marquesa*.

---

[13] "España, Provincia de Sevilla, registros municipales, 1293-1966," database, *FamilySearch*: https://familysearch.org/ark:/61903/3:1:939N-W6WZ-P?cc=2015365&wc=QZJG-HXM%3A337187801%2C337240201%2C1588930333: 22 October 2015), Sevilla > San Juan Bautista > Empadronamiento 1895, vol. P/3402 > image 65 of 826; archivos municipales, Sevilla.

Bibliografía

CABALLÉ, Anna (dir) (2003). "Victorina Sáenz de Tejada", en *La vida escrita por las mujeres*, vol. II: *La pluma como espada. Del Romanticismo al Modernismo*. Barcelona: Círculo de Lectores, pp. 236-247.

CANALES, Alfonso (1958). "Victorina Sáenz de Tejada", *Caracola* (Málaga), abril.

CARMONA GONZÁLEZ, Ángeles (1999). *Escritoras andaluzas en la prensa de Andalucía del siglo XIX*. Cádiz: Universidad de Cádiz/Instituto Andaluz de la Mujer, pp. 232-234.

CARRERA SANABRIA, Manuel (1946). "Sor María de los Ángeles, religiosa del convento del Espíritu Santo, de Sevilla, en el siglo Victorina Sáenz de Tejada", *Archivo Hispalense* (Sevilla), 2ª época, nº 13-14, pp. 1-69.

CASCALES Y MUÑOZ, José (*Mathéfilo*) (1896). *Sevilla intelectual. Sus escritores y artistas contemporáneos*. Madrid: Lib. de Victoriano Suárez.

CHAVES REY, Manuel (1896). *Historia y bibliografía de la prensa sevillana*. Sevilla: Imp. de E. Rasco. Edición facsímil. Sevilla: Ayuntamiento de Sevilla, 1995.

CORREA RAMÓN, Amelina (2002). *Plumas femeninas en la literatura de Granada (ss. VIII-XX). Diccionario-Antología*. Granada: Editorial Universidad de Granada/Diputación de Granada, pp. 393-400.

---- (2021). "Garnatia: entre la vivencia mística y la reivindicación de la voz propia", en RUIZ ÁLVAREZ, Rafael, *Cuaderno de campo. Nuevas dramaturgias para el teatro universitário*, Granada: Editorial Universidad de Granada, pp. 103-107.

CRIADO DOMÍNGUEZ, Juan P. (1889). *Literatas españolas del siglo XIX. Apuntes bibliográficos*. Madrid: Imp. de Antonio Pérez Dubrull.

CUENCA, Francisco (1923). *Biblioteca de autores andaluces modernos y contemporáneos*. La Habana: Tip. Moderna, vol. I, p. 315.

DÍAZ DE ESCOVAR, Narciso (1901). *Galería de malagueñas. Apuntes para una obra biográfica de las mujeres, hijas de esta provincia, o residentes en ella, que se han distinguido por su talento, piedad, valor, ilustración*. Málaga: Tip. La Equitativa.

HORMIGÓN, Juan Antonio (coord.) (1996). *Autoras en la Historia del teatro español (1500-1994). Siglos XVI-XIX*. Madrid: Publicaciones de la Asociación de Directores de Escena de España, vol. I, pp. 973-974.

ISABEL SÁNCHEZ, José Luis. "José Sáenz de Tejada y Moreno" en Real

Academia de la Historia, *Diccionario Biográfico Español*: https://dbe.rah.es/biografias/137398/jose-saenz-de-tejada-y-moreno.

KIRKPATRICK, Susan (ed., introducción y notas) (1992). *Antología poética de escritoras del siglo XIX*. Madrid: Editorial Castalia/Instituto de la Mujer, pp. 259-268.

LABANDEIRA FERNÁNDEZ, Amancio (1983). "Adiciones a un diccionario de seudónimos literarios españoles", *Dicenda. Estudios de lengua y literatura españolas*, 2, pp. 175-184.

LÓPEZ 'EL BOTICARIO', José (1999). *Niño Jesús Milagroso. Breve Historia*. Sevilla: Monasterio del Espíritu Santo.

PASSOLAS JÁUREGUI, Jaime (2009). *El Monasterio del Espíritu Santo y el Niño Jesús Milagroso*. Sevilla: Monasterio del Espíritu Santo.

RODRÍGUEZ TITOS, Juan (1998). *Mujeres de Granada*. Granada: Diputación de Granada, pp. 68-69.

ROJAS, Trinidad (1865). "Prólogo", en SÁENZ DE TEJADA, Victorina, *Poesías*, Granada: Imprenta de Otero y Compañía, pp. III-XII.

SIMÓN PALMER, María del Carmen (1991). *Escritoras españolas del siglo XIX*. Madrid: Editorial Castalia, pp. 606-607.

VV. AA. (1979). *Gran Enciclopedia de Andalucía*. Sevilla: Promociones Culturales Andaluzas, vol. VII.

Selección de textos

"Desaliento"
A MI AMIGO D. EMILIO DE LA CERDA

En vano, mi buen amigo,
quieres escuchar mi canto;
en vano, por complacerte,
he pretendido entonarlo.
 Yo cantar antes podía,
porque el divino entusiasmo
en mi alma prendió su fuego,
con fúlgida luz brillando.
 Entonces mi genio ardiente
dio vida a lo inanimado;
la luz de mi fantasía
iluminó los espacios.
 Hoy sólo existe en mi alma
el hielo del desencanto,
la luz fatídica y triste

con que alumbra el desengaño. [...]
　　Dime dónde hallar colores
a la vez fuertes y opacos,
que pinten vehemente anhelo,
y al par languidez, cansancio.
　　Dime si hay notas que expresen
un corazón desgarrado
que joven y ansiando vida,
lucha con la muerte en vano. [...]
　　Para pintar mi tristeza
imágenes he buscado
en las campiñas sin mieses,
en los jardines sin ramos,
　　en la tórtola que gime
su compañero buscando,
en la noche tormentosa
con tinieblas y sin astros.
　　Mas encuentro, buen amigo,
todo símil inexacto;
todo lo encuentro pequeño
con mi pena al compararlo. [...]
　　¿Quieres conocer, poeta,
de mis pesares un tanto?
Es que una sed me devora,
y nunca, nunca la sacio.
　　Es que Dios hizo mi alma
para un goce ilimitado,
y es tan adversa mi suerte
que ni aun el más breve alcanzo.
　　Es... mas ¡ah! tú no comprendes
este sufrimiento amargo
que con su fuego marchita
la pobre flor de mis años.
　　Tú no sabes el tormento
que es tener en frágil vaso
alma ardiente de poeta
sin haber de quebrantarlo.
　　Tú, en alas del raudo genio
el éter puro cruzando,
puedes cual águila alzarte
a donde impere el rey astro;

yo soy pobre pajarillo
en mi jaula aprisionado;
para volar tengo aliento,
pero me falta el espacio.

(Fragmento) *Poesías* (1865)

"Invocación"

Van a sonar quizá por vez postrera
Los rudos tonos de mi tosca lira;
Que, lejos de fecunda primavera,
Mi existencia fugaz su otoño mira;
Mas no sueño falaz, vana quimera
Ni aun terrenal belleza ora me inspira:
Canto, elevando mi atrevido vuelo,
La flor que es mi Reina en el pensil del Cielo.

Que al Lirio de mi amor debo esta historia,
A mi "*Rey del Dolor*", sumo en la pena;
Pues al narrar la suya, hice memoria
De que brotado fue de una Azucena;
Y porque brille más su excelsa gloria
En la de aquesta flor de gracia plena,
Voy a cantar grandezas y martirio
De la Azucena que nos dio tal Lirio.

Auras de aquel verjel [sic] de eternas galas,
Las bendiciones que lleváis yo quiero;
La luz y la fruición con que regalas,
Raudal del trono en que se ve el Cordero;
Ángeles de candor, con vuestras alas
Mi mente acariciad; Dios verdadero,
Un destello me da de tus fulgores,
Para cantar la flor de tus amores.

Y ¡ay! perdona, Señor, si a esto se atreve
Mi ardiente afecto hacia tu Amada hermosa;
Que, aunque en la pequeñez insecto leve,
Águila en aspirar soy caudalosa;
Y es tal la inspiración que me conmueve,

Tanto anhelo por Ti mi ser rebosa,
Que o trazar tu perfil mi amor procura,
O el del objeto fiel de tu ternura.

¡Oh, si yo en mi cantar subiera tanto
Que con poder y fuerza irresistible
Arrebatara al mundo en el encanto
De esa Azucena Real, bien que invisible!
¿Qué mucho, si el Señor tres veces Santo,
Aun en su sacra indignación terrible,
Suspenso a su fragancia arrobadora,
Deja escapar el arma vengadora?

Mas ¿qué no he de esperar? del hombre hermana
Es, aunque Reina en la sublime esfera,
Ella, la flor magnífica y galana
Que en la mente de Dios brotó primera.
Tú, del sacro pensil la Soberana,
Destila sobre mí, tal vez siquiera
Cuando henchida de gracia las descojas,
El puro néctar de tus blancas hojas.

Azucena entre espinas (1893)

SALAZAR Y LAGUNA, Violante de, *sor Violante de la Concepción*
Granada, h. 1575? - 29/XI/1633

Géneros literarios: Autobiografía, tratado doctrinal

Hija de Juan Muñoz de Salazar y de María de Laguna Solís, la joven Violante tomó el hábito de carmelita descalza en el convento granadino de San José el día 22 de enero de 1597, profesando con el nombre de Violante de la Concepción el 30 de enero de 1598, según consta en el *Libro de Profesiones* conservado en el archivo documental del cenobio.

Durante sus años de estancia en el convento carmelita escribió varias obras de carácter religioso, que se han conservado manuscritas e inéditas, y que aparecen mencionadas en diversos catálogos y libros de estudios, pero sin aportar mayores datos al respecto. Así, por indicación de su director espiritual, puso por escrito sus experiencias de origen místico en la obra *Relación y quenta que dio de su espíritu la Madre Violante de la Concepción, compelida por la obediencia*, un texto breve cuyo manuscrito se conservaba hacia comienzos del siglo XX, según información de Manuel Serrano y Sanz, en la Biblioteca Nacional.

También ha llegado hasta nosotros noticia de otras tres obras firmadas por Violante de la Concepción y tituladas *Tratado de la devoción y afecto interior*, *Documentos para las almas que están en alguna tribulación* y *Opúsculos ascéticos y espirituales*, según consta en la *Bibliotheca Carmelitana*, del Padre Cosme Esteban de Villiers, y cuyos manuscritos se encontrarían custodiados en el Convento de San José de Granada, según Gonzalo Díaz Díaz, en su *Hombres y documentos de la filosofía española* (Díaz Díaz, 2003: 882).

Tras treinta y cinco años de vida religiosa, Violante de la Concepción falleció el día 29 de noviembre de 1633.

Bibliografía

CORREA RAMÓN, Amelina (2002). *Plumas femeninas en la literatura de Granada (ss. VIII-XX). Diccionario-Antología*. Granada: Editorial Universidad de Granada/Diputación de Granada, pp. 401.

DÍAZ DÍAZ, Gonzalo (2003). *Hombres y documentos de la filosofía española*. Madrid: Consejo Superior de Investigaciones Científicas, vol. VII: S-Z.

EQUIPO EDITORIAL (1990). *Escritoras andaluzas*. Sevilla: Editorial J. R. Castillejo, p. 28.

PURÍSIMO CORAZÓN DE MARÍA, Hermana Ángeles del (2005). *Convento de Carmelitas Descalzas de San José de Granada*. Granada: Caja Granada.

RODRÍGUEZ PEREGRINA, José Manuel (1993-1994). "Mujer, humanismo y sociedad en la Granada del XVI", *Florentia Iliberritana. Revista de Estudios de Antigüedad Clásica*, 4-5, pp. 487-507.

SERRANO Y SANZ, Manuel (1903). *Apuntes para una biblioteca de escritoras españolas. Del año 1401 a 1833*. Madrid: Est. Tip. Suc. de Rivadeneyra, vol. I, p. 277.

SAN DIEGO, sor Úrsula de
Puebla de Don Fadrique? (Granada), 1570 - Granada, 22/X/1622

Géneros literarios: Autobiografía, tratado doctrinal

Algo más que sobre su coetánea y compañera de orden religiosa, Luciana de Jesús, se conoce hoy en día acerca de Úrsula de San Diego, de la que, sin embargo, también se ignora su nombre en el siglo al no constar sus apellidos en el *Libro de Profesiones* del convento de monjas Capuchinas de Granada donde tomó hábito el 12 de mayo de 1615, profesando dos años más tarde.

Ya se han explicado en la entrada correspondiente a Luciana de Jesús los avatares sufridos por la congregación de Capuchinas de Granada desde su fundación en 1587 por parte de Lucía de Ureña, pariente del conde de Ureña, quien representó un papel importante en la conquista de Granada, hasta su establecimiento definitivo en el monasterio de San Antón.

Allí, además del ya mencionado conjunto de cuadernos que, bajo el título global de *Principio de la devoción de las Llagas de Jesús. Cuadernos de las Venerables Úrsula de San Diego y Luciana de Jesús*, recoge los pensamientos místicos de estas dos religiosas, así como sus reflexiones sobre la obediencia monástica, se encuentra otro texto manuscrito y autógrafo de Úrsula de San Diego, titulado *Vida interior de la Venerable Úrsula de San Diego religiosa lega en el Monasterio de Madres Capuchinas de Granada*, que, a lo largo de sus más de trescientas páginas, expone diversas reflexiones de la autora acerca de la vida en el convento de clausura. Además, escribió obras como *Ejercicio espiritual, Tratado de las virtudes*, y la que fue sin duda la más divulgada y popular entre las suyas, titulada *Convento Espiritual, por una religiosa capuchina lega en la ciudad de Granada, con unos apuntamientos a el fin de cada capítulo, hechos por el licenciado Gerónimo de Quintana, Clérigo Presbytero, Notario del Santo Oficio de la Inquisición, Rector del Hospital de Latina de la Villa de Madrid, y natural de ella*. De este libro, que vería la luz por primera vez en el siglo XVII, se llevarían a cabo diversas ediciones, como la de Valencia, en 1681, que luego fue reproducida en Zaragoza, en una edición que no data la fecha [14]. Además, la obra alcanzaría gran éxito en la América colonial, a partir de una edición llevada a cabo en 1813 en

---

[14] Esta edición ha sido digitalizada por Bieses, y se puede acceder a ella a través del siguiente enlace: https://books.google.es/books?id=qXWaxQhsTFAC&hl=es&pg=PT2#v=onepage&q&f=false.

Santiago de Chile [15], con gran difusión.

Aunque las escasas fuentes que ofrecen datos sobre ella indican que nació en un lugar cercano a Baza llamado Puebla, dado que no existe ninguna pedanía, ni anejo (ni barrio) de nombre similar en dicha localidad, habría que pensar que lo más probable es que fuera oriunda de Puebla de Don Fadrique, que dista unos setenta kilómetros de allí, y que es conocido coloquialmente como "Puebla" o "La Puebla". Parece ser que sus padres eran hidalgos que poseían tierras de cultivo, pero se encontraban en una precaria situación económica. A la edad de veinticuatro años entró como religiosa lega en el convento bastetano de Nuestra Señora de los Ángeles, siendo requerida años después por el obispo de Guadix y Baza, Juan Orozco de Covarrubias, para que se fuera como monja del coro al convento de Religiosas Franciscas de Guadix, algo que, finalmente, por circunstancias desconocidas, no llegó a efectuarse. Por fin, a los cuarenta y cinco años acabó pidiendo la admisión en el citado convento de Capuchinas, donde permaneció hasta su muerte el 22 de octubre de 1622.

Bibliografía

ARAYA ESPINOZA, Alejandra (2008). "Cuerpo, trato interior y artes de la memoria: autoconocimiento e individuo moderno en el texto de Úrsula San Diego *Convento Espiritual*", *Revista Chilena de Literatura*, 75, pp. 5-30.

---- (2010). "La mística del corazón: una tradición de espiritualidad femenina en la América colonial", *Cuadernos de Literatura* (Bogotá), vol. 14, nº 28, julio-diciembre, pp. 132-155.

CORREA RAMÓN, Amelina (2002). *Plumas femeninas en la literatura de Granada (ss. VIII-XX). Diccionario-Antología*. Granada: Editorial Universidad de Granada/Diputación de Granada, p. 402.

GARCÍA VALVERDE, María Luisa (1998). *Inventario de los fondos documentales monacales femeninos de Granada desde la Reconquista hasta la Desamortización de Mendizábal*. Tesis Doctoral. Edición en microfichas. Granada: Universidad de Granada.

LÓPEZ MUÑOZ, Miguel Luis (1992) (ed.). *Contrarreforma y cofradías en Granada: aproximación a la historia de las cofradías y hermandades de la ciudad de Granada durante los siglos XVII y XVIII*. Granada: Editorial Universidad de Granada.

---

[15] La edición de 1813, que llevó a cabo D. J. C. Gallardo, es la que se ha utilizado en este trabajo, y se puede acceder a una versión digitalizada en el siguiente enlace: http://www.memoriachilena.gob.cl/602/w3-article-9409.html.

VIZÁN RICO, Blanca (2016). "El *Convento Espiritual* de Úrsula de San Diego: Un librito formativo con escolios del licenciado Quintana". Ponencia en *Congreso de GEMELA de 2016 Forging Links Across Space and Time: Hispanic Women's Cultural Production 1300-1800*.

SÁNCHEZ LÓPEZ, Emilia Julia, *sor Emilia de San Juan Bautista*

Granada, 08/XII/1861 - Alhama de Granada (Granada), 29/XI/1901

Géneros literarios: Narrativa, poesía

Según consta en el Registro Civil de Alhama de Granada, en el Acta de Defunción de Emilia Julia Sánchez López, esta era hija de Francisco Sánchez Carabaca [sic] y de Salvadora López y Trillo, naturales de Granada, donde ella misma nació el 8 de diciembre de 1861, siendo bautizada en la Iglesia Parroquial de San Matías, según consta en el Libro de Bautismos de esta Parroquia.

Profesó en fecha indeterminada en el convento de la Purísima Concepción de religiosas de Santa Clara, de Alhama de Granada, adoptando el nombre de Emilia de San Juan Bautista. Allí desarrolló una fecunda afición por la poesía, hasta el punto de que, llegada su fama a oídos del Arzobispo -según memoria oral conservada en el propio monasterio-, este solicitó que toda la comunicación escrita que hubiese de ser remitida al Arzobispado fuera redactada por esta monja poetisa en forma versificada, para lo que tenía al parecer gran facilidad. Así, por ejemplo, colaboró con poemas en diversos medios, como los titulados "A la Inmaculada Concepción. Patrona de España", que se publicó el 8 de diciembre de 1896 en el periódico *El Eco de Santiago. Diario de Compostela* (p. 1), y pocos días después, en el *Diario de Córdoba*, donde apareció el 15 de diciembre de 1896 (p. 1), o el titulado "Súplica de una niña a la Santísima Virgen para el ofrecimiento de las flores", que vio la luz en *La Atalaya. Diario de la mañana* (Santander), el 31 de mayo de 1899 (p. 1), y que afronta el tema de la complicada situación del país, inmerso en la crisis del '98.

A finales del año 1901 asoló la comarca una epidemia de viruela, de la que resultó afectada Emilia Sánchez, quien falleció en noviembre de ese año a consecuencia de esta enfermedad que entonces resultaba todavía mortal. La monja poetisa fue enterrada en las criptas mortuorias del propio convento. La inscripción de su defunción se conserva en el libro correspondiente del Registro Civil, habiéndose perdido del Archivo

Parroquial debido a la destrucción de la documentación sufrida durante la Guerra Civil.

Ya se ha comentado con anterioridad que durante su periodo de estancia en el convento coincidió con otra monja igualmente dotada para la poesía, Martina Poza Muriel (recogida también en el presente trabajo), y que la producción literaria de ambas fue incluida en el libro titulado *Colección de poesías religiosas escogidas entre las que se publicaron en la revista "El Eco Franciscano" de Santiago de Compostela* (Barcelona: Giró, 1905). Dicho volumen contiene en torno a una quincena de sus composiciones, que vieron la luz de manera póstuma, y que recibieron grandes elogios en el ya mencionado artículo "Notas críticas" (*El Eco de Santiago*, 31 de enero de 1905, p. 1), por parte de El Bachiller Juan de Sar, quien afirma que en esta colección "Desde luego sobresalen en ella las debidas a la inspirada pluma de Sor Emilia de San Juan Bautista [...]. El caso de este peregrino ingenio causa admiración y maravilla. Encerrada en el Convento de Santa Clara de Alhama desde su más tierna edad, sin otra lectura que la de los Libros Santos y casi sin instrucción alguna, por solo la impulsiva fuerza de su genio. Sor Bautista (como la llamaban sus compañeras de convento) se levanta a las más elevadas esferas de la inspiración religiosa y si bien incorrecta casi siempre, desplega [sic] las doradas alas de su fantasía y sabe cubrir las concepciones de ella con el riquísimo manto del sonoro verso, la hipérbole atrevida, la altisonante frase y la exhuberancia [sic] de galas y adornos retóricos propia de las escuelas poéticas andaluzas". El autor continúa sus alabanzas, para concluir informando de que "Dios llamó a sí a esta mujer extraordinaria en la flor de su edad, el 29 de Noviembre de 1902 [en realidad, la fecha correcta es 1901]" (Bachiller Juan de Sar, 1905: 1).

En el mismo artículo se remite a otro, centrado de manera específica en sor Emilia de San Juan Bautista y que lleva su nombre como título. Se trata de un extenso texto que, firmado por F.G., se había publicado años antes, en concreto el 16 de febrero de 1897, en el periódico *El Pensamiento Gallego*, ocupando precisamente la mitad de su página de portada. En este se informa de que la autora religiosa llevaba tiempo colaborando con la revista *El Eco Franciscano*, con una producción literaria "Copiosa y variada y amenísima", que alaba en grado sumo, considerándola llena de "Pensamientos originales y delicados, imágenes brillantísimas, maravillosa espontaneidad, gracia y donaire en la expresión y suave música en el ritmo" (F. G., 1897: 1).

Bibliografía

BACHILLER JUAN DE SAR, El (1905). "Notas críticas", *El Eco de Santiago. Diario de la Tarde* (Santiago de Compostela), 31 de enero de 1905, p. 1.

CORREA RAMÓN, Amelina (2002). *Plumas femeninas en la literatura de Granada (ss. VIII-XX). Diccionario-Antología*. Granada: Editorial Universidad de Granada/Diputación de Granada, p. 403.

F. G. (1897). "Sor Emilia de San Juan Bautista", *El Pensamiento Gallego*, 16 de febrero, p. 1.

Selección de textos

"Súplica de una niña a la Santísima Virgen
para el ofrecimiento de las flores"

Virgen mía, clara estrella
de los mares de la gracia,
del jardín del paraíso
azucena inmaculada,
a tu trono fulgurante
hoy llego con débil planta,
del amor al dulce impulso,
de la sencillez en alas.
    Si un corazón limpio estimas,
si la inocencia te agrada,
Virgen más pura y brillante
que el sol que en tu frente irradia,
yo te ofrezco en estas flores
los suspiros de mi alma.
    Ya el sol sus postreros rayos
entre nubes de escarlata
oculta, y el Mayo hermoso
también como el sol se apaga:
ya, Madre, los Serafines
con cantos de amor te llama
a los célicos verjeles [sic]
do tu solio se levanta.
    Ya la brisa vespertina,
que mustias flores halaga,
con suspiros cadenciosos

gime, viendo cómo te alzan,
toda hermosa y sonriente,
de lindas flores orlada,
desde el valle de quebrantos
a la mansión soberana!

　Ya el ruiseñor con sus trinos
y las fuentes con sus aguas
no me alegran ni deleitan
pues oigo que al bosque cantan
que pasa mayo y sus flores
y que mi Madre adorada
vuelve a su jardín eterno
donde jamás flores faltan.

　¡Oh Virgen! Si la inocencia
tus caricias arrebata,
si el amor tu amor cautiva,
si la pureza te encanta,
si entre lirios te recreas,
¡Madre mía, no te vayas!
que en el terrenal desierto
aun cuando el mayo se acaba,
hay jazmines, margaritas,
rosas y azucenas blancas
que de las viles pasiones
el cierzo aún no aja.

　¿No son flores semiabiertas
en la aurora de la infancia
las niñas que sus amores
angélicos te consagran?...
Pues si en ellas te complaces,
Virgen mía, ¡no te vayas!...
Si eres mi Madre, Señora,
si cual hija me regalas,
admite las bellas flores,
emblema del alma casta:
siempre frescas perseveren
al rocío de la gracia...

　¡Hazlas llegar candorosas
hasta el sepulcro sin mancha!
y cuando duras cadenas
quiera romper la cruel Parca,

¡ven en mi auxilio, oh María,
de estas flores coronada!
y cuando a tu cielo llegues,
Madre, ¡sin mí no te vayas!

  Y ahora, en tarde tan bella,
oye mis tiernas plegarias
por el regio Sacerdocio,
por los fieles que te alaban,
por los que a Dios ya pasaron,
y haz que de Pedro la barca
de escollos pase, que surque
los piélagos en bonanza.

***

  ¿No ves, Virgen, que estas flores
van con sangre matizadas,
y que a la aurora debieron,
en lugar de perlas, lágrimas?...
  Es que en el suelo brotaron
de mi patria hoy desdichada;
es que de llanto y de luto,
dulce Reina, está tu España!
Es que en su cielo, antes puro,
negra tempestad descarga;
es que sufrió negro ultraje
de una nación ruin, tirana...
es... que de su fe divina
se apartó desventurada,
y Dios justo la castiga
porque quiere iluminarla!...
  Pues, Virgen, tu manto tiende
a mi patria desgraciada:
oye los tristes clamores
y cesen lágrimas tantas
de tu España que te invoca:
¡Madre mía, no te vayas!

La Atalaya. Diario de la mañana (Santander),
31 de mayo de 1899, p. 1

TAPIA Y ACOSTA, Gabriela Gertrudis de, *sor Gabriela Gertrudis de San José*
Granada, 17/III/1628 - Úbeda (Jaén), 12/I/1701

Géneros literarios: Autobiografía, poesía

Hija del licenciado Juan Correa de Tapia, natural de Extremadura y abogado de los Reales Consejos en Granada, y de Isabel de Acosta, natural de Murcia, Gabriela Gertrudis fue la cuarta entre una numerosa familia de nueve hijos. No obstante, solamente sobrevivirían cinco de ellos, tres de los cuales se consagrarían al estado religioso.

Después de sufrir unas fiebres de malta, tuvo una niñez enfermiza, que procuró compensar su madre mediante una atención y un cariño extremados. De carácter fuerte y perfeccionista y muy aficionada a la lectura, desde los diez años leía ya las obras de santa Teresa de Jesús. Esa influencia, unida a su profundo espíritu religioso, motivó que a la temprana edad de doce años ya tuviera clara su decisión de ingresar en la Orden de Carmelitas Descalzas. Tras convencer a su hermana mayor, Clara, para que la acompañara en esta aventura espiritual, y tras la negativa de su padre, ambas jóvenes iniciaron en su propia casa un régimen de vida ascética y penitencial.

Por fin pudo ver satisfecho su anhelo en junio de 1649, un año después del fallecimiento de su padre. En esa fecha ella, su hermana y una amiga común viajaron a lomos de caballería en un largo y penoso periplo que tendría como meta final el convento de la Purísima Concepción de Úbeda. Allí tomó el hábito carmelita pocos días después, recibiendo el nombre de Gabriela Gertrudis de San José, para profesar un año más tarde.

Como explica Manuel Morales en su obra *El Convento de Carmelitas Descalzas de Úbeda y el Carmelo Femenino en Jaén*, desde su llegada al convento, la joven "se vio rodeada de sufrimientos, trabajos, desalientos, escrúpulos que no resquebrajaron en modo alguno su firme voluntad, pero que sí sumieron a todo su ser en una larga noche de los sentidos y del espíritu, con purificaciones activas y pasivas, hasta tal punto que ella misma afirma que parecía que 'Dios dio licencia a los demonios para que me atormentasen con todo género de tentaciones [...] y todo era llorar y deshacerme'" (*apud* Morales Borrero, 1995: I, 399).

En efecto, Gabriela Gertrudis de Tapia narrará todo tipo de angustias y zozobras espirituales, e incluso de encuentros con demonios que le golpeaban todo el cuerpo con unas "varas peores que de hierro" o que la afligían con tentaciones carnales. Todo ello aparecerá reflejado con detalle en la obra autobiográfica que, años más tarde, a partir de 1672, redactará por mandato de su director espiritual, fray Agustín de la Cruz, secretario provincial de la Orden en Andalucía y lector de Teología Moral en el convento de Sevilla.

Sin embargo, después de esta época difícil, y a partir ya de los treinta años, Gabriela Gertrudis entrará en una etapa de sosiego y quietud, que la hará sentirse en cercanía espiritual con Dios. Con frecuencia queda ensimismada en un estado de contemplación y arrobo, y tiene frecuentes visiones, en especial, de las atormentadas ánimas del purgatorio, por las que reza con ahínco: "y traía harto purgatorio en una piedra que traía en el pescuezo colgada, que lo traía muy agobiado. Díjome que porque cuando alzaba el Santísimo, cuando decía misa, no hincaba las rudillas en la tierra" (*apud* Morales Borrero, 1995: I, .411).

De igual modo, padece visiones relacionadas con la Pasión de Cristo, con quien conversa en íntima familiaridad, y suele tener con frecuencia premoniciones, en especial cuando se acercan desgracias o hechos relevantes para el convento. Pronto, sus experiencias místicas llegan a alcanzar el extremo del "que muero porque no muero" teresiano, y así, tras las visiones extáticas de la gloria de Dios, Gabriela Gertrudis se apena profundamente por tener que volver al mundo terrenal: "se me quitó el sentido y me llevaron al cielo donde estaban haciendo una procesión y cantándole a el Señor alabanzas, a su amor y hazañas [...]. Yo me quedé encantada. Quien aquello vio y volvió a esta mortalidad, qué pena tan grande le quedó allí a el alma" (*apud* Morales Borrero, 1995: I, 416).

Su biógrafo, fray Manuel de San Jerónimo, que la conoció en vida, explica que la monja llegó a proponer a los ángeles en una redondilla el dilema de su amor divino:

> Ángeles, una de dos,
> sacadme de confusiones:
> o tengo dos corazones,
> o vivo con el de Dios (*apud* Morales Borrero, 1995: I, 419).

A continuación, ella misma respondía, explicando la raíz mística de su profundo sentimiento:

> Ángeles, yo ya salí
> de mi antigua confusión;
> de Dios es mi corazón,
> pues me lo dio y se lo di (*apud* Morales Borrero, 1995: I, 420).

No obstante, a veces Gabriela Gertrudis parece sentir temor e inquietud, pues no conoce con certeza el origen de sus múltiples visiones. De hecho, en su texto autobiográfico insiste reiteradamente en que no se trata tampoco de su imaginación. Su confesor la tranquilizará, aseverándole la procedencia celestial de las mismas. Además, en algunos casos contará con testigos, como cuando -según se relató en el estudio introductorio- la talla de un Niño Jesús que todavía permanece en el convento ubetense, y que, conocido por el sobrenombre de *El Mamoncillo*, se presenta sentado sobre una sillita forrada de terciopelo, se mueva y le hable el día de la Epifanía de los Reyes Magos, probablemente de 1682, siendo presenciado por sor Catalina María de San José, quien lo pondrá por escrito.

Así, su fama de espiritualidad se irá acrecentando y extendiendo. Ella, aunque paulatinamente más débil y enferma, se siente reconfortada por las continuas presencias de ángeles y santos que parecen acompañarla, así como por sus habituales coloquios con Dios. La inefabilidad de sus visiones místicas le vuelven cada vez deseable la idea de la muerte. De este modo, Gabriela Gertrudis irá desasiéndose paulatinamente de los aspectos materiales de esta vida, hasta enfermar de gravedad en septiembre de 1700, falleciendo pocos meses después, el día 12 de enero de 1701, cumpliéndose en las circunstancias de su muerte todas las profecías que ella había hecho al respecto. Su fama de santidad era tal en la ciudad de Úbeda que en ese mismo momento comenzaron a doblar todas las campanas de la villa, acudiendo al instante multitud de personas a rendir homenaje póstumo a la difunta, y a conseguir una reliquia que hubiera estado en contacto con su cuerpo:

> Por las calles se encontrauan los niños de muy corta edad venir corriendo, y clamando, vamos a ver la Santa que ha muerto en las Descalças. Los dos tornos no se desocupauan de gente: las porteras no cessauan de entrar cantidades de Rosarios, joyas, y medallas para tocar al Venerable Cadáver (San Jerónimo, 1703: 181).

Manuel de San Jerónimo, entre otros valiosos testimonios, recoge el de Diego de Alarcón, uno de los carpinteros que fueron llamados para hacer la caja mortuoria que contuviera aquel "bendito cuerpo", quien declaró que "al ver el cadáver se le inmutó el Alma, se le enternecieron los ojos, y turbado de devoto le besó los pies, y le pareció poder jurar que era cadáver de Santa" (San Jerónimo, 1703: 181).

En el convento de la Purísima Concepción de Úbeda, donde se desarrolló toda su vida religiosa y en el que desempeñó los cargos de priora, subpriora y maestra de novicias, se conservó durante varios siglos con veneración su cuerpo incorrupto, vestido con el hábito carmelitano, que sus hermanas de congregación amorosamente le cambiaban, hasta que, en fecha reciente, de acuerdo con las nuevas sensibilidades religiosas, se decidió darle sepultura junto al altar de la Iglesia conventual, donde yace de manera anónima.

Además, en el patio del convento destaca un frondoso naranjo, con fama de milagroso, y que, según la tradición, habría sido plantado por la propia mano de sor Gabriela. Se trata de un naranjo amargo, que se llena cada primavera de fragante flor de azahar.

El manuscrito conteniendo su autobiografía, *Vida que de su mano escriuió la Venerable Madre Gabriela de S. Ioseph*, se perdió en fecha desconocida (probablemente, destruido durante la Guerra Civil, en que el Convento fue ocupado, sufriendo una terrible pérdida patrimonial, e incluso las propias monjas salvaron la vida de manera casi milagrosa, gracias a la ayuda de un vecino que las ocultó poniéndose él mismo en riesgo). Y aunque existió un *Traslado* de la misma que pudo consultar en la primera mitad de la década de los noventa del siglo XX Manuel Morales Borrero para su trabajo de investigación, hoy en día parece encontrarse en paradero desconocido. No obstante, dada la notable fama de santidad que aureolaba ya en vida a esta religiosa, tan sólo dos años después de su muerte, fray Manuel de San Jerónimo escribió *Edades y virtudes, empleos y prodigios de la V. M. Gabriela de San Ioseph, religiosa carmelita descalza en su convento de la Concepción de la misma orden de la ciudad de Vbeda*, para el que debió de utilizar la fuente autobiográfica, y que, además, incluye un "Elogio del V. P. F. Agustín de la Cruz, Confessor de la Venerable Madre" (San Jerónimo, 1703), a quien se debió la escritura de la autobiografía por mandato de la carmelita, y con el que Gabriela Gertrudis había hecho un pacto en vida, por medio del cual, el primero de los dos que muriese, se manifestaría al otro. Falleciendo primero el sacerdote, ella explica que el pacto fue cumplido: "Desde que murió el Padre Fray Agustín, que era mi Confesor, me asiste siempre, y me consuela para pasar esta vida, y me sosiega en mis temores" (San Jerónimo, 1703: 214).

También escribió Gabriela Gertrudis de San José un cuadernillo conteniendo consejos espirituales para una novicia a punto de profesar. De su puño y letra se conservó el manuscrito, fechado en mayo de 1671 y titulado "Un desvelo necesario para el alma. Breve relación de cómo vivirá una carmelita descalza una vida perfecta", al parecer hoy igualmente perdido.

Por su parte, Manuel Serrano y Sanz, que no ofrece ningún dato biográfico acerca de Gabriela Gertrudis de San José y que parece desconocer su nombre en el siglo, da noticia de la existencia de una "Carta a un religioso, en la que habla de varias cosas del convento de monjas carmelitas Descalzas de Úbeda", escrita por ella y fechada en Úbeda, a 3 de mayo de 1678. El texto que se conserva es copia hecha por fray Manuel de Santa María en el año 1760, de un original que, al parecer, estuvo depositado en el convento del Carmen de Alba de Tormes (Serrano y Sanz, 1905: II, 331).

Bibliografía

CORREA RAMÓN, Amelina (2002). *Plumas femeninas en la literatura de Granada (ss. VIII-XX). Diccionario-Antología.* Granada: Editorial Universidad de Granada/Diputación de Granada, pp. 427-431.

---- (2015). "«Vivo sin vivir en mí». Tres monjas carmelitas descalzas de Granada tras las huellas de sus fundadores (Úbeda-Baeza, siglos XVI y XVII)", en MEDINA ARJONA, Encarnación y GÓMEZ MORENO, Paz (eds.). *Escritura y vida cotidiana de las mujeres en los siglos XVI y XVII (Contexto mediterráneo)*, Sevilla: Editorial Alfar, 2015, pp. 17-46.

---- (2021). "Garnatia: entre la vivencia mística y la reivindicación de la voz propia", en RUIZ ÁLVAREZ, Rafael, *Cuaderno de campo. Nuevas dramaturgias para el teatro universitario,* Granada: Editorial Universidad de Granada, pp. 103-107.

EQUIPO EDITORIAL (1990). *Escritoras andaluzas.* Sevilla: Editorial J. R. Castillejo, p. 85.

MORALES BORRERO, Manuel (1993). "El convento de Carmelitas Descalzas de Úbeda y noticia de sus manuscritos", *Boletín del Instituto de Estudios Giennenses*, 147, pp. 7-60.

---- (1995). *El Convento de Carmelitas Descalzas de Úbeda y el Carmelo Femenino en Jaén.* Jaén: Instituto de Estudios Giennenses, vol. I.

SAN JERÓNIMO, Manuel de (1703). *Edades y virtudes, empleos y prodigios de la V. M. Gabriela de San Ioseph, religiosa carmelita descalza en su convento de la Concepción de la misma orden de la ciudad de Vbeda.* Jaén: Imprenta de Tomás Copado.

SERRANO Y SANZ, Manuel (1905). *Apuntes para una biblioteca de escritoras españolas. Del año 1401 a 1833.* Madrid: Est. Tip. Suc. de Rivadeneyra, vol. II, p. 331.

Selección de textos

Hoy primero domingo de Cuaresma, a seis de marzo deste año de 1672, digo a vuestra Reverencia, mi padre Lector, que yo nací a 27 deste mes de marzo, creo hago este mes 42 años, o 43, que no estoy muy cierta de cuántos son. Siendo así que nací en una ciudad tan grande como Granada, no quiso Dios que se hallara en ella un ama que me criase, porque mi madre no podía criar sus hijos. Fue fuerza que me llevaran a un lugarillo [de la] vega a que me criase una mujer de un labrador con que me dio leche siete meses no cumplidos. Y a mi madre dióle un día gana de ir a verme con que me halló entre muchos borriquillos, y yo sentada en el suelo y con un plato de migas en la falda; y los borriquillos comiendo en el plato de las migas, con que a mi madre le dio tanta pena de ver a la chiquilla tan mal cuidada que trató de llevarme para buscar quien me criase y no halló quien me diera leche. Y decíame, cuando me contaba esto, que milagro fue no haber hecho con aquella mujer un disparate por el descuido que había tenido conmigo; que decía fue milagro que aquellas bestias no me hubiesen muerto.

[...] unas veces [el demonio] me echaba por las escaleras a rodar, y otras me lleva[ba] al pozo y me sentaba cerca para que me echase en él. Con que estando allí me cogieron de un brazo y me llevaron adentro del convento y quitaron del pozo, y en medio de todo esto el Señor me daba fuerzas y me consolaba interiormente.

[...] porque desde edad de 24 años que su Majestad me dio aquel desengaño tan grande ha estádome el Señor ayudándome y dándome tantos avisos, y desde entonces fue, a mi parecer, comenzar a tener oración, y tenía cada día más de 6 horas: una por la mañana y otra a prima noche, y otra antes de acostarme, porque me acostaba a la una de la noche, y las demás haciendo labor. A los principios me costaba mucho trabajo, si bien me alegraba de tenerla; esta me duró hasta los 16 años, que después no me costaba tanto, sino cada día le iba tomando más amor a tener más oración.

[...] Dos años y más me duró que todas las veces que comulgamos se me llenaba la boca de sangre, y me duraba esto más de dos horas, y solía tomar una poca de agua para que aquello se me quitara de la boca, y aunque tomaba agua hasta mediodía que comía, no se me quitaba esto de la boca.

[...] he visto un Niño hermosísimo y algunas veces conforme la disposición del que dice la misa. Cuando está el sacerdote para recibillo le echa su Majestad la bendición y lo abraza echándole los brazos a el sacerdote. Y cuando sale el Santísimo de las parroquias para los enfermos he visto esto mesmo, y yo desde mi celda, aunque la parroquia esté muy lenjos desta casa.

[...] se me quitó el sentido y me llevaron al cielo donde estaban haciendo una procesión y cantándole a el Señor alabanzas, a su amor y hazañas [...]. Yo me quedé encantada. Quien aquello vio y volvió a esta mortalidad, qué pena tan grande le quedó allí a el alma.

[...] Habrá más de doce o catorce años que el Señor comenzó a descubrirse y manifestarse a mi alma; y habrá tres o cuatro a mi parecer, antes más que menos, que así el hablar como el callar y el penar y el tener algún alivio y el comer y el dormir, todo me ha llevado más y más a querer a este gran Dios. Y ha sido de tal forma que todo lo que oigo hablar, séase de Dios o no, todo me ocasiona a más amar este mar de amor de Dios. Y esto me ha nacido de un gran conocimiento que el Señor manifestó a el alma de su grande amor. Y como lo más ordinario deste tiempo que he dicho ha estado el Señor metido en el corazón.

[...] Estando yo un día habrá unos ocho meses muy fatigado mi corazón, díjele a mi Señor: "¿qué haré amor mío, cómo viviré yo en esta vida?". Díjome mi Señor: "hija mía, mira tu corazón; te lo traigo aquí para que lo veas. Y sabe que éste es el que te puse, *que mudé corazón contigo*". El cual estaba abierto por la parte de arriba y salía dél una llama grande.

[...] Vamos a otra cosa. El día que entró el Santísimo en la iglesia nueva obró su Majestad muchas maravillas haciendo muchos milagros, de modo que todos los vieron. Se movieron las nubes en el cielo y quería caer una pica de agua. Y como salió la procesión de la Iglesia Mayor para traer el Santísimo a nuestra iglesia, siendo así que comenzó a llover mucho, improviso salió el sol y la gente quedó maravillándose de tal milagro. También subiendo dos hombres al campanario a disponer las campanas, cayó el uno por la escala del tejado y en el aire, sin saber cómo, cogieron a este hombre y lo pusieron en el tejado bueno y sano. Y al entrar este gran Señor en la iglesia les hizo su Magestad una gran merced a todos los que venían, que era toda Úbeda y mucha gente que había venido de fuera a la dicha traslación.

[...] Lo que yo sé es que de cinco años a esta parte ha sido mi vivir un penar continuo, porque en todo este tiempo el hablar y el negociar, el coro y el refectorio, y dormir y comer, todo ha sido amar y más amar a el amor porque las cosas desta vida, gracias a el Señor por ello, no se han pegado nada; porque todo lo deste mundo me cansa y aflige y me da pena. Sólo el padecer amando a el Señor me consuela, porque el padecer en esta vida tribulaciones y desprecios esto humilla a un alma, y un alma humilde y abatida está más cerca del amor para subir a él no con pasos sino con alas; que este amor la remonta a su centro y descanso que es el Señor.

[...] El día o víspera de nuestra madre santa Teresa, comenzando la calenda, en esta ocasión se suspendió mi alma, donde vide las enhorabuenas que le daban en el cielo todos los bienaventurados [...]. Un día, estando yo metida en la bodega de los vinos del cielo, muy perdida, y casi a el parecer me faltaba poco para dar la vida por el grande amor que el Señor había derramado en mi alma, pidiéndole a mi Señor me ayudase, me dijo: hija mía, no tengas pena que aquí estoy yo y te asistiré siempre; que has de ser otra segunda Teresa.

[...] en tres ocasiones me ha mostrado el Señor la esencia divina; tres días no continuados, sino en días distintos. ¿Quién podrá, mi padre, referir aquí no digo yo lo que el Señor manifestó a mi alma y grande amor que tiene a las criaturas que le aman? Que le certifico a mi padre que cuando deste punto hablo me anego de modo que no sé yo con palabras cómo tengo de referir palabra desta materia.

Traslado de la Vida que de su mano escriuió la Venerable Madre Gabriela de S. Ioseph (apud San Jerónimo, 1703)

TITOS GARZÓN, Teresa, *sor Teresa de Jesús*
Granada, 4/I/1852 - 14/II/1915

Géneros literarios: Ensayo, epistolar

Nacida en el seno de una familia granadina de clase acomodada, hija de Fernando Titos e Isidora Garzón, Teresa Aquilina de la Santísima Trinidad fue la menor de cinco hermanos, de los cuales tres se consagrarían a la vida religiosa, contrayendo matrimonio sus dos hermanas mayores. La joven ingresó en el Beaterio de Santo Domingo como pensionista, con el objeto de cursar Magisterio y de encauzar los anhelos espirituales que sentía desde la niñez. Tras verse obligada a postergar su decisión a causa de una difícil situación familiar, al haber muerto su madre, y ser ella la única que permanece en casa junto a su padre, gravemente enfermo, deberá esperar hasta enero de 1871 para ingresar en la Orden religiosa dominica, una vez fallecido su progenitor, profesando en julio de 1872 con el significativo nombre de Teresa de Jesús, con lo que manifiesta implícitamente su admiración por la santa de Ávila. En este Beaterio de Santo Domingo ejercería la docencia, siendo nombrada directora de su colegio pocos años después de su profesión religiosa. Su preocupación por la educación de las niñas hace que se la considere pionera en la educación femenina en la provincia de Granada.

Sociable y animosa, y de carácter dulce, según los testimonios recogidos, Teresa Titos siempre parecía dispuesta a comunicarse y a ayudar a los demás, en especial, a sus hermanas de Orden, con las que se ha conservado un importante epistolario manuscrito, que hace gala de un lenguaje coloquial y espontáneo. Además, escribió a lo largo de su trayectoria como religiosa una serie de textos de pensamientos, reflexiones y consejos destinados a sus compañeras, algunos de los cuales se han conservado, como sus *Apuntes espirituales* o su incompleto *Consejos que empezó a escribir para sus religiosas nuestra Madre Teresa, los cuales no pudo terminar como se proponía, porque le sorprendió la muerte*. Este último se encuentra incluido dentro del volumen publicado pocos años después de su fallecimiento, titulado *Reglamento interior para uso de las religiosas de Santo Domingo el Real de Granada, y precedido de la biografía de la Venerable Madre Sor Teresa de Jesús Titos y Garzón, Fundadora de esta Congregación* (Monachil, Granada: Tip. Santa Rita, 1923).

Después de luchar incansablemente en favor del colegio granadino y de reformar notablemente el Beaterio, revitalizándolo y adaptándolo a los nuevos tiempos y a la nueva sensibilidad religiosa, en 1907 funda un nuevo colegio dirigido por las Madres Dominicas, que se establece en la ciudad costera granadina de Motril. Poco después se fundará otro en la localidad cordobesa de Baena, que se inaugurará en 1912, siguiéndole pronto nuevas fundaciones en la malagueña Archidona, en Loja (Granada), en Almagro (Ciudad Real) y hasta incluso en la capital de España. Así, el Beaterio inicial quedará transformado en Congregación, de la que Teresa Titos será elegida priora general.

En julio de 1909 se le detectó un cáncer de mama en estado avanzado, del que fue intervenida quirúrgicamente, quedando su salud muy quebrantada a partir de ese momento. A finales del año 1914 sufrió un aneurisma que le ocasionó la muerte varios meses después, siendo al parecer sus últimas palabras "Dejadme morir en la cruz. Qué locos somos si no somos santos. Aprovéchense, hijas y no desperdiciéis el tiempo" (Santoral Orden de Predicadores). Muriendo en loor de santidad, actualmente se encuentra abierta la causa para el proceso de beatificación, cuya fase del proceso diocesano concluyó en 1991.

Bibliografía

ALONSO DEL CAMPO, P. Urbano O. P. (2002). "150 aniversario del nacimiento de M. Teresa Titos Garzón", *Ideal*, 5 de enero, p. 18.

ÁLVAREZ, Paulino (1924). *Santos, Bienaventurados, Venerables de la Orden de los Predicadores*. Vol. IV: *Venerables religiosas*. Vergara:

Tip. de El Santísimo Rosario, pp. 944-962.
CORREA RAMÓN, Amelina (2002). *Plumas femeninas en la literatura de Granada (ss. VIII-XX). Diccionario-Antología*. Granada: Editorial Universidad de Granada/Diputación de Granada, pp. 422-433.
FERNÁNDEZ, Rosa (2015). "Cuando las niñas no iban al 'cole'. La madre Teresa Titos fue pionera en la educación femenina de la provincia", *Ideal*, 9 de marzo, p. 16.
PÉREZ RESTREPO, Consuelo Eugenia (1976). *Teresa de Jesús Titos Garzón*. Guadalajara: Editorial OPE.
---- (1981). *Historia de la Congregación de Santo Domingo*. Granada: Congregación de Santo Domingo.
---- (1986). *El Abecedario de la Madre Teresa Titos Garzón*. Granada: Congregación de Santo Domingo.
RODRÍGUEZ TITOS, Juan (1998). *Mujeres de Granada*. Granada: Diputación de Granada, pp. 79-81.
Santoral Orden de Predicadores: http://especialesarchicofradia.blogspot.com/2013/02/venerable-teresa-titos-garzon-granadina.html.
TORRES LÓPEZ, Jesús (2019). *Movimiento fundacional de instituciones religiosas femeninas españolas en el siglo XIX. Pervivencias y cambios,* Tesis Doctoral, Universidad Complutense de Madrid: https://eprints.ucm.es/id/eprint/51687/1/T40955.pdf.
VV. AA. (1923). *Reglamento interior para uso de las religiosas de Santo Domingo el Real de Granada, y precedido de la biografía de la Venerable Madre Sor Teresa de Jesús Titos y Garzón, Fundadora de esta Congregación*. Monachil, Granada: Tip. Santa Rita.

Selección de textos

1914, abril, 5 [Granada]

Mis queridísimas hijas Sor María de Jesús, Sor Victoria, Sor María Teresa y Sor Inmaculada: No es posible se figuren con el gusto conque he leído sus cartas, viendo la mucha parte que toman en lo ocurrido con Sor D., pues veo tienen amor a la Comunidad en que viven, señal de predestinación: ya pasó el mal rato pues como fue en horas fue más sensible; en cambio han entrado jóvenes de mérito, lo que prueba que la obra nuestra es agradable a Nuestro Señor, por más que ahí esté el infierno dando batería, pero con tal que se salve un alma (que es eterna) todos los sufrimientos son nada en comparación de esto. Mucho lamento que a Sor María de Jesús no le escriba su familia, pero que no se intranquilice pues muchas veces se pasan malos ratos y después vienen noticias que nada ha ocurrido, o que se ha extraviado la carta como aquí ha pasado con la que Ud. decía me había escrito su familia, que aquí no ha llegado; tomar las cosas con calma que lo contrario es quitarse la vida y ahora no es tiempo de morirse, que cada una hace falta en su puesto. ¡Conque Sor Inmaculada con su catarro que tanto la molesta! como esa destilación ha de debilitarle la cabeza no ayune, y huela agua colonia y mezclada con agua natural suelva [sic]. Nada me dice Ud. Sor María Teresa si está fuerte y si recibió la música de los dolores, aquí han cantado pobre Madre y resulta muy hermoso ¿le gustará a esos gansos? ¡Dios nos saque en paz en la Semana Santa! le tiemblo! tomen precauciones. A mi Sor Victoria que me ha gustado en estremo [sic] su sentida carta haciéndose cargo de mi mal rato, pero como lo permite Nuestro Señor, hay que tener paciencia. A todas abraza la que desea verlas buenas y Santas su Madre.

Sor Teresa de Jesús

1914, octubre, 19 [Granada]

Mi querida hija Sor Pilar: No es posible te figures lo que me acordé de ti el día de la Virgen Santísima del Pilar, pues te tenía tan presente en la Capilla como que la randa del altar era de dicha Imagen.

Te felicité muy estensamente [sic] en la Sagrada Comunión y todo fue para ti, deseándote lo pasaras muy bien en todos conceptos, sobre todo en la parte espiritual que es lo que nos interesa. El día de mi querida Santa lo pasé tristecillo en el Balneario hubiera sido [sic] mejor venirnos la víspera, pero Don Enrique nos aconsejó tomáramos más inhalaciones, y hasta el Sábado 17 no llegué a nuestra Santa casa que nos parece mentira nos vemos en ella; ayer fue un día de tragín [sic] terrible con las dos tomas de hábito visitas [sic] etc. etc. y hoy con las despedidas de las Hermanas canarias ya se harán cargo. He venido poco mejor pero dicen que en la cuarentena notaré alivio. Recibe de todas recuerdos con un abrazo de tu Madre Sor Teresa de Jesús.

VELÁZQUEZ, Juana Úrsula, *sor Juana Úrsula de San José* [16]
Huétor Tájar (Granada), 21/X/1613 - Granada, 06/XI/1683

Géneros literarios: Autobiografía, epistolar

En el Monasterio de la Encarnación, de las Carmelitas de la Antigua Observancia, uno de los más antiguos de Granada, al datar su fundación de 1508 (y bajo una advocación muy vinculada con la propia reina Isabel la Católica), siendo así el tercero de la recién recuperada ciudad, se conserva, además de un importantísimo patrimonio histórico-artístico, en verdad impresionante, un legado cultural que ha pasado prácticamente inadvertido, aunque guardado con amoroso celo por sus hermanas a lo largo de los siglos. Se trata de ciento cuarenta y dos cuadernos manuscritos, más doscientas cartas, que refieren la rica vida interior de una religiosa del Barroco, conocida como la Venerable Madre Juana Úrsula de San José, aureolada en vida con fama de santidad "por sus singulares virtudes y prodigiosos milagros que por su mediación, tanto en vida como después de muerta" (*apud* Martínez Carretero, 2008: 79) se produjeron. Esta valiosa documentación se ha mantenido depositada en un arca de madera, identificada en el exterior con grandes letras doradas en que se puede leer: "Autógrafos y documentos de la V. Madre Juana Úrsula de San José". Además de servir de testimonio de su vida, dicha documentación ofrece una valiosísima crónica de la Granada del siglo XVII, puesto que refleja numerosos sucesos y acontecimientos, contemplados algunos de ellos a través de las ventanas del convento, como procesiones y cortejos.

Nacida el 21 de octubre de 1613 en la localidad granadina de Huétor Tájar, cercana a Loja y situada en la fértil vega del río Genil, la niña sería bautizada el 3 de noviembre de ese año. Sintiendo la llamada espiritual, Juana Úrsula Velázquez [17] entró en religión el día 19 de marzo de 1634, y, al tratarse de la festividad consagrada por la Iglesia al esposo de la Virgen María, la joven tomó su nombre, convirtiéndose así en sor Juana Úrsula de San José. Conviene hacer notar que, al igual que otras muchas monjas

---

[16] Como ya se ha indicado en el estudio introductorio, sobre la figura de la Venerable Juana Úrsula de San José y su abundante material inédito conservado en el Monasterio de la Encarnación, de las Carmelitas de la Antigua Observancia, ya se está realizando en la actualidad un trabajo de investigación por parte de Ínsaf Larrud, bajo mi dirección, conducente a su futura tesis doctoral.

[17] Aunque la *Vida Admirable y Portentosa de la exemplarísima Virgen la Ble. Me. Sr. Juana Úrsula de Sn. Josef,* conservada en el Monasterio, indica claramente: "En el Siglo con el apellido de Velázquez", Ismael Martínez Carretero indica que sus apellidos familiares fueron "Hernández Vela" (Martínez Carretero, 2008: 79).

recogidas en el presente volumen, la familia de Juana Úrsula (con la notable excepción de su padre, en quien sí encontró apoyo) fue totalmente contraria a su vocación religiosa, por lo que "Entró a la clausura sin despedirse de su madre ni de sus hermanas que quedaron desconsoladas" (Bermúdez Sánchez, Galán Cortés y Rueda Quero, 2020: 2022). De hecho, al parecer su abuela intentó denodadamente distraerla de su ferviente vocación, con argucias que llegaban a implicar hasta visitas de su acomodado pretendiente al convento, a fin de soliviantar su retiro, aunque sin ningún éxito. Profesaría dos años más tarde, iniciando una vida que destacaría por sus cualidades, sus muchas penitencias (portaba continuo cilicio y dormía sobre el suelo, o sobre una cruz), y su perseverancia, así como por los frecuentes arrebatos místicos que experimentó, en los cuales mantenía fervorosas conversaciones con su Esposo espiritual, al que le cupo la suerte de contemplar en varias visiones, que se plasmaron en cuatro lienzos que ella encargó, y que constituían momentos de la Pasión de Cristo que eran sus grandes devociones: "el primero de *Jesús Nuestro Salvador*; el segundo de *Jesús Nazareno*; el tercero de *Jesús de la Columna* y el cuarto de *Jesús de la Humildad*" (apud Martínez Carretero, 2008: p. 81), lo que viene a poner de relieve la compleja y fecunda relación entre las manifestaciones artísticas y las visiones sobrenaturales de las visionarias y *santas vivas*.

Santa viva fue estimada, en efecto, Juana Úrsula de San José, de la que en el monasterio se conservan varios retratos, uno de ellos, en el Coro Bajo, que se ha reproducido en el presente volumen. Todos ellos son considerados *"vera effigies"*, autentificados por la tradición oral transmitida de siglo en siglo. Como ya se ha comentado en el estudio introductorio, dichos retratos evidencian el extremo fervor de su devoción, al estrechar la cruz con su mano derecha con tanta fuerza que llegaba a hacerla sangrar. Uno de los retratos, además, la muestra sentada a una mesa y con la pluma en la mano, lo que resulta significativo de su consideración como escritora. Y es que en el Archivo conventual se conservan documentos que la vinculan, por un lado, con santa Teresa de Jesús, por esta faceta suya recién comentada; pero también, por otro lado, con Santa Magdalena de Pazzi, carmelita de la Antigua Observancia, al igual que ella, que se distinguió por sus raptos místicos, puestos por escrito con evidentes rasgos de oralidad por sus compañeras que asistían admiradas a sus éxtasis y revelaciones.

La Comunidad granadina ha conservado con primor y devoción varias de las pertenencias de sor Juana Úrsula de San José, hasta el punto de haber dedicado una sala a la reproducción de su celda en el Museo que se encuentra en sus dependencias. Entre las palabras recordadas de quien consideran Venerable Madre, destacan la categórica manifestación de su entrega sin límites al Amado Esposo: "Sin Dios nada valgo, nada puedo, nada soi".

A su muerte, sucedida, tras una edificante vida religiosa, el 6 de noviembre de 1683, tuvieron lugar diversos milagros, cuyos testimonios fueron recogidos bajo declaración jurídica por varios prelados y puestos por escrito. Su fama de santidad era tal ya en ese momento que a su entierro acudió el mismo Arzobispo de Granada, quien procedió a iniciar, con apoyo de arzobispados cercanos, la causa de canonización de Juana Úrsula, aunque posteriormente quedó interrumpida.

Tal fama se mantuvo en el tiempo, hasta el punto de que en fecha desconocida el carmelita calzado P. fray Gabriel de Santiago, basándose en el abundantísimo material autobiográfico dejado por la religiosa, puso por escrito su vida, en tres volúmenes que se han conservado de manera igualmente manuscrita en el Archivo conventual, bajo el título de *Vida Admirable y Portentosa de la exemplarísima Virgen la Ble. Me. Sr. Juana Úrsula de Sn. Josef*.

Bibliografía

BERMÚDEZ SÁNCHEZ, Carmen, GALÁN CORTÉS, Venancio y RUEDA QUERO, Lucía (2020). *El Santo Cristo de Alonso de Mena*. Granada: Museo Monasterio Carmelitas Granada.

GALÁN CORTÉS, Venancio (2015). *El Monasterio de la Encarnación de Granada. Breve aproximación histórica-artística*. Granada: Museo Monasterio Carmelitas Granada.

MARTÍNEZ CARRETERO, Ismael (2008). *Las Carmelitas de Granada. "Monjas del Carmen"*. Granada: Caja Rural de Granada.

---- (2015). *Las Carmelitas en Granada (1552- 2014)*. Granada: Ediciones de la Provincia Bética.

SANTIAGO, fray Gabriel de (siglo XVIII). *Vida Admirable y Portentosa de la exemplarísima Virgen la Ble. Me. Sr. Juana Úrsula de Sn. Josef*. Granada: manuscrito, 3 vols.

Selección de textos

LIBRO 1º

CAPITULO 29 en que dice la Me. Juana como ia libre de toda celda y puesta en soledad prosiguió su vida entablada: Declara dos visiones interiores que tubo, y como aquí se merece, y satisface a Dios por las culpas, con las penas y tribulaciones más que en la otra vida

[...] No estaba aún tan suelta como io quisiera; pues las monjas se iban a aquel sitio a buscarme donde labrava y leía y me impedían mi soledad tan suspirada y por huir del comercio, en saliendo del Comercio, en saliendo del Coro y de auidar a las Hermanas me escondía algunas veces donde no me pudieran encontrar para estar con toda libertad sola en compañía de mi Sor por lo que mira a la Oración me iba mi Sor y Maestro enseñando, pues siempre lo ha sido el pral. pues hasta allí todavía no comunicaba de hechos, si, mi conciencia, más lo que respecta a este punto nada hablava en particular y así seguía el Sor alumbrándome: me daba mui grandes consuelos y seme representaba muchas veces ia en este paso, ia en otros, como e sido tan devota de la Sagrada Pasión: en aquel tiempo comenzaba la oración, meditando un paso sagrado de la sagrada pasión de Nuestro mui Adorable Sor pues como iba diciendo se me representó el Sor en esta ocasión mui lastimado, pero mui amoroso en el paso del Ecce Homo que siempre ha sido de mucha deboción y ternura para mí porque me compadecía a mi mucho: fue la representación en pie, todo su Sagrado Cuerpo lastimadísimo y para enternecer los corazones aunque fuesen de piedra o como de diamante en la dureza: sus sagradas manos (tonatiles plene ia cintis) atadas y ensangrentadas mucho de lo que a hilos caía de la Sagrada Caveza, cubierto su sagrado cuerpo con una toca de escarnio afrentosa, coronado con una corona de espinas cruelísima mui grande encajada hasta la Sagrada frente y me parecía a mí que la tenía el Sor. mui apretada; por encima de la ceja izquierda atrabesada una espina cuia punta salía por el lagrimal: por la Sagrada frente otras espinas havía incadas que parecía rasgaban su santa cabeza hacia vajo: el Sagrado Cabello que llegaba del Ombro lleno de hilos de sangre que se desprendía de las eridas y caía mucha a la oreja derecha y por el Sagrado Rostro que era a chorros entraba en su santa boca y veía io sus ermosos dientes como perlas entre purpura; de la que caía entraba también mucha en sus dos luceros sagrados, que eclipsaban su ermosísimo explendor y turbaban su sagrada vista quedando obscurecidos por mis grandes culpas.

Aunque el Sor estaba tan lastimado y dolorido como e expresado y que ha muchos años que tube esta visión, más me acuerdo porque la tengo tan presente como el primer día, que aunque estaba mui lastimoso y desfigurado de lo que sería de hermoso, pero no aparecía horroso sino mui compasibo y amoroso: aunque mui acardenalado el Sagrado rostro y como si acabasen de coronarle de espinas; pues la sangre corría por su Sagrada Caveza rostro como e expresado y me mostraba el semblante agradable y como que me daba el Sor a entender que todo lo que padecía era con amor por mis pecados: en las ocasiones que se me represento el Sor en la Calle de la amargura con la cruz acuestas, estaba su Magestad más desfigurado su Sagrado rostro y de mui inchado, como mui redondo, y tan lastimado quanto no se puede decir, ni imaginar, y en estas ocasiones quedaba como suspendida mi alma: los efectos que causaron en mi estas manifestaciones interiores no sabre io decir bien, lo que si es es que mi natural tan sentido se fue mudando y la cólera apagando.

Cuadernos manuscritos de la Venerable Madre sor Juana Úrsula de San José [18]

VERDUGO DE CASTILLA, ANA, *sor Ana de San Jerónimo*
Madrid, 1696 - Granada, 11/XI/1771

Género literario: Poesía

Aunque nacida en Madrid, la vida de Ana, hija de los granadinos condes de Torrepalma, Pedro Verdugo e Isabel de Castilla, habría de transcurrir en Granada, donde recibió una educación esmerada desde su más temprana infancia, propia de una familia de arraigada tradición cultural. De hecho, se puede recordar que su hermano menor, Alonso (1706-1767), conde también de Torrepalma, será uno de los principales componentes de la célebre Academia dieciochesca del Buen Gusto, donde leerá sus composiciones literarias entre enero de 1749 y septiembre de 1751 y en la que ocupará varios cargos, conociéndosele por el sobrenombre de *El Difícil*. A su hermano Alonso precisamente dirigirá la escritora toda una serie de cartas, que se han conservado en el Archivo Histórico de la Nobleza, donde en la actualidad se pueden consultar digitalizadas [19].

Pero también Ana Verdugo participaría en esta Academia, como pone de manifiesto la inclusión en las Actas de la sesión celebrada el día 20 de agosto de 1750 de su poema titulado "Afectos de vn alma religiosa. A una imagen de Jesús niño llevando la cruz a el ombro, y vna oveja asida de vna trailla, en la noche del Nacimiento". En esas fechas ella llevaba ya más de

---

[18] Transcripción del texto facilitada por Venancio Galán Cortés, a quien reitero mi agradecimiento.

[19] Archivo Histórico de la Nobleza, Signatura: BAENA, C. 316, D.148-215. Pueden consultarse a través del siguiente enlace: http://pares.mcu.es/ParesBusquedas20/catalogo/show/6463745.

veinte años recluida en el convento granadino franciscano del Santo Ángel Custodio, por lo que la lectura del poema corrió a cargo de su hermano.

Ana Verdugo manifestó desde su infancia un gran interés por las materias intelectuales, especializándose pronto en las literaturas griega, latina, española e italiana. La educación de la niña corrió a cargo de su propio padre, hombre de gran cultura humanista, que le proporcionó una instrucción muy poco habitual en las mujeres de su época. Ana Verdugo demostró una afición tan precoz hacia la poesía que se cuenta que a la temprana edad de tres años compuso una redondilla dirigida al médico que visitaba a una sirvienta de la casa: "Yo no quiero que penséis/ que me tapo de vos hoy,/ sino que penséis que estoy/ durmiendo, y no me miréis". Esta anécdota se relata en el prólogo que precedería a la edición póstuma de sus poemas.

Durante su juventud concilió la frecuente lectura de la rica biblioteca paterna con la atención de actividades piadosas, en las que acompañaba a su madre, demostrando así su profunda tendencia espiritual. Además, su carácter inquieto y activo, dotado para las bellas artes, la llevó también a cultivar la pintura, uniéndola de modo singular a la literatura: "Sus cuadros, de asuntos siempre religiosos, los hacía a instancias de personas con quienes estaba ligada por vínculos de parentesco y amistad, y los enviaba acompañados siempre de epístolas generalmente escritas en estilo jocoso, describiendo el cuadro y hablando siempre de sí con la no fingida modestia que correspondía a sus angélicas virtudes" (Parada y Santín, 1904: 66). José Parada y Santín, que escribió en 1904 un artículo sobre "Pintoras granadinas" al que pertenecen estas palabras, reproduce el romance que Ana Verdugo envió a su amiga sor Marcela de San Bernardo, hija del Marqués del Salar, junto con dos cuadros que representaban a San Miguel:

> Desmintiéndose divino
> va (negado a los retratos),
> y por culpas del pincel
> también se desmiente humano.
>   El pintor pinta su genio,
> y aunque esta gracia no alcanzo
> según salió de severo,
> casi que pienso en pensarlo.
>   Pero es el ángel guerrero
> y es providencia el acaso,
> y de ver que yo lo pinto
> bien puede haberse enfadado (Parada y Santín, 1904: 66).

Sus acendradas creencias religiosas la impulsaron a ingresar en 1729, a los treinta y tres años de edad, en el convento del Santo Ángel Custodio de Granada, de clarisas franciscanas (radicado en aquellos años en la calle de la Cárcel), a pesar de la oposición de sus padres, y donde había profesado años atrás su hermana Juana. Allí profesó un año después, adoptando el nombre de Ana de San Jerónimo. A partir de esa fecha, la temática de sus escritos, realizados por obediencia a sus superiores, se centró únicamente en motivos religiosos.

Tras llevar una existencia consagrada a la oración, la penitencia y el retiro espiritual, Ana Verdugo falleció el día once de noviembre de 1771, después de más de cuarenta años de vida religiosa. A su muerte, dejaba una obra poética inédita de considerable importancia, que llevó a un canónigo cordobés, a quien ella enviaba sus textos para solicitar su opinión, a realizar una edición dos años más tarde. Así se publicó el volumen titulado *Obras poéticas de la Madre Sor Ana de San Gerónimo, Religiosa profesa del conv. del Ángel, Franciscas Descalzas de Granada. Recogidas antes, y sacadas a luz después de su muerte, por un apasionado suyo* (Córdoba: Oficina de Juan Rodríguez, 1773) [20].

La indudable calidad literaria de estos poemas llevó a Manuel Serrano y Sanz a afirmar que Ana Verdugo "tenía más alientos que la mayor parte de los versificadores de su tiempo" (Serrano y Sanz, 1905: II, 302).

Bibliografía

CHECA, J., RÍOS, J. A. y VALLEJO, I. (1992). *La poesía del siglo XVIII*. Madrid: Júcar.

CORREA RAMÓN, Amelina (2002). *Plumas femeninas en la literatura de Granada (ss. VIII-XX). Diccionario-Antología*. Granada: Editorial Universidad de Granada/Diputación de Granada, pp. 445-450.

---- (2011). "La literatura granadina del XVIII con voz de mujer: misticismo, academia y traducción", en ÁLVAREZ BARRIENTOS, Joaquín y HERRERA NAVARRO, Jerónimo (eds.), *Para Emilio Palacios Fernández. 26 estudios sobre el siglo XVIII español*. Madrid: Fundación Universitaria Española, pp. 57-78.

CRUZ CASADO, Antonio (2004). "Poesía femenina del siglo XVIII. La obra poética de la monja franciscana Sor Ana de San Jerónimo (Córdoba, 1773)", en PELÁEZ DEL ROSAL, Manuel (coord.), *El Franciscanismo en Andalucía*. Asociación Hispánica de Estudios Franciscanos, pp. 421-436.

---

[20] La obra está digitalizada y se puede consultar en el Fondo Bibliográfico Antiguo de la Universidad de Granada, en el siguiente enlace: https://digibug.ugr.es/handle/10481/8324.

---- (2006). "Celebraciones religiosas internas en un convento franciscano granadino del Barroco tardío (según la obra literaria de Sor Ana de San Jerónimo, 1773)", en PELÁEZ DEL ROSAL, Manuel (coord.), *El Franciscanismo en Andalucía. Clarisas, concepcionistas y terciarias regulares*. Córdoba: Asociación Hispánica de Estudios Franciscanos, pp. 845-858.

CUETO, Leopoldo Augusto de (1952). *Poetas líricos del siglo XVIII*. Madrid: Atlas, tomo I.

DÍAZ SERRANO, Joaquín (1911). "Escritora residente en Granada. Dª Ana Verdugo de Castilla", *La Alhambra* (Granada), T. XIV, n° 317, 31 de mayo, pp. 217-220.

LÓPEZ-GUADALUPE MUÑOZ, Miguel Luis (2018). "Mixtificación de un convento granadino y su fundadora: Las clarisas del Santo Ángel Custodio", en ATIENZA LÓPEZ, Ángela (ed.). *Autoridad y poder en el mundo religioso femenino siglos XVI-XVIII*. Madrid: Sílex Ediciones, pp. 309-334.

PALACIOS FERNÁNDEZ, Emilio (1996). "Teatro", en AGUILAR PIÑAL, F. (ed.), *Historia literaria de España en el siglo XVIII*. Madrid: Trotta/Consejo Superior de Investigaciones Científicas, pp. 135-234.

---- (2002). *La mujer y las letras en la España del siglo XVIII*. Madrid: Ediciones el Laberinto.

---- y PALACIOS GUTIÉRREZ, Elena. "Ana Verdugo de Castilla", en Real Academia de la Historia, *Diccionario Biográfico Español*: http://dbe.rah.es/biografias/45236/ana-verdugo-de-castilla.

PARADA Y SANTÍN, José (1904). "Pintoras granadinas", *La Alhambra* (Granada), T. VII, n° 147, 30 de abril, pp. 65-67.

RODRÍGUEZ TITOS, Juan (1998). *Mujeres de Granada*. Granada: Diputación de Granada, pp. 45-46.

SAINZ DE ROBLES, Federico Carlos (1959). *Ensayo de un diccionario de mujeres célebres*. Madrid: Aguilar.

SERRANO Y SANZ, Manuel (1905). *Apuntes para una biblioteca de escritoras españolas. Del año 1401 a 1833*. Madrid: Est. Tip. Suc. de Rivadeneyra, vol. II, pp. 302-304.

TOLEDANO MOLINA, Juana (2007). "Poesía femenina del siglo XVIII: la obra poética de Sor Ana de San Jerónimo (Córdoba, 1773)", en MARISCAL, Beatriz y MIAJA DE LA PEÑA, María Teresa (coords.). *Las dos orillas*. México D. F.: Fondo de Cultura Económica, vol. II, pp. 575-590.

---- (2010). "Una aportación al teatro conventual del siglo XVIII. Piezas escénicas de Sor Ana de San Jerónimo (1773)", en CIVIL, Pierre y CRÉMOUX, Françoise (eds.). *Nuevos caminos del Hispanismo*. Vol. 2, ed. en CD-ROM, Madrid/Frankfurt am Main: Iberoamericana/

Vervuert.

---- (2014). "De la vida interior conventual granadina (algunas muestras de la poesía religiosa de sor Ana de San Jerónimo", *EntreRíos. Revista de arte y letras*, Monográfico *Ora et Labora. Conventos* granadinos, IX, nº 21-22, pp. 78-85.

TORTOSA LINDE, María Dolores (1988). *La Academia del Buen Gusto de Madrid (1749-1751)*. Granada: Editorial Universidad de Granada.

Selección de textos

"El amor sencillo"
Égloga pastoril. Nise. Belisa.

Aquí, donde el abrazo de estos ríos
en dulces, de cristal lazos sonoros,
me representan viva y tristemente
los que un tiempo formaron nuestros brazos,
aquellos que en los tiernos años míos
ni los pudo romper el rayo ardiente
ni el frío que se siente
venir de aquella sierra,
cuando oculta la tierra
el amistoso peso de la nieve,
que el sol deshace y este campo bebe;
aquí, pues, lloraré el caso postrero
que a aborrecer me mueve,
mi vida y cuanto más amé primero.
    Mas ¡oh inconstancia del estado humano!
¡oh ejemplo el más cruel de sus mudanzas!
que hoy a llanto y suspiros me conmueve
lo que ayer a cantar sus alabanzas;
esta sierra, estos ríos y este llano,
este refrigerante soplo leve,
fueron por tiempo breve
causa en mí de alegría
cuando este bien partía
con la que ver no me es ya permitido;
mas ello está trocado, o mi sentido;
ni el cielo luz, ni olor tienen las flores,
y quéjanse en el nido
sin armonía ya los ruiseñores.

¿A quién me quejaré de tantos daños?
¿Quién escuchará ya mi queja vana?
A vosotras diré, Ninfas, volvedme
mi compañera fiel, mi dulce hermana;
o juntando a los vuestros mis clamores,
apresurad mi llanto y deshacedme;
o sino [sic] concededme
que mire su figura
en aquesta agua pura
que aun a pesar del viento
paró, por no romperla el movimiento;
o a Júpiter pedid, que convertida
en piedra, el sentimiento
cese, y con él mi inseparable vida.

Mas parece que todas lastimadas
me decís: cesen importunos lloros;
¿tenemos poca parte en tu tormento?
¿nos ves tejer acaso alegres coros?
Nuestras rubias cabezas despeinadas
están mostrando nuestro sentimiento;
ya llenamos el viento
de quejas bien sentidas,
quedando amortecidas
y muy necesitadas de consuelo;
ya pedimos la causa al duro cielo;
mira esta tela en que su alegre suerte
labramos con desvelo,
ya ocupada en fierezas de la muerte.

¡Oh cruel enemiga! ¡oh muerte fiera!
vuélveme, cruda, el bien que me llevaste;
mas ¿cuándo vuelves tú lo que has quitado?
no hay corazón que en este caso baste.
¿Cómo hubo impiedad que tal pudiera?
Bien que en tantas crueldades ensayado
el brazo, acostumbrado
a la impiedad, hubieses
de segar tiernas mieses,
para este golpe que al dolor me entrega
¿estabas, monstruo horrible, sorda y ciega?
Al despedir la flecha al soberano
pecho, en la infausta brega,

¿más que la cuerda no tembló tu mano?
　¿Trocaste acaso por desgracia mía
con el niño Dios ciego las saetas?
¡Cielos! ¿y por qué tales perfecciones
a aquesta inadvertida están sujetas?
Perfección tal, que el que por dicha vía
la rara perfección de sus facciones,
todo en admiraciones
suspenso, así exclamaba
a la que ya adoraba:
¡Oh sola tú entre todos los humanos
obra decente a las divinas manos!
pues ha querido el cielo que poseas
cuanto reparte ufano,
vive para dar vida a cuantos veas.
　¡Oh cielo, oh suelo, oh sol! que tantos días
suspensos o envidiosos la mirasteis
sobre esta misma piedra aquí sentada;
cuántas veces suspensos escuchasteis
sus palabras mezcladas con las mías.
Como alegre retoza en la manada
tropa simple y nevada
de nuevos corderillos,
así nuestros sencillos
dulcísimos primeros pensamientos,
riendo su inocencia aguas y vientos,
y yo ansiando lo mismo que gozaba,
su vista y sus concetos,
miraba este cristal; a hecho escuchaba.
　Cuántas veces su llanto derramaba
la esposa de Titón en sus cabellos;
madrugó a purpurarse en sus mejillas
antes que Apolo se dorase en ellos.
Por medio de las aves la llamaba,
y las embajadoras simplecillas
convidaron a oíllas,
más que por su dulzura,
por la rara ternura
del dulce nombre que de mí aprendieron,
y todas, Amarilis, repitieron.

(Fragmento) *Obras poéticas de la Madre Sor Ana de San Gerónimo* (1773) (*apud* Serrano y Sanz, 1905: II, pp. 302-303)

"A la venida de las Sagradas Formas robadas de la Iglesia
del Carmen de Alhama a este Convento del Ángel de Granada"
 Canción libre

  Señor, ¿que aún hay justicia en las alturas?
¿Tal cosa ves hacer y te estás quedo?
Yo en la forma que puedo
convocaré las tropas celestiales;
¡al arma, al arma! inteligencias puras;
presto; empuñad los rayos vengadores
que el Príncipe Supremo en su armería
guarda; romped, quebrad esos cristales,
que el tropel justiciero es armonía.
Bajad, batalladores,
a la defensa del mayor Monarca;
mirad, que toca el arca
irreverente mano, mano altiva;
que el arca está captiva;
que el templo roba, que profana el vaso,
que derrama el maná; mil veces muera
el bárbaro tirano,
la descompuesta fiera
que con audacia tanta
en el trono del Rey puso la mano,
en el ara de Dios puso la planta.
Muera; pero ¿qué digo?
Hablé yo como yo, y hablé conmigo.
¿Piedras tomo teniendo en el delito
aún más parte quizá que en el conflicto?
¿Justicia pido siendo también reo?
Mejore mi deseo
la fe con que te creo;
tú, Señor, eres justo, y tus juicios
forzosamente son como tú justos;
armas dignas de ti son las piedades
en esta nueva edad de las edades.
No me escuches, suspende el duro filo;

obra tú como tú, sigue tu estilo,
que aun a los más injustos,
la acción remisa al rayo fulminante,
vence y rinde a poder de beneficios.
Y porque enternecido, así suceda,
ven donde ya te hospeda
el celo, la piedad, la fe, el deseo.
Ven donde señalado
será tan grande día y venturoso
con el candor más puro y más constante
de este escuadrón glorioso,
nuevamente a tus aras dedicado.

    (Fragmento) *Obras poéticas de la Madre Sor Ana de San Gerónimo* (1773) (*apud* Serrano y Sanz, 1905: II, pp. 303-304)

www.ingramcontent.com/pod-product-compliance
Lightning Source LLC
Chambersburg PA
CBHW020743100426
42735CB00037B/322